Hauke Goos · Annette Goos

Warum hängt daran dein Herz?

ANNETTE GOOS · HAUKE GOOS

Warum hängt daran dein Herz?

Wie Erinnerungsstücke aus
der Kriegszeit helfen,
unsere Eltern zu verstehen

Deutsche Verlags-Anstalt

Bildnachweis

Fotos © Dmitrij Leltschuk, ausgenommen: S. 46, 48, 49, 50: © Privatarchiv Marie-Luise Marjan; S. 54, 61: © Asia Kepka; S. 91: © VISUM/Credit Rudi Meisel; S. 166, 173: © Jared Leeds; S. 204: © Julian Busch; S. 240: © Hauke Goos; S. 242: © Armin Smailovic; S. 244, 246, 247, 249: © Literaturarchiv Salzburg/Nachlass Robert Jungk; S. 267: © getty images; S. 312: © Photostudio Sarah Schüler; S. 318: © epd-bild/Thomas Rohnke, 2016; S. 330, 333, 336: © Sara Naomi Lewkowicz; S. 345: © picture-alliance/dpa/Martin Athenstädt; S. 366:
© www.charlottefischer.de.

MIX
Papier | Fördert gute Waldnutzung
FSC® C010328

Penguin Random House Verlagsgruppe FSC® N001967

2. Auflage

in der Penguin Random House Verlagsgruppe GmbH,
Neumarkter Straße 28, 81673 München,
und SPIEGEL-Verlag Rudolf Augstein GmbH & Co.KG,
Ericusspitze 1, 20457 Hamburg

Bildbearbeitung: Mohn Media Mohndruck GmbH, Gütersloh
Umschlaggestaltung: Büro Jorge Schmidt
Umschlagabbildungen: Dmitrij Leltschuk, Tinka Dietz/DER SPIEGEL (vorne); Dmitrij Leltschuk (hinten)
Satz: Uhl + Massopust, Aalen
Druck und Bindung: Alföldi Druckerei AG
Printed in Hungary
ISBN 978-3-421-07031-9

www.dva.de

Inhalt

Vorwort

> »Viele Kriegskinder befürchten:
> Wenn ich über die Schreckensbilder rede,
> öffnet sich eine Schleuse, und diese Schleuse kann
> nie wieder geschlossen werden. Dann kann ich
> den Strom des Schmerzes nicht mehr stoppen.«
>
> *Ingrid Meyer-Legrand, Therapeutin*

An einem Spätsommertag des Jahres 2023 saßen wir mit dem Schriftsteller Paul Maar in der Berliner Altbauwohnung seines Sohnes zusammen und sprachen über Krieg. Über den Zweiten Weltkrieg, aber auch über Krieg im Allgemeinen. Seit der russische Überfall auf die Ukraine im Februar 2022 den Krieg zurück nach Europa gebracht hatte, war das Thema von beunruhigender Aktualität.

Maar war sieben, als der Zweite Weltkrieg endete. Drei Jahre später kehrte sein Vater aus der Gefangenschaft nach Hause zurück. Wir wollten mit ihm darüber sprechen, was Krieg zerstört, welche Spuren er hinterlässt; was vom Krieg bleibt, auch wenn längst wieder Frieden ist.

Der Krieg, sagte Maar, habe seinen Vater verändert. Auf alten Fotos sei zu erkennen, dass er ein liebevoller Vater gewesen war. Später gab er seinem Sohn aus kleinsten Anlässen Ohrfeigen oder verprügelte ihn in der Waschküche mit einem Stück Gartenschlauch, das er sich eigens für diesen Zweck zurechtgeschnitten hatte.

Maar hat Generationen von Kindern mit seinen »Sams«-Büchern glücklich gemacht. Es sind heitere Bücher, aber manchmal meint man beim Lesen, einen Schatten wahrzunehmen, der über den Figuren liegt. Die Sams-Geschichten handeln von der Welt, wie sie ist, sie erzählen aber auch von einer Welt, wie sie sein könnte – wenn man einen Gefährten wie das Sams hat und wenn man die Wunschpunkte klug nutzt.

Mit seinem Vater, sagte Maar, habe er nie über dessen Kriegserlebnisse gesprochen. Es ging nicht: Der Sohn konnte nicht fragen, der Vater wollte nicht erzählen. Irgendwann war der Vater tot, aber das Bedauern, mit ihm nicht ins Gespräch gekommen zu sein, ist Paul Maar geblieben. »Ich hätte mich gern noch mit ihm über meine Kindheit und über die Schläge unterhalten«, sagte Maar an diesem Spätsommertag nach einer langen Pause, seine Stimme klang ein wenig brüchig. »Und ihm erzählt, dass mir das schon damals sehr weh getan hat. Und dass das unser Verhältnis vielleicht sogar ein bisschen eingetrübt hat.«

Von Eintrübungen erzählt dieses Buch. Von Beschädigungen, die von der Generation der Eltern an die Generation der Kinder weitergegeben wurden, von Gewalt, von Schmerz. Und von einer großen Sprachlosigkeit, auf beiden Seiten. Auch beinahe achtzig Jahre nach Kriegsende gibt es unter den Überlebenden fast nur Versehrte.

Der Zweite Weltkrieg hinterließ allein in Deutschland 1,7 Millionen Witwen und 2,5 Millionen Halb- und Vollwaisen. 500 000 Menschen waren bei Bombenangriffen ums Leben gekommen, bis zu 600 000 starben auf der Flucht. Schätzungen zufolge wuchs etwa ein Viertel der zwischen 1929 und 1945 Geborenen in dauerhafter Armut und Unsicherheit auf, bei einem weiteren Viertel waren die familiären, sozialen oder materiellen Umstände über einen langen Zeitraum prekär.

Historiker fassen diese Jahrgänge unter dem Begriff »Kriegskinder« zusammen, deren Kinder wiederum werden »Kriegsenkel« genannt. Es ist die Generation der Babyboomer, die lange auf Distanz zu den eigenen Eltern gegangen war, weil sie deren Gefühlsarmut, das übergroße Sicherheitsbedürfnis und den Pragmatismus nur schwer ertrug – und die jetzt überrascht feststellt, dass vieles von dem, was sie an den eigenen Eltern störte, in ihnen fortlebt.

Die Babyboomer fragen sich: Was macht es mit einer Gesellschaft, wenn sie von Menschen geprägt wurde, die als Kinder miterleben mussten, wie ihre Welt in Trümmer fiel? Die Zeugen wurden von Tod und Verwüstung, von Vertreibung und Hunger, die aufwuchsen mit dem Gefühl von Verlassenheit und völligem Ausgeliefertsein. Von Menschen, die über ihre Erlebnisse nie gesprochen haben – weil sie es nicht konnten oder weil niemand fragte. Wie sollten gerade sie ihren Kindern Lebenszuversicht und Selbstvertrauen vermitteln?

Im August 2019 erschien im SPIEGEL ein Artikel, in dem Kriegskinder und Kriegsenkel zu Wort kamen. Sie alle hatten einen Gegenstand aus der Kriegszeit aufbewahrt: Erbstücke von den Eltern, Erinnerungen an die eigene Kindheit, an ein Leben, in dem nichts sicher war, aber alles existenziell; Kindheitstrümmer, im Wortsinn.

Es waren gewöhnliche Dinge: Mal war es eine Munitionskiste, in der seit jeher das Schuhputzzeug lag, mal eine gusseiserne Kuchenform, die die Mutter mit auf die Flucht genommen hatte, mal eine Holzschachtel für Zigaretten, in deren Deckel Ortsnamen eingebrannt waren: Reval, Schwarzes Meer, Kaukasus.

Relikte des Krieges, Zeugen der Zerstörung. In vielen deutschen Haushalten sind sie zu finden, viele von ihnen bis heute im alltäglichen Gebrauch. Wenn die Menschen keine Worte fanden, um das Grauen zu beschreiben, dann würden eben die Gegenstände sprechen, das war die Idee.

Das Echo auf den Artikel war überwältigend.

»Mein Großvater hat den Krieg überlebt«, schrieb ein Leser. »Als

Soldat der Wehrmacht, buchstäblich von der ersten bis zur letzten Minute. 1939 eingezogen und in den letzten Kriegstagen in Gefangenschaft gekommen. Keines seiner vier Kinder konnte glückliche Familien aufbauen. Überall Tod, Suizide, Scheidung, Gewalt.«

»Meine Schwiegermutter kann bis heute nicht von ihrer Flucht erzählen«, schrieb ein anderer. »Das Erlebte ist für sie zu fürchterlich, um es dadurch noch mal zu erleben.«

»Mittlerweile lebt mein Vater nicht mehr«, schrieb ein Dritter, »mit ihm wurden seine Gemeinheiten und meine Traumata begraben. Ich bin, so schlimm es ist zu schreiben, froh, dass er weg ist.«

Was für ein Satz.

Offenbar hatten die Gegenstände etwas ausgelöst. Vielleicht fiel es den Menschen leichter, über etwas Abstraktes wie Angst, Einsamkeit, Trauer oder Zerstörung zu sprechen, wenn man sie nach etwas Konkretem fragte. Nach Dingen, auf denen sich die Erinnerung an den Krieg abgelagert hat, in denen die traumatischen Erlebnisse der Kriegszeit eingeschlossen sind wie in Bernstein.

Und so entstand dieses Buch. Indem wir über die Geschichte von Gegenständen sprachen, hofften wir herauszufinden, welche Spuren der Krieg in den Seelen ihrer Besitzer hinterlassen hat. Woher all die Verhaltensauffälligkeiten kommen, die verharmlosend »Macken« genannt werden und die oftmals – wie wir heute wissen – sichtbarer Ausdruck eines Traumas sind.

Sechsunddreißig Gespräche sind es am Ende geworden. Sechsunddreißig Begegnungen, intensiv und häufig aufwühlend, in denen die Befragten nach lang verschütteten Bildern suchten, in denen sie um die richtigen Formulierungen rangen und oftmals still wurden, wenn sie die Erinnerungen wieder einholten; manche weinten.

Die Kriegskinder waren es gewohnt, allenfalls in kleinen Geschichten von ihren Erlebnissen zu erzählen: die tiefgehende, gründliche Zerstörung verkleinert zur Anekdote, der Schrecken aufgelöst in eine Pointe. Nur so, erklärte uns die Therapeutin Ingrid Meyer-Legrand später, sind die Kriegskinder in der Lage, überhaupt über das zu sprechen, was sie traumatisiert hat.

Und so wollten auch unsere Gesprächspartner zunächst vor allem erzählen, wie sie im Krieg und in den Monaten danach gelebt hatten, wie es im Luftschutzkeller gewesen war oder auf der Flucht. Wir hingegen wollten wissen, was diese Erlebnisse mit ihnen *gemacht* haben. Wie sich der Krieg auf ihr weiteres Leben ausgewirkt hat, auf ihren Alltag, auf ihre Träume. Auf das Verhältnis zu ihren Kindern – zu uns also.

Sie berichteten auf der Sachebene, uns interessierte die Gefühlsebene; sie redeten vom scheinbar Unwesentlichen, um ans Wesentliche nicht rühren zu müssen.

Die Generation der Kriegskinder hat nie gelernt, über ihr Inneres zu sprechen, erklärte uns die Therapeutin: Weil es sie als Subjekt, mit eigenen Gefühlen und Bedürfnissen, gar nicht gibt. »Sie sind kaum geübt darin, nach innen zu schauen und zu sagen, wie es ihnen geht und was sie belastet. Das haben sie schlicht nicht gelernt. Die Vergangenheit wird einfach nur als Schwere wahrgenommen, als Last, das ist das höchste der Gefühle.«

Antworten, die wir immer wieder hörten: Das war halt damals so. Das ging den anderen genauso. Darüber habe ich nie nachgedacht. Psychologen nennen das »pathologische Normalität«.

Eine Generation des *Wie*, nicht des *Warum*. Eine Generation also, die sich selbst fremd ist.

Mit jedem Gespräch, das wir führten, wurde uns klarer, dass die Gegenstände allenfalls Türöffner waren. Ein Anlass, überhaupt ins Gespräch zu kommen, aber nicht das Hauptthema. Stattdessen ging es bei den Kriegskindern oft sehr bald um das schwierige Verhältnis zu den eigenen Eltern. Zum Vater, der ja meist schon im Ersten Weltkrieg gekämpft hatte und traumatisiert nach Hause gekommen war; zur überforderten Mutter. Bei Kriegsenkeln wiederum war häufig der Schmerz zu spüren, von den eigenen Eltern nicht das bekommen zu haben, was Kindheit ausmacht: Wärme, Geborgenheit, Zuspruch, Anerkennung. Sie beschrieben die Gefühlstaubheit der Eltern, die nicht loben und auch nicht umarmen konnten, denen Struktur, Ordnung und Kontrolle so wichtig war, dass kein Platz blieb für Lebensfreude, Zärtlichkeit und Spontaneität.

Wir Babyboomer sind groß geworden mit Sätzen wie:
Was sollen die Nachbarn denken?
Reiß dich zusammen!
Stell dich nicht so an!
Nimm dich nicht so wichtig!
Ich glaub, dir geht's zu gut!

Die Fotos in diesem Buch hat Dmitrij Leltschuk gemacht, wir wurden auf ihn aufmerksam, als er vor ein paar Jahren für das SPIEGEL-Buch »Mich hat Auschwitz nie verlassen« Überlebende des Holocaust fotografierte. Sein Blick ist neugierig, genau und voller Wärme, jedes seiner Porträts zeigt die Quersumme eines gelebten Lebens: die Freuden und den Schmerz, Zufriedenheit und Trauer.

Bei den Gegenständen, die Dmitrij fotografiert hat, ist es ähnlich. Wenn man nur genau genug hinschaut, erzählen die Beulen, Schrammen, Abschabungen, Risse und Kratzer, die ihnen eingeschrieben sind, Zeitgeschichte. Seine Fotos erwecken die Dinge zum Leben, gleichzeitig legen sie in den Strukturen und Texturen die Lebensgeschichten ihrer Besitzer frei.

Auf vielen seiner Porträts sind im Hintergrund schwere Möbel zu erkennen, massive Schrankwände, dunkles Holz, Wohnungen, vollgestellt mit Erinnerungsstücken. Wer einmal im Leben alles aufgeben musste, versichert sich auch durch die Wahl des Mobiliars, die Anordnung von Kleinigkeiten, dass er hier, endlich, in Sicherheit ist.

Sechsunddreißig Erinnerungsstücke. Wenn man ihre Geschichten kennt, begreift man, was die Kriegskinder geleistet haben.

Sechsunddreißig Gesprächspartner, der älteste 99, die jüngste 54 Jahre alt. Jede, jeder von ihnen hat seinen eigenen Weg gefunden, mit dem Grauen des Krieges und den Erschütterungen, die er mit sich bringt, fertigzuwerden.

Sechsunddreißig Begegnungen, die uns berührt und bereichert haben – und die uns geholfen haben, auch unsere eigenen Eltern mit anderen Augen zu sehen.

Es bleibt ein Gefühl großer Dankbarkeit. Dank für die Zeit, für die Geduld und für die große Bereitschaft, jede unserer Frage so gut wie möglich zu beantworten, über jeden Einwand nachzudenken.

Für uns Kriegsenkel bleibt die trostreiche Erkenntnis: Auch wenn das Verhältnis zu den eigenen Eltern schwierig war, geht es nicht um Vorwürfe oder Schuld, sondern um Verständnis. Unsere Eltern haben getan, wozu sie in der Lage waren. Beschädigt durch den Krieg, häufig sprachlos gemacht durch das Erlebte, waren sie am Ende immer auch Kinder ihrer Zeit.

Hamburg im Februar 2024
Annette und Hauke Goos

EB

»Mich hat auch nie jemand gefragt, wie es mir geht«

Zu seiner Mutter hatte Reinhold Bussmann lange Zeit ein distanziertes, beinahe kaltes Verhältnis. Dass sie sich ein anderes Leben erträumt hatte, begriff er erst, als er nach ihrem Tod ein kleines Portemonnaie in ihrer Schublade entdeckte.

Reinhold Bussmann als Kind

Dieses Portemonnaie fand ich nach dem Tod meiner Mutter 2017 in ihrer Nachttischschublade. »Knippke« hieß das bei uns im Osnabrücker Land, wegen des Klickverschlusses. Es ist aus schwarzem Veloursleder, ein wenig riecht es sogar noch nach ihrem Parfum. Meine Mutter nahm es nur zu besonderen Anlässen mit, zu Hochzeiten, oder wenn sie sonntags in die Kirche ging.

Schon bei ihrer standesamtlichen Trauung im Frühsommer 1940 hat sie das Portemonnaie in der Handtasche gehabt. Da war meine Mutter gerade mal 19 Jahre alt. Ihr Mann galt als gute Partie, seine Familie hatte im Nachbardorf eine kleine Tischlerei.

Als ihr erstes Kind geboren wurde, mein Halbbruder, war ihr Mann bereits im Krieg. Er war gleich zu Beginn eingezogen worden und kam nach Frankreich. Sie hatten also kaum Zeit miteinander gehabt. Aber sie hatten Zukunftspläne. Nach dem Krieg, so hoffte meine Mutter, würde sie mit ihm eine große Familie haben. Ein schönes Leben. So war es den Menschen ja versprochen worden: Frankreich würde schnell fallen und Deutschland den Endsieg feiern.

Kurz nach dem deutschen Überfall auf die Sowjetunion im Sommer 1941 änderte sich schlagartig alles: Der Mann meiner Mutter kam nach Russland, an die Ostfront. Im März 1945, erzählte meine Mutter später, sei er noch ein letztes Mal auf Heimaturlaub bei ihr gewesen. Einige Bauern versteckten ihre Söhne da bereits in den Wäldern, damit sie nicht noch Hitlers Wahnsinn geopfert würden.

Ihr Mann hingegen fuhr in eiserner Pflichterfüllung zurück an die Front. Sie sah ihn nie wieder.

Meine Mutter saß dann mit meinem inzwischen fünfjährigen Halbbruder unversorgt da. Sie lebte im Haus ihrer Eltern und half in deren kleiner Landwirtschaft mit. 20 Mark bekam sie jeden Monat von der Fürsorge, und weil das nicht reichte, musste sie sich etwas hinzuverdienen: Sie schuftete auf großen Bauernhöfen, für 50 Pfennig die Stunde.

Für Trauer war kein Platz. Die Menschen haben die Zähne zusammengebissen, das Leben ging einfach weiter. Mit aller Brutalität.

1949 ließ meine Mutter ihren verschollenen Mann für tot erklären. Sonst hätte sie keine Kriegerwitwenrente bekommen. Bis dahin hatte sie wohl gehofft, er käme doch noch zurück.

Bauernkate der Familie Bussmann, 1944

Mit 29 lernte sie dann meinen Vater kennen, er kam aus der entfernteren Nachbarschaft und war zehn Jahre jünger als sie. Gleichaltrige, unversehrte Männer gab es ja nach dem Krieg kaum noch. Geheiratet haben die beiden nicht; die Eltern meines Vaters wollten für ihren Sohn keine Frau, die schon ein Kind hatte und dann auch noch deutlich älter war.

1950 wurde ich geboren. Ich war kein Wunschkind.

Meine Mutter lebte nun mit meinem Halbbruder und mir bei meinen Großeltern. Für sie waren wir Kinder wohl eher eine Belastung. Meine Mutter meinte, sie müsse mich bei jeder Witterung im Kinderwagen nach draußen stellen, auch im Spätherbst. Mit 13 Monaten bekam ich eine Lungenentzündung, an der ich beinahe gestorben wäre. Meine Großmutter erzählte mir später, meine Mutter habe sich geweigert, einen Arzt zu rufen. Heute denke ich, sie wäre vielleicht froh gewesen, wenn ich die Lungenentzündung nicht überlebt hätte. Das sage ich ohne Anklage.

1957 kam ich zur Schule. Zur Einschulung ging ich ganz allein. Auf dem Schulhof standen die Mütter der anderen Kinder und guckten mich an: Wo ist denn deine Mutter? Ich sagte, die ist nicht mitgekommen. Vielleicht, denke ich heute, hat sie sich zu sehr geschämt, weil sie keinen Mann hatte. Was ich früh begriffen habe: dass ich meinen Weg allein gehen muss.

Ich habe angefangen, Geschichten zu erfinden. Wenn jemand fragte: Was macht denn dein Vater?, sagte ich, er sei im Krieg gefallen. Die Leute im Dorf wussten natürlich, dass das nicht stimmen konnte, ich bin ja erst 1950 geboren.

Irgendwann begann ich, meine Mutter nach meinem Vater zu fragen. Aber ich bekam keine Antwort. Nichts. Sie hat nicht ein Wort gesagt. Kinder fragen einmal, vielleicht zweimal, dann nicht mehr. Weil sie denken, *sie* hätten etwas falsch gemacht.

Gerettet habe ich mich, indem ich mich in die Natur flüchtete. Als Kind war ich immer draußen unterwegs, bin rumgestromert, um der Stimmung zu Hause zu entkommen. Um mir schöne Bilder zu verschaffen. Und ich habe die Welt der Bücher entdeckt, die Literatur.

Natürlich habe ich mich nach einer heilen Familie gesehnt. Aber das Verhältnis zu meiner Mutter blieb kalt und distanziert. Es gab eigentlich keine schönen Momente, keine Zärtlichkeit, kein Lob, keine Anerkennung.

Dabei legte meine Mutter großen Wert auf Umgangsformen. Im Dorf war sie beliebt, immer freundlich gegen jedermann. Sie hat vielen Menschen geholfen und konnte auch andere trösten. Nur ihre eigenen Kinder nicht.

Dreimal wurde ich zur Kur geschickt. Alle Kinder weinten beim Abschied von ihren Eltern – nur ich nicht. Alle hatten Heimweh und wollten nach Hause – ich nicht.

Meine Cousine brachte es später mal auf den Punkt, sie sagte: Du warst über. Für dich hatte niemand Zeit. Dich gab es gar nicht. Du warst nicht vorgesehen. Und das stimmte, sie hatte recht.

Ich habe meine Mutter immer als fremde Frau wahrgenommen, die nur behauptete, meine Mutter zu sein. Als Kind versucht man ja herauszufinden: Wer beschützt mich, bei wem bin ich geborgen? Das waren bei mir die Großeltern, später der Halbbruder.

Nicht meine Mutter. Sie war eine Fremde, die im Haus lebte wie ein Schatten. Auf der einen Seite verweigerte sie sich komplett der Mutterrolle, auf der anderen Seite forderte sie, dass ich sie als Autoritätsperson akzeptierte.

Am schlimmsten waren meine ersten zehn Lebensjahre. Wenn meine Mutter sich überfordert fühlte, von der harten Landarbeit, von der Hausarbeit, vom Leben, konnte sie furchtbare Wutanfälle bekommen, dann warf sie auch mal mit Sachen um sich. Einmal hat sie mich mit dem Kopf ins Plumpsklo gesteckt, meine Tante hat mich gerettet. Das war mein furchtbarstes Erlebnis. Ich schreibe gerade meine Lebensgeschichte auf, und ich habe sehr lange gebraucht, um diese Szene überhaupt zu Papier bringen zu können. Um zu begreifen: Ja, das hat diese Frau wirklich getan.

Als Kind hatte ich immer eine unheimliche Wut in mir, eine Wut auf meine Mutter. Ich habe dann auf meine Art Gewalt ausgeübt. Einmal hatte meine Mutter einen neuen Fahrradsattel erworben. Ich holte eine Axt aus dem Schuppen und schlug damit sechs Kerben hinein.

Bussmanns Mutter Elli mit ihrem ersten Mann, 1941

Mein Vater spielte in meiner ganzen Kindheit keine Rolle. Er war einfach nicht da. Später hat er wohl geheiratet und mit seiner Frau zwei weitere Kinder bekommen. Im Jahr 2002, da war ich schon 52, rief er mich plötzlich an: Ja, hier ist dein Vater, so meldete er sich. Wir haben beide so getan, als wäre es völlig normal, dass wir mal telefonieren.

Er erzählte, dass seine Frau gestorben sei und dass er sich einsam fühle. Wir vereinbarten, uns zu treffen, um uns kennenzulernen. Er werde mir einen Brief schreiben, sagte er. Aber der kam nie. Irgendwann rief mich meine Mutter an und fragte: Hast du etwas von deinem Vater gehört? Ich sagte, nein. Sie sagte: Von dem wirst du auch nichts mehr hören. Der ist tot.

Als ich zwölf war, lernte meine Mutter einen 16 Jahre jüngeren Mann kennen, einen Vertriebenen. Mit ihm blieb sie über fünfzig Jahre lang zusammen, bis zu ihrem Tod.

Ich mochte diesen Menschen nicht, obwohl er gut zu meiner Mutter war. Ich habe dann zugesehen, dass ich wegkomme, mit 16 zog ich zu meinem Halbbruder nach Bielefeld. Für mich war das eine große Befreiung.

Während meines Studiums arbeitete ich als Privatsekretär bei einer Psychoanalytikerin. Durch sie bekam ich den Anstoß, mich mit meiner Vergangenheit auseinanderzusetzen. Es begann eine jahrelange, harte Arbeit. Es war eine Kraftanstrengung, ich habe dabei viele Tränen geweint. Aber ich habe dadurch vieles besser verstanden. Zum Beispiel, warum meine Mutter immer fürchterlich geheult hat, wenn wir in die Kirche gingen oder auf eine Hochzeit. Sie heulte bei jeder Gelegenheit, als Kind war mir das unglaublich peinlich. Heute ist mir klar, dass sie in solchen Momenten an ihre eigene Hochzeit gedacht haben muss, an ihren Verlust, an all die Hoffnungen, die sich nicht erfüllt hatten.

Meine Mutter hat selbst auch nie Liebe erhalten, wie auch? Das Landleben auf dem kleinen Hof ihrer Eltern war schwer, meine Mutter musste von klein auf mithelfen. Es war ein Leben voller Entsagung, voller Härte.

»Mich hat auch nie jemand gefragt, wie es mir geht, beklag du dich also auch nicht«, diesen Satz sagte meine Mutter oft zu mir.

Als ich älter war, mit Ende dreißig, habe ich meine Mutter wieder ab und zu besucht. Freunde hatten mir gesagt: Eltern zu haben, das ist wie Hausaufgaben machen. Das ist Lernen. Es ist besser für dich, wenn du dich an dem Lernprozess beteiligst, auch wenn es dir schwerfällt. Ich habe mir dann tatsächlich Mühe gegeben. Und auch meine Mutter gab sich Mühe. So kamen wir langsam aneinander heran, am Ende hatten wir immerhin ein wenigstens freundschaftsähnliches Verhältnis. Über die Vergangenheit haben wir nie gesprochen. Wenn ich das Thema darauf brachte, fing sie an zu weinen, es hatte dann keinen Sinn weiterzureden.

Also habe ich intellektuell versucht, mich in sie einzufühlen. Ich habe gelernt: Das, was meine Mutter an guten Eigenschaften hatte, war nicht für mich da. Obwohl ich ihr Kind war. Sie hatte sich nach einem anderen Leben gesehnt. Ich musste begreifen, dass ich ihr dieses Leben nicht geben konnte.

Lange hatte ich die Hoffnung: Wenn es meiner Mutter besser geht in ihrem Leben, dann ist vielleicht auch für mich Platz. Aber diese Hoffnung war nicht zu erfüllen. Das war eine Illusion. Die Trauer darüber, dass meine Mutter nicht für mich da sein konnte, wurde ich nie ganz los.

Wenn ich all das heute erzähle, kommt manchmal das Gefühl auf, ich würde meine Mutter verraten. Das vierte Gebot sitzt tief in mir drin: Du sollst Vater und Mutter ehren. Dieses »Es lag doch an dir, dass es nicht funktioniert hat. Du hast Schuld, du hättest deine Mutter mehr lieben müssen, dann hättest du auch mehr zurückbekommen.«

Das Portemonnaie habe ich aufbewahrt, weil es mir half, meine Mutter besser zu verstehen. Für mich symbolisiert es den Traum von einem besseren Leben.

Als sie starb, kurz nach ihrem 97. Geburtstag, war ich am Abend vorher noch bei ihr. Ich wollte sie begleiten, aber zu viel Nähe konnte ich selbst in diesem Moment nicht aushalten. Ich wollte nicht über Nacht bei ihr bleiben, und ich hätte auch nicht ihre Hand halten können. Ich habe ihr dann meine Hand auf die Stirn gelegt, das war das Äußerste für mich. Es war das erste Mal, das ich meine Mutter berührt habe.

Einschulung 1957

Mach's gut, sagte ich zum Abschied. Dann bin ich rückwärts aus dem Zimmer gegangen, so als würde ich mich von einer Majestät verabschieden. Ich wollte ihr nicht den Rücken zukehren, das war für mich ein Zeichen von Respekt.

Am nächsten Tag starb sie. Für mich war es, trotz allem, ein versöhnlicher Abschied. Ich hatte meine Hausaufgaben gemacht. Und zum ersten Mal hatte ich das Gefühl: Ich bin frei.

Reinhold Bussmann, Jahrgang 1950 (Hamburg)

»Die haben dann tatsächlich auf uns geschossen!«

Barbara Langner verlebte in Schlesien eine Kindheit wie im Paradies: ein Landhaus mit 1000 Quadratmetern Wohnfläche, mehrere Hausmädchen, Abendgesellschaften mit Klaviermusik und Billard. Dann musste ihre Familie vor der Roten Armee fliehen.

Barbara Langner (rechts) mit ihrer Cousine, September 1941

Diesen Rechen fand ich im Nachlass meiner Mutter. Er gehörte meiner Großmutter, 1945 muss sie ihn mit auf die Flucht genommen haben. Ein sogenanntes Rateau, beim Roulette schiebt der Croupier damit die Jetons zusammen.

Meine Großmutter stammte aus dem Großbürgertum. Mein Großvater hatte als Ingenieur viel Geld mit Patenten verdient und besaß später zwei Holzwollefabriken. Die beiden wohnten den Winter über in Berlin, um dort ins Theater, auf Bälle oder ins Konzert gehen zu können, und im Sommer in Schlesien, in der Nähe von Hirschberg. Dort hatte die Familie ein Landhaus.

Mein Vater war 1939 eingezogen worden. Er war Anwalt und hatte seine Kanzlei in Berlin. Offizier wollte er nicht werden; er hatte offenbar Angst, als Jurist an Todesurteilen mitwirken zu müssen. Als einfacher Gefreiter marschierte er dann zu Fuß bis nach Leningrad und zurück.

Landhaus der Familie Lantzsch im schlesischen Rabishau, 1930

Meine Mutter schrieb ihm täglich einen Brief, ich malte immer ein Bild dazu. In seinen Briefen berichtete er nur von schönen Blumen um den Schützengraben herum, er wollte nicht, dass wir uns sorgten.

1943 bekam ich einen Bruder. Zu der Zeit wurden Mütter mit Kindern aufgefordert, Berlin zu verlassen. Also ging meine Mutter mit mir und dem Baby nach Schlesien in das Landhaus der Großeltern.

Dort hatte ich eine paradiesische Kindheit. Ich lebte wie eine Prinzessin, das einzige Kind unter lauter Erwachsenen. Ich konnte machen, was ich wollte. Wir hatten zwei Hausmädchen, während wir zu Abend aßen, räumten sie mein Zimmer auf. Vor dem Schlafengehen stellte ich meine Schuhe vor die Zimmertür, und am nächsten Morgen waren sie geputzt.

Das Landhaus hatte ein Erdgeschoss und zwei Etagen, jeweils mit etwa 360 Quadratmetern. Es gab große Wandmalereien, alles war sehr kunstvoll eingerichtet. In jedem der sechs Gästezimmer waren die Möbel in einem anderen Farbton gehalten, am schönsten fand ich Zimmer Nummer 4: gelb mit rot. Einmal hatte ich die Idee, jede Nacht in einem anderen Bett zu schlafen, für mich war das ein herrliches Spiel. Die Mädchen fanden das sicher nicht so lustig, sie mussten dafür jeden Abend ein anderes Bett herrichten.

Es gab ein riesiges Musizier- und Spielezimmer, mit einem Klavier, gepolsterten Sitzgruppen drumherum und einem großen Tisch in der Mitte, auf dem Billard gespielt wurde. Abends wurde er umgebaut, für Roulette.

An den Abenden hatten wir oft Gäste. Ich wurde dann abgefüttert und musste pünktlich ins Bett. Oft sagte meine Mutter zu mir: »Trödel nicht so, ich muss mich noch umziehen.«

Der jüngere Bruder meines Vaters spielte bei diesen Abendgesellschaften Klavier und machte auch den Croupier. Wahrscheinlich hat er dabei dieses schwarze Rateau benutzt. Im September 1944 ist er gefallen, mit 22 Jahren. Für meine Großmutter muss das furchtbar gewesen sein, er war der Nachzügler, ihr Kleiner. Ich denke, dass sie das Rateau als Erinnerung an ihn auf die Flucht mitgenommen hat.

Jeden Abend hat meine Mutter meine Haare gekämmt und geflochten. Dabei hat sie oft gesagt: »Es kann sein, dass du eines Tages mal nicht mehr in einem so schönen Bett liegst. Dass du nur auf Stroh schläfst. Dass du mal frieren musst.« Ich habe dann immer gedacht: Komisch, was erzählt sie denn da?

Am 3. Januar 1945 wurde mein Vater an der Westfront verwundet. Weil die Lazarette dort überfüllt waren, durfte er zurück nach Schlesien. Er hatte eine Wunde am Oberschenkel und an der Hand, später musste ihm ein Finger abgenommen werden, die linke Hand blieb steif.

Anfang Februar 1945, als die Russen näher rückten und bei uns im Ort schon die Flüchtlinge in Scharen vorbeizogen, sollte mein Vater mit dem Lazarett nach Bad Mergentheim evakuiert werden. Er hat daraufhin den Militärarzt für einen Marschbefehl bestochen. »Kommen Sie in das Haus meiner Eltern«, hat er zu ihm gesagt, »Sie können dort mitnehmen, was Sie wollen, Wäsche, Geschirr, Silber, alles. Ich brauche von Ihnen nur ein Dokument, dass ich mit meiner Familie nach Bad Mergentheim fliehen darf, und nicht mit der Truppe.« Der Arzt fuhr mit einem kleinen Laster vor, der war nachher vollbeladen.

Eltern von Barbara Langner, Mai 1942

So konnte uns mein Vater in Uniform mit seinem Marschbefehl begleiten. Unsere Flucht begann im Februar 1945, ich war sieben Jahre alt. Natürlich hatte ich Angst, aber meine Mutter sagte: »Wenn wir alle ganz fest zusammenhalten, kann uns nichts passieren.« Das habe ich ihr geglaubt. Sie hatte bereits im Ersten Weltkrieg fliehen müssen, sie wusste, was uns bevorstand. Also packte sie warme Kleidung für alle ein, Lebensmittel und auch die Fotografien, denn die waren unwiederbringlich. Und das Silberbesteck, das konnte man gut verkaufen. Ich durfte nur eine einzige Sache mitnehmen, ich entschied mich für ein Buch, Grimms Märchen.

Niederschlesien war bereits von den Russen eingekesselt, wir flohen nach Süden. Dort gebe es einen Durchbruch, hieß es.

Wir hatten einen Lastwagen von Ford mit Holzvergaser sowie einer Ladefläche und einer Plane darüber. Insgesamt waren wir 20 Personen, damit war der Wagen überladen. Mein Vater, der humpelte und einen Arm in der Schlinge trug, musste bei heftigen Minusgraden die ganze Fahrt über auf dem Kotflügel sitzen. Im geschützten Fahrerhaus saßen im Wechsel meine Tante mit ihrem Säugling und meine Mutter mit meinem kleinen Bruder.

Als unser Treck früh morgens noch im Dunkeln loswollte,

Barbara Langner, 1941

haben wir lange gebraucht, bis wir auf der Straße eine Lücke fanden, so viele Menschen waren unterwegs, viele mit Pferd und Wagen. Es ging im Schritttempo voran. Es war lausig kalt, die Straßen waren spiegelglatt und am Rand türmte sich der Schnee; man konnte nicht überholen.

Unterwegs mussten wir einige unserer Sachen wegwerfen, weil der Lastwagen zu voll war. Er war uralt, ständig hatten wir Pannen. Ich saß hinten auf der Ladefläche, immer wieder sah ich leere, umgekippte Kinderwagen am Straßenrand liegen. Die Kinder waren erfroren.

Abends kamen wir in Schulen oder Hallen unter, dort war Heu oder Stroh ausgebreitet. Auf der Höhe von Dresden erlebten wir von der Straße aus den großen Angriff auf die Stadt. Die feindlichen Flugzeuge flogen über uns hinweg, die Bomben gingen runter, und wir sahen die Stadt brennen.

Alle mussten dann raus aus dem Auto. Wir sollten uns in den Schnee werfen, mein Vater sagte zu mir: »Mach dich so klein wie möglich. Wenn ein Flugzeug über uns hinwegfliegt, denkt der Pilot, du seiest ein Stein.« Ich hatte furchtbare Angst und habe noch Jahrzehnte später davon geträumt.

Als wir Hof erreichten, brach der Laster endgültig zusammen, wir mussten ihn stehen lassen. Jeder müsse sich nun selbst durchschlagen, hieß es. Also zogen meine Eltern mit meinem Bruder und mir allein weiter, nur mit dem Nötigsten bepackt. Wir fuhren mit der Bahn. Ständig gab es Bombardierungen, dann mussten wir raus und uns verstecken.

Einmal setzte meine Mutter mich auf einem Bahnsteig neben einem hohen Stapel ab. Nach einer Weile sah ich, dass das tote, gefrorene Soldaten waren, die man dort gelagert hatte.

Mein Vater hatte mir irgendwann ein rotes Kopftuch umgebunden, er sagte, so erkennt man dich sofort in der Menge. Wir kamen dann für einige Zeit in einem Dorf unter. Einmal ging ich mit meinem Bruder, der in seinem Kinderwagen lag, durch die

Straßen. Plötzlich kamen Tiefflieger. Sie flogen unglaublich tief, so etwas hatte ich zuvor noch nie gesehen. Und ich trug mein rotes Kopftuch. Die haben dann tatsächlich auf uns geschossen! Eine Frau schrie mir zu, ich solle zu ihr ins Haus kommen. Ich riss meinen Bruder aus dem Kinderwagen und rannte los. Das sind Momente, die man nie vergisst.

Unsere Flucht endete nach circa drei Wochen in Beckstein, damals ein kleiner Ort mit wenigen Einwohnern. In einem uralten leer stehenden Haus fanden wir eine Bleibe. Mein Vater, der immer alles positiv sehen wollte, sagte zu mir: »Ist das nicht ein wunderschönes Haus? Es wurde 1492 gebaut, genau in dem Jahr, in dem Amerika entdeckt wurde. Und weiß du was? Wir werden jetzt leben wie im Mittelalter.«

Daraus wurden dann mehr als fünf Jahre. Wir bewohnten ein Zimmer, kaum 20 Quadratmeter groß, daneben war eine Kammer mit einem Stockbett. Oben schlief ich, unten schliefen meine Eltern; für meinen Bruder gab es ein Kinderbett. Zugedeckt wurde ich mit dem alten Militärmantel meines Vaters. In dem Zimmer schlief meine Großmutter, sie war zu uns gekommen, nachdem mein Großvater unterwegs gestorben war. Wasser mussten wir aus dem Keller in Eimern nach oben schleppen, ein Plumpsklo gab es im Hausflur.

Meine Mutter war sehr lebenstauglich. Gleich nach unserer Ankunft fragte sie beim nächsten Bauern an, ob er eine Magd brauche. Die Fremdarbeiter waren weg, die Männer gefallen oder noch in Kriegsgefangenschaft; sie konnte gleich anfangen. Jeden Abend kam sie mit einer Schüssel Mehl oder irgendetwas anderem Notwendigen nach Hause.

Bald schlug sie mir vor, ich könne als eine Art Kindsmagd dort arbeiten. Ich könne auf die Kinder aufpassen oder den Arbeiterinnen das Essen aufs Feld bringen. Das habe ich gemacht und dafür dann zum Beispiel ein Schinkenbrot bekommen. So gab es zu Hause einen Esser weniger. Und ich war stolz.

Wir hatten natürlich keine Spielsachen. Mein Vater nahm Packpapier und schrieb Gedichte darauf, malte etwas dazu, machte ein Loch ins Papier und zog eine Schnur hindurch. Das waren dann unsere Kinderbücher.

Ich habe das als schöne Zeit in Erinnerung, trotz der Entbehrungen. Endlich konnte ich mit anderen Kindern spielen, das fand ich herrlich. In Schlesien war nie ein Kind zu mir zum Spielen gekommen, meine Großmutter hatte das nicht gewollt. Ich hing immer am Gartenzaun und sah draußen die Kinder, ich durfte nie dazu. Ich bin in einem goldenen Käfig aufgewachsen. Für mich begann erst in Beckstein eine normale Kindheit.

Der Verlust ihres alten Lebens hat meine Eltern sehr wehmütig gemacht. Aber sie haben mich das nie spüren lassen. Sie waren nie verbittert, haben immer nach vorn geschaut. Ich glaube, mein Vater war einfach nur heilfroh, dass er lebend aus diesem Krieg zurückgekommen ist. Er hat oft gesagt: »Ich bezahle gern jeden Preis dafür, dass ich lebe.«

Später bin ich noch einmal mit meinen Eltern nach Schlesien gefahren, in unsere Heimat. Unser Landhaus ist heute ein Ärztezentrum. Im ersten Stock wohnt ein Arzt, im zweiten Stock, wo früher die farbig eingerichteten Gästezimmer waren, leben Krankenschwestern.

Der Arzt lud uns zum Kaffee ein, wir saßen dann in unserem ehemaligen großen Salon mit dem alten Kachelofen. Teilweise ist die alte Einrichtung noch vorhanden. Für meine Eltern war das unglaublich ergreifend. Mein Vater bedankte sich bei dem Arzt für die Einladung. Und während er sprach, hat er ganz furchtbar gezittert.

Barbara Langner, Jahrgang 1938 (Wiehl)

»Ich hätte gern diesen Vater gehabt«

Seinen Vater hat Andreas Borchert nie kennengelernt. Der war Sportlehrer an der Napola gewesen, der »Nationalpolitischen Lehranstalt«, 1943 fiel er als Soldat in Russland. Geblieben sind dem Sohn eine Trillerpfeife seines Vaters und eine Turnhose.

Andreas Borchert (links) und seine Schwester Mechthild mit ihrem Vater in Ilfeld, Juli 1943

Mein Vater, Heinz Borchert, wurde 1908 geboren, 1937 heiratete er meine Mutter, Frieda. Sie zogen in den kleinen Ort Ilfeld im Südharz, wo mein Vater seine erste Anstellung bekommen hatte, als Lehrer an der Napola, der Nationalpolitischen Lehranstalt. Die Napolas sollten die künftige Elite ausbilden, »Erziehung zu Nationalsozialisten«, so hieß es, »tüchtig an Leib und Seele für den Dienst an Volk und Staat«.

Ich habe keinerlei Informationen darüber, inwieweit mein Vater selbst von der Sache überzeugt war. War er lediglich froh, nach dem Studium eine Anstellung gefunden zu haben? Oder war er ein überzeugter Nazi? Ich habe alles Mögliche versucht, um das herauszufinden. Ohne Erfolg.

1940 wurde er eingezogen. Er war erst in Frankreich und ab 1942 in Russland. Am 10. September 1943 ist er bei Smolensk gefallen. Meine Mutter hatte von ihm zuletzt nur noch kleine Zettel erhalten, per Feldpost. Darauf schrieb er, dass sein Trupp in Erdlöchern bei Frosttemperaturen ausharrte, es gab keine Nahrung mehr, nur Sekt und Korn. Mein Vater muss dort elend umgekommen sein, verhungert und erfroren. Er ist nie gefunden worden.

Turnhose des Vaters

Am 21. September 1943, elf Tage nach seinem Tod, wurde meine Schwester Mechthild fünf Jahre alt. Meine Mutter hatte noch keine Mitteilung über den Tod meines Vaters erhalten, und so feierten wir bei uns zu Hause ein fröhliches Fest.

Kurz darauf bekam meine Mutter dann einen Brief seines Kommandanten: Mein Vater habe sein Leben für sein geliebtes Vaterland gelassen.

Meine Mutter wollte lange nicht glauben, dass ihr Mann tot sei. Sie sagte zu meiner Schwester und mir: Vater ist in Gefangenschaft, es wird etwas dauern, aber dann kommt er zurück. Eine Art Trost, um überhaupt weitermachen zu können.

Nach Kriegsende kamen die Russen nach Ilfeld. Unsere Wohnung wurde beschlagnahmt, drei Jahre lang lebten wir auf der Straße, bis 1948. Wir hatten keine Bleibe und kein Geld. Da mein Vater an der Napola unterrichtet hatte, bekam meine Mutter keine Rente.

Das war eine schlimme Zeit. Mal schliefen wir eine Nacht bei einer Tante auf dem Flur, mal vor dem Tresen im Lebensmittelladen, mal irgendwo draußen im Freien. Wir bettelten um Essen. Meine Mutter hatte Multiple Sklerose und war fast blind. Meine ältere Schwester hat sie untergehakt und geführt.

Der tägliche Überlebenskampf hat den Schmerz über den Tod meines Vaters überdeckt. Für Trauer war kein Platz. Es gab keine Trauerzeit, keine Muße. Meine Mutter musste jeden Tag sehen, wie wir überleben.

1948 gelang es uns, in den Westen zu flüchten. Wir landeten in Preetz in Schleswig-Holstein, wir besaßen nichts, außer der Kleidung an unserem Körper. Meine Mutter kam bei einer Verwandten in einer winzigen Kammer unter. Meiner Schwester und mir vermittelte die Stadt Schlafplätze. Jeden Tag mussten wir zum Amt, dort erhielten wir einen Zettel mit der Adresse eines Quartiers für die nächste Nacht. Da sind viele schlimme Dinge passiert.

Einmal bekam ich einen Schlafplatz bei einem Schlachter. Als ich ankam, zog er mir die Hose herunter und verprügelte mich. Unter der Treppe in seinem Haus war ein Hohlraum, dort lag eine Wolldecke, die furchtbar stank. Da schmiss er mich drauf und fragte: Weißt du, wofür du die Schläge bekommen hast? Ich habe

nur geheult. Er sagte: Dafür, dass du hier heute Nacht kein dummes Zeug machst. Damit du weißt, was dir sonst passiert.

Damals war ich sieben Jahre alt. Ich dachte: Wenn jetzt mein Vater bei mir wäre, dann würde das alles nicht passieren. Dann wären wir nicht obdachlos, dann müsste ich nicht allein bei fremden Leuten schlafen. Dafür würde er sorgen.

Ich habe meinen Vater schmerzlich vermisst. Als er starb, war ich noch nicht einmal zwei Jahre alt. Ich habe keine Erinnerung an ihn. Auf alten Fotos sehe ich einen liebevollen Vater, der mit meiner älteren Schwester Blumen pflückt und ihr auf der Wiese die Käfer zeigt. Ich hätte gern diesen Vater gehabt. Er kam mir immer leuchtend vor.

An der Napola hat er Sport unterrichtet. Er trug dabei diese lange, dunkelblaue Turnhose, innen war ein Namensschild eingenäht. Dazu benutzte er diese Trillerpfeife, mit einer Kugel aus Kork.

Heinz Borchert mit seiner Schwester, 1940

Ich habe mir immer vorgestellt, wie mein Vater in dieser Hose mit seinen Schülern auf einer Wiese turnt, wie alle begeistert sind, vom Sport, von der Gemeinschaft. Mein Vater als Lehrer: erfolgreich und beliebt bei seinen Schülern. Die Freude am Beruf, die Freude, etwas zu erreichen – das ist mein Bild von ihm.

Die Sporthose und die Trillerpfeife hat eine Schwester meines Vaters in Wernigerode aufbewahrt. Später schickte sie uns die Sachen in den Westen.

Die Hose ziehe ich heute noch an, wenn ich im Sommer zum Baden an unseren Fluss gehe, sie schützt mich vor den Mücken.

Auch ich bin später Lehrer geworden, wie mein Vater. Auch ich mag die Natur und treibe Sport, so wie er. Und jetzt trage ich seine Hose weiter. So setze ich sein Leben fort – und schaffe eine gewisse Nähe zu ihm, auch wenn ich ihn nie kennenlernen konnte.

Andreas Borchert, Jahrgang 1941 (Preetz)

KAFFEE

»Das tut weh. So etwas vergisst man nicht«

Die Schauspielerin Marie-Luise Marjan wurde 1940 als Marlies Wienkötter in Essen geboren. Ihre leibliche Mutter ließ sie nach der Geburt im Krankenhaus. Später wuchs sie bei Adoptiveltern auf. Marjan spielte zwanzig Jahre lang Theater, im deutschen Fernsehen wirkte sie in fünfzig Rollen mit. Populär wurde sie durch die »Lindenstraße«, in der sie 35 Jahre lang Mutter Beimer spielte.

Marie-Luise Marjan (zweite von rechts, auf dem Boden sitzend)
im Waisenhaus, Weihnachten 1941

Diese Kaffeemühle erinnert mich daran, wie ich als Kind mit meiner Mutter im Wald Bucheckern sammeln ging. Wald, das ist der Geruch meiner Kindheit. Die Bucheckern hat meine Mutter in der Kaffeemühle gemahlen; aus dem Mehl haben wir Plätzchen gebacken.

Es ist nicht die originale Kaffeemühle von damals, die ist irgendwann verloren gegangen, aber sie sieht fast genauso aus. Ich habe sie Anfang der Sechzigerjahre auf dem Flohmarkt gekauft.

Warum sie mir so viel bedeutet? Ich verbinde mit ihr die Zweisamkeit mit meiner Mutter, das Vertraute – aber auch die Not während des Krieges. Es war meine Mutter, die dafür gesorgt hat, dass die Familie ernährt wurde. Sie war sehr anpackend und ist auch Hamstern gegangen, mein Vater konnte das nicht. Einmal hatte sie ihm einen Rucksack gepackt, mit Porzellan, Geschirr und anderen schönen Sachen, die sollte er beim Bauern gegen Speck und Butter eintauschen. Er ging schon mit einem ziemlich traurigen Gesicht los. Am nächsten Tag kam er zurück, völlig verzweifelt, der Rucksack war noch voll. Er sank auf einen Stuhl und sagte: »Ich kann et nich, Hanni, ich kann nich betteln.«

»Du sollst nicht betteln, du sollst tauschen!«, empörte sich Mutter.

Meine Eltern lebten damals mit mir in Hattingen an der Ruhr. Die Stadt wurde im Krieg stark bombardiert, das Heulen der Sirenen gehört zu meinen frühesten Kindheitserinnerungen.

Wenn der Alarm ertönte, kam Mutter an mein Kinderbett gelaufen und rief: Schnell, schnell aufstehen! Dann nahm sie mich an der Hand und wir rannten rüber zu den Nachbarn in einen riesigen Luftschutzkeller. Während die Erwachsenen ängstlich dort unten saßen und oben die Einschläge zu hören waren, habe ich, da war ich etwa vier Jahre alt, unentwegt vor mich hingebrabbelt und die Leute angestrahlt. Ich kann mich nicht erinnern, dass ich Angst hatte.

Anton Offner,
Marjans leiblicher Vater

Heute erkläre ich es mir so, dass ich in dem Moment für gute Stimmung sorgen wollte; das ist etwas, was ich mein Leben lang beibehalten habe. Auch am Set kann ich es nicht ertragen, wenn schlechte Stimmung ist. Dann bin ich ganz unglücklich und überlege, was kannst du jetzt machen? Ich habe mich immer darum bemüht, dass alle sich gut fühlen.

In der Nachkriegszeit hielten wir in unserem Garten zwei Hühner. Wenn eins geschlachtet werden sollte, sagte mein Papa: Halt mal den Kopf, Kind! Ich habe dann weggeguckt, anschließend hatte ich den Kopf in der Hand, während das Huhn noch wegflatterte.

Das Schlachten habe ich nicht als grausam erlebt. Ich bin im Krieg ja mit dem Tod groß geworden. Vor unserem Haus lagen manchmal Leichen auf dem Bürgersteig, meine Mutter sagte: »Geh runter und leg eine Plane drüber!« Über das, was wir gesehen haben, wurde nicht weiter gesprochen. Nicht in dem Moment und auch später nicht. Das war Alltag. Es war eine andere Zeit.

Erst als ich 15 Jahre alt war, habe ich erfahren, dass meine Eltern nicht meine leiblichen Eltern sind. Eines Tages kam ein Mädchen in die Klasse und sagte: »Du hast ja gar keine richtigen Eltern.« Alle wussten das, aber niemand hatte bis dahin mit mir darüber gesprochen.

Auch meine Eltern hatten mir nie was erzählt. Mir war natürlich schon aufgefallen, dass sie ziemlich alt waren; dass die anderen Kinder jüngere Eltern hatten.

Jetzt erfuhr ich, dass ich noch nicht mal ein Jahr alt gewesen war, als meine Eltern mich aus dem Waisenhaus zu sich geholt hatten.

Als nun die Wahrheit herauskam, war meine Mutter entsetzt, sie ist fast zusammengebrochen. Sie war mit der Situation völlig überfordert. Und auch ich wusste nicht, wohin mit meinen Gefühlen.

Plötzlich kam eine gewisse Distanz zwischen mir und meinem Vater auf. Wenn es Ärger gab, sagte er oft: »Das machst du jetzt nur, weil du weißt, dass wir nicht deine richtigen Eltern sind.« Das hat mich natürlich völlig irritiert.

Marjan (rechts) mit ihrer leiblichen Mutter in Bayreuth, 1956

Eines Tages kam meine leibliche Mutter, die inzwischen in Kanada lebte, nach Hattingen. Über ihre Schwester, die bei uns in der Nachbarschaft lebte, hatte sie erfahren, dass ich bei Adoptiveltern groß geworden bin. Wir trafen uns heimlich in der Wohnung dieser Schwester, meine leibliche Mutter und ich. Ich sehe sie noch vor mir: blonde Haare, modern und schick gekleidet. Sie stand in der Tür und sagte: »Hey, Marlies!« Ich dachte: Das soll eine Mutter sein? Meine Mama trug eine Schürze und einen Haarknoten, und wenn ich Trost brauchte, nahm sie mich in den Arm. Und wenn ich krank war, kochte sie mir Hühnersuppe.

Trotzdem hat es mich gereizt, diese »fremde« Frau kennenzulernen, denn ich fand sie natürlich aufregend. Ich habe ihr dann Fragen gestellt, vor allem nach meinem Vater, aber sie wollte nichts erzählen. Vielleicht war das ein Grund dafür, dass sich zwischen uns nichts entwickelt hat.

Warum sie mich im Krankenhaus zurückgelassen hat, habe ich sie nie gefragt. Das wäre ein Vorwurf gewesen, das wollte ich nicht.

Als ich 17 war, starb Hanni, meine Adoptivmutter. Mein Vater holte mich an jenem Tag an der Straßenbahn ab. Er weinte. »Wir können nicht nach Hause gehen«, sagte er. »Es ist was mit Mama. Sie ist tot.«

Ihr Tod hat ihn komplett aus der Bahn geworfen. Die Spannungen zwischen uns wurden immer größer. Schon früher hatte er versucht, mich zu kontrollieren, meine Eltern hatten mich sehr streng erzogen. Einmal hatte er in meinem Tagebuch gelesen und mir vorgehalten, ich würde mich mit einem Jungen treffen. Ein andermal sprachen wir nach einem Streit zwei Wochen lang nicht miteinander, das habe ich kaum ausgehalten.

Mein Vater klammerte sich sehr an mich. Es gab nur noch seine Traurigkeit. Ich habe mich dann in die Literatur geflüchtet, habe mir die schweren, dramatischen Rollen gesucht. Denn für mich stand schon lange fest: Ich wollte unbedingt Schauspielerin werden!

Doch mein Vater wollte das auf keinen Fall, er wollte, dass ich einen vernünftigen Beruf erlerne, Krankenschwester zum Beispiel oder Stenotypistin, er wollte, dass ich bei ihm bleibe.

Marjan mit ihrer Mutter, 1954

Aber mir war klar, ich musste meinen Weg gehen. Ich wollte raus aus dieser Enge, aus dieser Düsternis, sonst wäre ich erstickt. Mit großen Mühen habe ich mich da rausgekämpft.

1959 wurde ich in Hamburg an der Schauspielschule zur Aufnahmeprüfung eingeladen. Mein Vater hatte nach langem Betteln versprochen, mich zum Zug zu bringen und mir die Fahrkarte zu kaufen. Aber am nächsten Morgen kam er nicht aus dem Bett, er war so voller Schmerz. Ein Nachbar hat mir dann die Fahrkarte bezahlt, mich in den Zug gesetzt und mir noch einen Zehner in die Hand gedrückt.

Ich hatte nur das, was ich am Leib hatte, und meinen Jugendherbergsausweis, ich wusste: Nach Hattingen würde ich nicht zurückkehren.

Aber den Jugendherbergsausweis brauchte ich nicht. Ein Mädchen, das wie ich vorgesprochen hatte, lud mich ein, im Haus ihrer Eltern zu wohnen, bis ich die Nachricht bekam, ob ich die Prüfung bestanden habe.

Eines Tages stand plötzlich mein Adoptivvater vor der Tür. Er wollte die Handtücher abholen, die ich mitgenommen hatte, sagte er. In dem Moment spürte ich seine ganze Hilflosigkeit, seine Verzweiflung, seine Einsamkeit.

Ich habe dann versucht, meinen Vater an meinem Leben teilhaben zu lassen. Er ist aber nur ein einziges Mal gekommen, um mich auf der Bühne zu sehen. Ich hatte ein Engagement in Basel, eine Shakespeare-Aufführung, wunderschön unter freiem Himmel, stimmungsvoller ging es nicht. Das Publikum war begeistert. Nach der Vorstellung fragte ich meinen Vater freudestrahlend, wie es ihm gefallen habe. Und er brummte nur: Tja, die Bänke waren ein bisschen hart.

Ich war tief enttäuscht, ich hatte mich so sehr nach einem anerkennenden Wort von ihm gesehnt, nach einem kleinen Lob.

Die Sehnsucht nach seiner Anerkennung ist lange geblieben. Auch wenn es mich Kraft gekostet hat: Später habe ich Papa verstanden, er fühlte sich so verlassen. So verloren.

Mit 67 Jahren starb er an Krebs. Ich habe mich bis zum Schluss um ihn gekümmert. Obwohl ich am Schauspielhaus engagiert war, fuhr ich jede freie Minute nach Hattingen, um ihn zu sehen.

Erst nach seinem Tod habe ich mir sein Verhalten besser erklären können, seine Schroffheit, seine Traurigkeit. Bei der Auflösung der Wohnung entdeckte ich einen Koffer mit alten Fotografien und Kladden, darunter auch Dokumente aus dem Ersten Weltkrieg. Ich fand heraus, dass mein Vater Heizer auf einem Schlachtschiff gewesen war und dass er 1916 an der Skagerrakschlacht teilgenommen hatte, der größten Seeschlacht der Geschichte.

Ich fand auch ein Tagebuch, in das er seine Erlebnisse geschrieben hatte. Jetzt erst begann ich zu begreifen, welche grausamen Bilder mein Vater all die Jahre in sich getragen hatte. Warum er oft an Weihnachten plötzlich verschwand, stundenlang, und wenn meine Mutter ihn fragte, wo er war, dann sagte er: auf dem Friedhof.

Nach dem Tod meiner Eltern holte mich die Frage nach meiner Herkunft wieder ein, und die Sehnsucht nach meinem leiblichen Vater, dem ich vielleicht ähnlich war. Der mich vielleicht verstanden hätte.

2007 nahm ich das Angebot der ARD an, im Rahmen der Serie »Das Geheimnis meiner Familie« nach meinem Vater zu suchen. Wir fanden heraus, dass er 1943 über der Nordsee den Fliegertod gestorben war, da war er 28 Jahre alt. Man hatte seinen Leichnam in die Familiengruft nach Würzburg überführt. Ich war 67, als ich an seinem Grab stand. Er hat wohl nie erfahren, dass es mich gibt.

Und auch über meine leibliche Mutter fanden wir einiges heraus, was mir half, sie besser zu verstehen. Sie war mir bis zum Schluss fremd geblieben. Ich hatte sie nur ein einziges Mal in Kanada besucht und ihr Fotos von mir mitgebracht, wie ich die Frau Boll in »Der blaue Boll« von Ernst Barlach in Bochum gespielt habe. Das Einzige, was sie dazu sagte: »Och, da siehst du aber alt aus!«

Das tut weh. So etwas vergisst man nicht. Vielleicht konnte ich deshalb immer so gut dramatische Rollen spielen, weil ich den Schmerz in meine Schauspielerei gelegt habe.

Nachdem ich mit dem Filmteam die Geschichte meiner Mutter recherchiert hatte, konnte ich ihr vergeben. Sie hatte das gleiche Schicksal wie ich: Nach einem Bombenangriff stand die ganze Familie auf der Straße. Alle acht Kinder fanden Unterschlupf in einem Waisenhaus.

Diese Familiengeschichte prägt mich bis heute. Vielleicht kommt daher meine Disziplin. Ich habe mich immer voll in meine Arbeit reingehängt. Krank sein, das gab es am Theater nicht. Auch während meiner 35 Jahre bei der »Lindenstraße« habe ich nicht einen Dreh absagen müssen. Krankheiten habe ich in die Drehpausen verlegt.

Heute lassen sich manche Leute wegen jeder Kleinigkeit krankschreiben, selbst wenn sie nur was am kleinen Finger haben. Es gibt eben viele, die immer den leichteren Weg gehen, das finde ich unprofessionell.

Ich war früh auf mich allein gestellt, weil ich mir meinen Weg hart erkämpfen musste. Vielleicht wollte ich deswegen immer die Kontrolle über mich behalten. Kontrolle ist für mich ein rettender Anker.

Jetzt, mit 83, sind die wesentlichen Fragen für mich geklärt. Ich hatte ein reiches Leben, ich werde die schönen Erinnerungen bewahren – aber auch die traurigen.

Marie-Luise Marjan, Jahrgang 1940 (Bonn)

»Mein Vater wollte die Kontrolle über sein Leben zurückgewinnen«

Erst schikanierten sie ihn über Monate, dann vertrieben die Nazis Geoff Kroniks Vater aus dessen Heimatstadt Wien und aus dessen Kindheit. Es blieben ein Paar Schlittschuhe – und eine lebenslange Sehnsucht nach Ordnung.

Geoff Kroniks Vater Hans 1938 in Wien (mit Kroniks Großvater)

Diese Schlittschuhe gehörten meinem Großvater, es sind dieselben, die er auf dem Foto trägt, das im Wiener Eislaufverein aufgenommen wurde. Der Junge neben ihm ist mein Vater. Das Bild entstand kurz vor dem »Anschluss« Österreichs an Nazideutschland, Anfang 1938. Schon zwei Wochen später war die Eisbahn für Juden verboten.

Mein Vater John Kronik wurde 1931 als Hans Krochmalnik in Wien geboren. Er war ein Wunschkind, meine Großeltern hatten lange auf ihn gewartet. Seine Kindheit war glücklich, ein Paradies, so erzählte er später.

Eine Seite aus dem Schulheft vom 22. März 1938

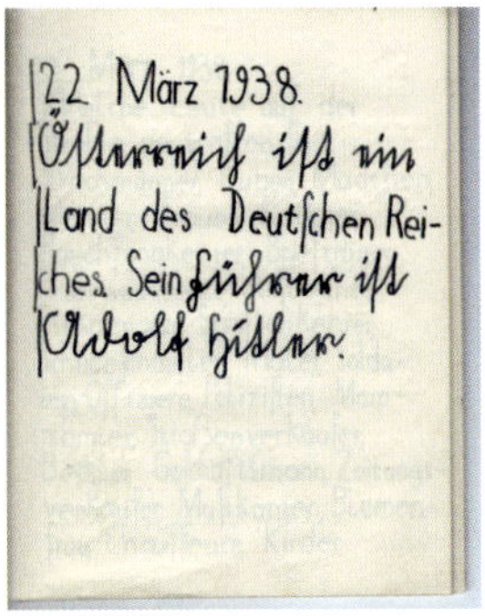
22. März 1938.
Österreich ist ein Land des Deutschen Reiches. Sein Führer ist Adolf Hitler.

Beim »Anschluss« Österreichs an das Deutsche Reich war mein Vater sechs Jahre alt. Am 13. März 1938, als die Deutschen in Wien einmarschierten, stand er mit seinem Vater am Straßenrand, Hitler fuhr in einem offenen schwarzen Wagen vorbei, er lächelte und winkte, die Menschen jubelten. Es dauerte dann nicht lange, bis die Familie meines Vaters merkte, dass sich die Stimmung im Land veränderte.

Nach dem »Anschluss« blieb die Schule eine Woche lang geschlossen. Als sie wieder öffnete, musste mein Vater in sein Heft schreiben, in Schönschrift: »Österreich ist ein Land des Deutschen Reiches. Sein Führer ist Adolf Hitler.« Und auch: »Deutschland, Deutschland über alles, über alles in der Welt.«

Kurz darauf wurden die Kinder der Klasse getrennt: Die jüdischen Schüler mussten sich auf die eine Seite des Raums setzen, die nicht jüdischen Kinder auf die andere. Es gibt ein Foto von

Geoff Kroniks Vater Hans (sechster von rechts) mit seiner Schulklasse im Wiener Stadtpark 1937

seiner Klasse, meine Großmutter hat es mir später einmal gezeigt. Nacheinander deutete sie auf einzelne Kinder und sagte jedes Mal: dieses Kind. Und dieses. Und dieses. Und dieses. Alles Kinder, die nicht überlebt haben.

Zu Beginn der zweiten Klasse musste mein Vater dann auf eine Schule nur für jüdische Kinder wechseln. Nach dem »Anschluss« beobachtete er, wie Juden auf Knien die Bürgersteige reinigen mussten, mit Bürsten und Seife. Er sah, wie Menschen auf Lastwagen geladen wurden, und er wunderte sich, was das zu bedeuten hatte. Juden durften keine Cafés mehr besuchen, keine Parks, sie durften nicht mehr auf Bänken sitzen.

Als mein Vater eines Tages zum Spielen in den Stadtpark wollte, standen Soldaten am Eingang. Tafeln waren angebracht worden, unter einem Totenkopf las er: »Zutritt für Hunde und Juden verboten!« In dieser Reihenfolge, um zu zeigen, dass die Juden ganz unten standen. Von da an durfte mein Vater den Stadtpark nicht mehr betreten.

Mein Großvater war Beamter bei der Creditanstalt. Bald wurde ihm gekündigt. Auf der Straße wurden meine Großeltern beschimpft. Eines Nachts klingelten Männer an ihrer Wohnungstür, sie wollten meinen Großvater festnehmen und wahrscheinlich nach Dachau deportieren. Der Hausmeister rief den Besitzer des Hauses herbei, der zu den Gestapo-Leuten sagte: Dieser Mann hat für unsere Armee im Ersten Weltkrieg gekämpft, als Leutnant. Am Ende zogen die Männer unverrichteter Dinge wieder ab.

Im Juni 1939 gelang es meinen Großeltern, mit meinem Vater in die USA auszuwandern. Damals war es extrem schwer, ein Visum zu bekommen. Es gab Aufnahmequoten, die von der amerikanischen Regierung festgelegt worden waren. Unter der österreichischen Quote hatte die Familie keine Chance. Am Ende und erst sehr spät konnten sie unter der russischen Quote ausreisen, weil mein Großvater in Odessa geboren worden war. Er hatte dann noch seine Arbeitsfähigkeit nachzuweisen, um zu belegen, dass er in Amerika nicht auf staatliche Unterstützung angewiesen sein würde.

Bevor sie Österreich verlassen durften, mussten meine Großeltern dem deutschen Staat noch eine sogenannte Reichsfluchtsteuer bezahlen, außerdem wurde ihr gesamtes Vermögen eingezogen. Im Juli 1939 fuhr die Familie mit dem Zug nach Amsterdam, von dort verließen sie Europa mit der »Statendam« Richtung New York. Mein Vater durfte nur wenige Spielsachen auf die Reise mitnehmen, darunter seinen Steinbaukasten, eine Märklin-Lokomotive und ein rotes Rennauto.

Für die Familie begann in New York eine schwere Zeit. Meine Großeltern waren bettelarm. Sie kamen getrennt voneinander bei irgendwelchen Bekannten unter.

Mein Vater, inzwischen acht Jahre alt, kam in ein jüdisches Kinderheim, für neun Monate. Vielleicht gab es für ihn keinen Platz, vielleicht konnte sich niemand um ihn kümmern, weil die Eltern arbeiten mussten.

Ich glaube, diese Monate haben bei meinem Vater Spuren hinterlassen. Nach seiner glücklichen Kindheit in Wien musste er sich in einem fremden Land zurechtfinden, er wurde gehänselt, weil er die Sprache nicht beherrschte, und dann wurde er auch noch von seinen Eltern getrennt. Er hat später nur selten über diese Zeit gesprochen, das zeigt mir, wie sehr ihm das alles zu schaffen gemacht hat.

In den USA verkürzten meine Großeltern ihren Nachnamen von Krochmalnik zu Kronik, das war für die Amerikaner einfacher auszusprechen. Dorothea, die Stiefgroßmutter meines Vaters, war in Wien zurückgeblieben und schickte Briefe in die USA. Darin schilderte sie die Zustände in Österreich. Immer wieder schrieb sie: Ihr könnt täglich dankbar sein, dass ihr raus seid. Ende 1941 hörten die Briefe plötzlich auf. Erst sehr viel später erfuhren wir, dass sie nach Weißrussland in das Vernichtungslager Maly Trostinec deportiert und kurz darauf ermordet worden war.

Geoff Kronik (vorn) mit seinen Eltern und seiner Schwester Theresa, 1969

Mein Vater hat die Wiener Kultur in Amerika immer aufrechterhalten. Jeden Samstag hörte er im Radio die Opernsendung aus der Metropolitan Opera. Wir haben viele österreichische Gerichte gegessen, mein Vater liebte Wiener Schnitzel, Palatschinken und Marillenknödel. Im Laufe der Zeit wurden meine Eltern amerikanischer, legten aber ihre europäischen Gewohnheiten nie ganz ab; als Kind hatte ich immer das Gefühl, sie seien irgendwie anders als amerikanische Eltern. Noch kurz vor ihrem Tod im Jahr 1984, da lebte sie schon seit 45 Jahren in Amerika, sagte meine Großmutter mit einem Seufzer: Ach, Wien. Das war ein Leben!

Mein Vater wurde später Professor für spanische Literatur in Cornell. Er liebte das Reisen, mit meiner Schwester Theresa und mir fuhr er durch die gesamten USA, bis hinauf nach Alaska, mit einem Bulli. Es war ihm wichtig, Zeit mit uns Kindern zu verbringen. Mein Vater hatte immer viel zu tun, aber wenn ich mal in sein Büro gerannt kam, hat er nie gesagt: Ich bin beschäftigt, ich habe keine Zeit für dich. Er konnte ein liebevoller, warmherziger Vater sein.

Kronik mit seinem Vater, 1977

Aber in vielerlei Hinsicht war er auch ein komplizierter Mensch, vielleicht wegen seiner schweren Vergangenheit. Das war manchmal zu spüren. Er hasste Obrigkeiten aller Art. Und er war sehr streitbereit, wenn ihm jemand Vorschriften machen wollte oder wenn jemand sagte: Das ist nicht erlaubt, das kannst du nicht machen.

Kontrolle war meinem Vater sehr wichtig, die äußere Erscheinung, blank geputzte Schuhe zum Beispiel. Und er war extrem ordnungsliebend. Alles hatte seinen festen Platz. Sein ganzer Tag war strukturiert: Wann er aufstand, wann er sich die Zähne putzte, sich rasierte, frühstückte. Immer in derselben Reihenfolge. Unordnung beunruhigte ihn. Er achtete auf jedes Detail.

Seinen Garten hat er akribisch gepflegt, in seinem Kleiderschrank hing alles perfekt nebeneinander, mit dem gleichen Abstand zwischen den einzelnen Kleidungsstücken. Auch seine Werkzeuge im Keller hatten alle ihren festen Platz.

Ich glaube, der Wunsch meines Vaters, selbst die kleinsten Dinge im Alltag zu kontrollieren, war der Versuch, sein Leben wieder in Ordnung zu bringen. Wer mit acht Jahren erleben muss, dass alles in Unordnung gerät, hat wahrscheinlich ein großes Bedürfnis, in jedem noch so kleinen Bereich die Ordnung wiederherzustellen. Mein Vater wollte die Kontrolle über sein Leben zurückgewinnen.

Früher habe ich manchmal gegen seine Ordnungsliebe rebelliert. Heute bin ich selbst sehr ordentlich. Wenn mein Vater meinen Kleiderschrank sehen könnte, wäre er stolz auf mich.

Ein paar Jahre vor seinem Tod habe ich begonnen, ihn nach seiner Kindheit zu befragen. Er hatte meine Schwester und mich immer ermuntert, allem gegenüber neugierig zu sein – nur wenn es um seine eigene Geschichte ging, galt das lange Zeit nicht.

Die Schlittschuhe hatte mein Großvater mit in die USA genommen, als er 1956 starb, erbte sie mein Vater. Meine Schwester und ich haben sie immer bewundert. Es waren normale Schuhe, unter die Kufen geschraubt waren. Niemand sonst hatte solche, sie waren einzigartig.

Bis heute haben die Schlittschuhe für uns Kinder eine große Bedeutung. Sie hängen im Ferienhaus meiner Schwester in Utah an der Wand. Wenn ich sie anschaue, sehe ich meinen Vater vor mir, an der Seite meines Großvaters, auf der Eisbahn im Wiener Eislaufverein.

Kurz darauf wird mein Vater aus der Welt, die für ihn das Paradies war, vertrieben werden, aber das kann er natürlich noch nicht wissen.

Geoff Kronik, Jahrgang 1962 (Brookline, Massachusetts)

»Ich stelle mir vor, wie verzweifelt mein Vater war, als er in diesen Kalender schrieb«

Kurz vor Kriegsende versteckte sich der Vater von Rüdiger Schulz in einem Wald bei Danzig: vor sich die Ostsee, hinter sich die heranrückende Rote Armee. Was er in diesen Wochen erlebte, weiß der Sohn bis heute nicht – obwohl der Vater sich täglich Notizen machte.

Dieser kleine Taschenkalender gehörte meinem Vater. Es ist eine Art Tagebuch, das er in der Endphase des Krieges geführt hat, »Taschen-Notiz-Kalender 1945« steht vorne drin. Seine Eintragungen hat er mit Bleistift gemacht, sehr knapp, beinahe rätselhaft, meist nur ein oder zwei Wörter am Tag. Ich stelle mir vor, wie verzweifelt er war, als er hineinschrieb, voller Sorge um seine Zukunft und um unsere.

Kalendereintrag vom 9. Mai 1945: »an Bord«

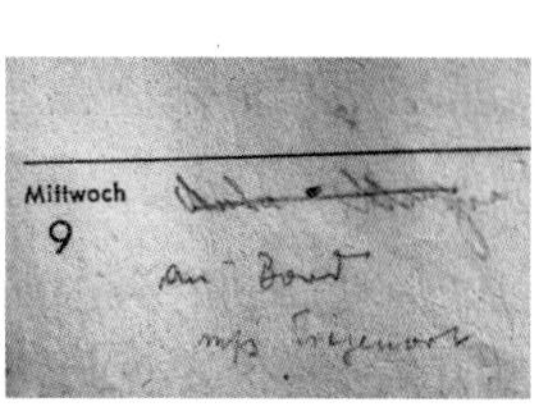

Mein Vater war 1943 eingezogen worden, er kam nach Russland. Er war nur für kurze Zeit an der Front, dann holte ihn der Kommandant in die Schreibstube zurück, weil er jemanden brauchte, der gut Englisch sprach. Fortan war mein Vater in der Etappe, einige Kilometer hinter der Front. Von dort aus sollte er den Nachschub organisieren.

Er war ein ruhiger und schüchterner Mensch, eher in sich gekehrt; kein glühender Soldat, das Militär war nicht seine Welt. Mein Vater interessierte sich für klassische Musik und Literatur. Er war auch nicht in der Partei.

Meine Eltern führten eine glückliche Ehe. Sie liebten sich sehr, das war spürbar. Oft gingen sie gemeinsam ins Konzert oder ins Theater. Meine Mutter hatte schon mit zwölf Jahren Klavierunterricht im Konservatorium genommen. Sie konnte perfekt spielen und tat es oft, auch mit meinem Vater zusammen, vierhändig.

Nachdem mein Vater eingezogen worden war, schrieb er ihr jeden Tag Briefe, die mit der Feldpost zu uns kamen. Meine Mutter hat sie alle mit der Schreibmaschine abgetippt.

Eintrag vom 13. August 1945: »bei uns zu Hause«

Mein Vater bekam nur ein einziges Mal Heimaturlaub. Als er auf dem Bahnsteig auf uns zukam, habe ich zu meiner Mutter gesagt: Da kommt ein Soldat. Ich habe ihn nicht erkannt, für mich war er ein fremder Mann.

Als 1943 die schweren Angriffe auf Hamburg begannen, musste meine Mutter mit uns Kindern nach Schlesien umsiedeln. Es gab die Anweisung, alle zu evakuieren, die in Hamburg nicht als Arbeiter in der Rüstungsproduktion gebraucht wurden. Fast zwei Jahre lang lebten wir in Kreibau, einem Dorf in der Nähe von Breslau, bei der Schwester meines Vaters.

Als im Januar 1945 die russische Front immer näher rückte, mussten wir von dort fliehen. Ein Militärfahrzeug nahm uns mit. Meine Mutter sorgte dafür, dass ich als Kleinster vorn mit in der Fahrerkabine sitzen durfte. Alle anderen saßen auf der Ladefläche, das war natürlich irre kalt.

In Berlin ergatterten wir einen Zug, der nach Hamburg fuhr. Der Bahnsteig war brechend voll mit Soldaten und Flüchtlingen. Als wir in Hamburg ankamen, waren wir entsetzt: Unser Haus war zerbombt worden, all unser Hab und Gut zerstört. Wir hatten nichts mehr.

Wir kamen dann bei den Eltern meiner Mutter unter. In ihrer Vier-Zimmer-Wohnung haben zeitweise 18 Leute gelebt. Jede Nacht gab es Bombenalarm, manchmal sogar mehrmals. Dann mussten wir raus und zu dem etwa 300 Meter entfernten Tiefbunker laufen.

Währenddessen war mein Vater irgendwo in Ostpreußen. Auch dort rückten die Russen immer weiter Richtung Westen vor. Überall bildeten sich Flüchtlingstrecks, die Menschen flohen vor der Roten Armee, sie wollten nach Westen. Im März 1945 hieß es dann offenbar auch für meinen Vater, so schnell wie möglich wegzukommen. Er schlug sich bis kurz vor Danzig durch, das lässt sich an seinen Eintragungen erkennen.

Von Danzig aus wurden die Flüchtlinge über die Ostsee evakuiert, mit Passagierdampfern und Frachtschiffen, später auch mit Fischkuttern und Motorbooten. Am 22. März, kurz bevor das Tagebuch einsetzt, brachen sowjetische Truppen zwischen Danzig und Gotenhafen, dem heutigen Gdynia, zur Küste durch. Am 27. März besetzten die Russen Danzig, da waren noch etwa 200 000 Menschen in der Stadt.

Vermutlich hatte mein Vater keinen Platz auf einem Schiff bekommen. Er muss sich dann vor den Russen im Wald versteckt haben. Der erste Eintrag in dem kleinen Taschenkalender ist vom 26. März 1945, einem Montag: Von Danzig war er nach Schnakenburg gegangen, einem Dorf an der Weichsel. Von da an notierte er jeden Tag, wo er war. »Im Wald«. Oder »Im Forst«. Mal in Steegen, mal in Junkersacker, dann wieder Schnakenburg. Nie schrieb er, wie es ihm ging; was er machte. War er allein? Zusammen mit Kameraden? War er desertiert? Und worauf wartete er? Wusste er, dass mehrere Flüchtlingsschiffe bombardiert worden waren?

Rüdiger Schulz mit seiner Mutter in Kreibau/Schlesien, 1944

Ich bin sicher, dass er vom Untergang der »Wilhelm Gustloff« gehört hatte. Das Schiff war, vollbesetzt mit Flüchtlingen, Ende Januar 1945 von einem sowjetischen U-Boot versenkt worden. Mehr als 9000 Menschen waren in der eiskalten Ostsee umgekommen.

Nachdem die Russen Danzig besetzt hatten, war Hela, eine kleine Halbinsel vor der Stadt, der einzige Ostseehafen, der noch in deutscher Hand war. Dorthin musste mein Vater es schaffen, um den Russen zu entkommen. Am 7. Mai, einen Tag vor Kriegsende, hat er Hela tatsächlich erreicht, so steht es in seinem Kalender. Am 9. Mai dann der Eintrag: »an Bord«. Ich denke, er muss eines der allerletzten Schiffe erreicht haben.

Am 13. Mai kam mein Vater in Neustadt in Holstein an. Er ging direkt in englische Kriegsgefangenschaft, auf einen Bauernhof in der Nähe von Grömitz. Die Engländer haben viele ihrer Gefangenen zu deutschen Landwirten geschickt, sie sollten dort bei der

Arbeit helfen. Nach drei Monaten wurde mein Vater aus der Gefangenschaft entlassen.

Der letzte Eintrag ist vom 13. August 1945: »Bei uns zu Hause«. Es ist der einzige, der mit einem Füllfederhalter geschrieben wurde, die Handschrift ist nicht seine. Ich vermute, es war meine Mutter, die in seinem Tagebuch notiert hat, dass er wieder da war.

An den Tag seiner Heimkehr kann ich mich noch erinnern, ich war knapp fünf Jahre alt. Das war eine große Freudenfeier. Meine Mutter war überglücklich, so hatte ich sie noch nie erlebt.

Die Nachkriegszeit war für unsere Familie sehr schwer. Alles war knapp. Ich erinnere mich an die Jahre 1946/47, als es jeden Tag Kohlsuppe gab, sonst nichts.

Mit der Zeit merkten wir, wie schwer die Kriegsjahre meinem Vater zugesetzt hatten. Ich weiß bis heute nicht, was er in diesen zwei Jahren in Russland erlebt hat. Er hat nie etwas erzählt. Aber ich habe ihn auch nie gefragt. Erst viel später, nachdem er längst gestorben war, fing ich an, mich für seine Geschichte zu interessieren.

Meine Eltern und meine Brüder sind inzwischen tot. Ich habe den Taschenkalender meines Vaters bei mir aufbewahrt, er bedeutet mir sehr viel. Er war nach dem Krieg immer unser Begleiter und erinnerte uns an die schwere Zeit. Ich spreche auch mit meinen Enkelkindern über das Büchlein ihres Ur-Opas und darüber, was Krieg anrichten kann.

Rüdiger Schulz, Jahrgang 1940 (Ellerau)

»Ich fragte: ›Mami, lebst du noch?‹ Aber sie gab keine Antwort«

Jutta Montag-Assamoi war sechs Jahre alt, als der Krieg in ihre Kindheit einbrach. Sie wurde deportiert, sah ihre Mutter sterben, kam in ein Kinderheim. Ein Fotoalbum half ihr zu überleben.

Fotoalbum von Jutta Montag-Assamoi

Dieses zerschlissene Fotoalbum enthält das Glück meiner Kindheit – bevor der Krieg alles zerstörte. Meine ersten Lebensjahre habe ich als wunderschön in Erinnerung. Ich lebte mit meinen Eltern in Zoppot, einem mondänen Kurort in der Danziger Bucht; wir wohnten direkt am Strand. Uns ging es gut.

Mein Vater arbeitete als Holzkaufmann. Als er an die Front musste, blieb ich mit meiner Mutter allein zurück. Wir waren immer unterwegs. Sie nahm mich mit in die Waldbühne oder ins Theater, sie wollte mir all das Schöne im Leben nahebringen. Für mich war es trotz des Krieges eine unbeschwerte Kindheit.

Jutta zwischen ihren Eltern – das Foto entstand beim letzten Heimaturlaub ihres Vaters in Zoppot

Mein Idyll endete zwei Wochen nach meiner Einschulung, im März 1945, als die Rote Armee immer näher rückte. Zusammen mit einigen Nachbarn und einem holländischen Badegast, der bei uns wohnte, mauerten wir uns im Keller ein. Einige Steine fügten wir nur locker ein, um später flüchten zu können. In unserem Versteck mussten wir mit anhören, wie die Russen grölend und polternd unser Haus stürmten. Das Geschrei der Frauen war furchtbar, aber als Kind habe ich natürlich nicht verstanden, was da passierte.

Zwei Tage lang harrten wir im Keller aus, dann wagten wir uns nach draußen. Dort erwarteten uns die Russen. Der holländische Gast hatte Glück, als Ausländer durfte er Zoppot mit dem Zug verlassen. Um meine Mutter und mich zu retten, gab er uns als seine Familie aus. Aber die Russen merkten natürlich, dass wir kein Holländisch sprachen und brachten uns direkt in ein Gefangenenlager. Von dort wurden wir in Viehwaggons getrieben, und der lange Treck Richtung Russland begann. Wir konnten kaum etwas mitnehmen, aber das Fotoalbum war dabei.

Die Züge waren vollgestopft mit Menschen, es war eiskalt, wir hatten weder zu essen noch zu trinken. Wenn der Zug anhielt, stürmten alle auf die vereisten Felder und gruben mit bloßen Händen nach etwas Essbarem. In unserem Waggon stand ein kleiner Kanonenofen, auf dem wir Schnee in Blechdosen schmolzen, um etwas zu trinken zu haben. Schlafen mussten wir auf dem nackten Boden. Überall lagen schreiende und stöhnende Menschen, viele starben unterwegs.

Jutta Montag-Assamois Mutter am Strand von Zoppot, ca. 1943

Der Treck wurde von bewaffneten Russen begleitet. Eines Tages trennten sie die Kinder von ihren Eltern, die Erwachsenen sollten als Arbeitskräfte eingesetzt werden. Nur ich durfte bei meiner Mutter bleiben – weil sie so schön Mundharmonika spielen konnte. Das mochten die Russen. Wenn meine Mutter spielte, johlten und sangen sie. Von da an war ich das einzige Kind auf dem Transport.

Nach mehreren Aufenthalten wurden wir in ein Arbeitslager gebracht. Die Leute nannten es »Elsass«: Hinter den Stacheldrahtzäunen und Wachtürmen sah man eine wunderschöne Landschaft, mit Weinbergen und einem kleinen Fluss. Zu essen gab es meist Graupen in lauwarmem Wasser, manchmal angereichert mit rohem, oft verdorbenem Pferdefleisch.

> *Wir waren auch alle voll Läuse. Mir wurden die Haare ganz kahl abgeschnitten und die Augenbrauen und die Wimpern, weil ich so viel Läuse hatte, daß sie mir in die Augen krochen.*
>
> *Bericht von Jutta Montag aus dem Oktober 1947*

Tagsüber war ich allein im Lager. Meine Mutter und die anderen Gefangenen mussten raus auf die Felder, Zwiebeln stecken und Walnüsse ernten, die auf einer Tenne getrocknet wurden. Einmal brachte sie mir heimlich drei Nüsse mit. Sie wurde erwischt und zur Strafe in den Leichenkeller gesperrt, das war ein Raum unter der Erde, in dem die Toten gelagert wurden. Überall waren Ratten, die die Leichen angefressen haben.

Abends schlich ich mich zu ihr, ich wollte ihr etwas Brot durch das Gitter zustecken. Mach das nicht, sagte meine Mutter, sonst erschießen sie dich. Nachts feuerten die Wachen auf alles, was sich bewegte.

Irgendwann brachte man uns in ein anderes Lager. Dort war es noch schlimmer. Wir schliefen in großen Hallen, in mehrstöckigen Eisenbetten ohne Matratzen. Wir froren und hungerten. Einmal sah ich, wie Gefangene mit Stangen und Beilen auf ein Pferd einschlugen, um das Fleisch essen zu können. Das Tier bäumte sich auf und wieherte vor Schmerz. Ich stand da und sah das, aber ich habe es nicht begriffen. Es war ein so furchtbarer Anblick – und trotzdem konnte ich gar nichts fühlen. Ich verstand die Welt nicht mehr.

Immer mehr Gefangene wurden krank und starben, meist an Hungertyphus. Das ist ein langer, grausamer Tod. Manchmal, wenn ich morgens aufwachte, sah ich Menschen, die sich nachts in ihrer Verzweiflung erhängt hatten.

Mitgefangene sagten irgendwann: Das geht nicht, die Mutter mit dem Kind muss hier raus. Wir bekamen dann einen kleinen, kahlen Raum zugewiesen, auf einem Betonpodest lag eine Schilfmatte zum Schlafen. Als Decke nahmen wir den Mantel meiner Mutter.

Eines Tages, kurz vor Weihnachten 1945, hieß es, wir sollten zurück nach Deutschland gebracht werden. Doch kurz vor dem Transport wurde meine Mutter schwer krank.

Dann wurde Mammi immer kränker und ganz dünn. Und immer Durchfall mit Blut. Wenn sie austreten mußte, fiel sie immer hin und ich habe sie immer aufgehoben, und nachher wurde sie so dünn,

Jutta Montag-Assamois
Vater Hans

daß ich sie tragen konnte, wenn sie raus mußte. Nun hatte ich keine Schuhe mehr und ich mußte barfuß laufen und es war so kalt und Schnee lag schon.

Bericht aus dem Oktober 1947

Es gab einen deutschen Arzt, der Tabletten gegen Hungertyphus austeilte. Meine Mutter gab mir ihre Tabletten, sie sagte, ich müsse überleben, der Papa würde mich finden.

Zum Schlafen kuschelte ich mich immer in den Arm meiner Mutter. Eines Morgens wachte ich auf und merkte, dass sie mich nicht mehr hielt.

Eines Morgens kam eine Frau rein, faßte Mami an und sagte: Deine Mutter ist tot, Jutta, du mußt aus dem Bett. Ich habe immer geschrien und geweint: Nein, das stimmt nicht. Und habe Mammi angestoßen und gefragt: »Mami, lebst du noch?« Aber sie gab keine Antwort.

Bericht aus dem Oktober 1947

Zwei Frauen zogen meine Mutter aus und gaben mir ihre Kleidung. Auf einer Bahre wurde sie in den Leichenkeller gebracht. Sie lag ganz nah an der Treppe, es waren nur fünf Stufen, und so konnte ich sie immer sehen. Später wurden die Leichen auf Leiterwagen geworfen und weggebracht. Man hat sie wohl irgendwo an einem Bahndamm verscharrt.

Ich weiß nicht, in welchem Zustand ich damals war. Habe ich geweint? War ich verzweifelt? Ich funktionierte einfach irgendwie weiter, wie ein kleines Tier, das instinktiv macht, was notwendig ist, um zu überleben.

Kurz nach dem Tod meiner Mutter wurde das Lager aufgelöst und der Treck ging zurück nach Deutschland. Ich war sieben Jahre alt und nun ganz auf mich allein gestellt. Wenn der Zug unterwegs hielt, standen Leute an der Strecke, dann tauschten wir unsere

Kleidung gegen Essen ein. Ich habe nur überlebt, weil ich meine wenigen Habseligkeiten, und irgendwann auch die blaue Bluse meiner Mutter, eintauschte.

Das Einzige, was ich immer bei mir behielt, war das Fotoalbum. Ich frage mich heute, wie ich das geschafft habe, in all diesen Wirren. Aber ich hatte es immer bei mir.

Wir landeten in Frankfurt an der Oder. Ich kam in eine Entlausungsstation und wurde kahlgeschoren. Von dort brachte man mich in ein Kinderheim: ein kleines Mädchen, vollständig zerlumpt, frierend, ohne Haare, kein Mützchen, keine Strümpfe, nichts, nur die paar Lumpen, so beschrieb mich später der Sanitäter, der mich im Heim abgeholt hatte.

Ich war total verängstigt. Mein Bauch war vom Hunger aufgeschwemmt, ich war nur noch Haut und Knochen. Niemand glaubte daran, dass ich überhaupt durchkommen würde. In dem Heim habe ich die meiste Zeit in meinem Bettchen gesessen und immer wieder meine Fotos um mich herum ausgebreitet.

> *Mit den Photographien, die sie mithatte, trieb sie einen wahren Kult, breitete die Bilder sehr oft auf ihr Bettchen aus und konnte nicht genug erzählen von ihrer Mammi und ihrem Pappi. Sie bekam dann zeitweise Weinkrämpfe und war nur mit vieler Mühe und Geduld zu beruhigen. Die Bilder wegnehmen konnte man nicht, da nach ärztlicher Auffassung die Sache dann nur schlimmer werden würde.*
>
> *Bericht aus dem Oktober 1947, Schilderung des Kinderheims*

Ein halbes Jahr später besuchte eine Dame das Heim. Wir stellten uns in einer Reihe auf, sie ging von Kind zu Kind, schenkte uns Traubenzucker und wollte wissen, wie wir heißen und wie alt wir seien. Als sie zu mir kam, fragte sie, ob ich sie mal in Berlin besuchen wollte.

Diese Dame nahm mich dann bei sich auf. Ich lebte in ihrer Villa in Kleinmachnow und spielte in dem riesigen Garten. Ich bekam schöne Kleider, Spielzeug und sogar meine eigenen Kindermöbel. Ihr Chauffeur und seine Frau umsorgten mich wie eine kleine Prinzessin.

Ich denke, die Dame hätte mich gern adoptiert. Aber eines Tages fragte sie mich: Was würdest du sagen, wenn dein Papa wiederkommt? Ich habe die Frage erst gar nicht verstanden, ich war mir sicher, mein Vater sei tot. Von ihr erfuhr ich, dass er lebte, und dass er mich über den Suchdienst ausfindig gemacht hatte. Dass er bald kommen würde.

Im September 1947 war es so weit. Der Chauffeur holte meinen Vater am Bahnhof ab und brachte ihn in die Villa. Ich war glücklich, aber ich habe ihm wohl auch Vorwürfe gemacht, dass er erst jetzt gekommen war, um mich zu holen. Fast drei Jahre lang hatte ich nichts von ihm gehört.

Im Oktober 1947 verfasste mein Vater einen Bericht an seine Schwiegereltern. Er teilte ihnen mit, dass meine Mutter, also ihre Tochter, tot war und schilderte, was ich in der ganzen Zeit durchgemacht hatte. Dann verschloss er den Bericht im Safe. Damit war das Kapitel abgeschlossen, es wurde nie mehr über diese Zeit gesprochen.

Mein Vater und ich lebten dann in Lüneburg, dort fand er Arbeit als Holzkaufmann. Morgens gingen wir gemeinsam aus dem Haus, er zur Arbeit, ich zur Schule, meine kleine Hand in seiner großen. Das war schön.

Ich denke heute, ich habe das alles nur überstanden, weil mein Vater den Bericht über meine Erlebnisse im Arbeitslager weggeschlossen hat. Meine Erinnerungen. Wir haben auch später nie über den Krieg gesprochen. Ich weiß nur, dass er in russischer Gefangenschaft war. Und dass auch er dort Schlimmes erlebt hat.

Mein Vater hatte entschieden, diese furchtbare Zeit aus unserem Leben auszuklammern. Ich glaube, anders geht es nicht. Man kann so etwas nicht aufarbeiten. Man sollte lieber versuchen, sein Leben zu leben. Ich habe mich immer mit schönen Dingen

abgelenkt, das war meiner Meinung nach das Gesündeste. Noch heute bin ich ständig unterwegs, manchmal habe ich vier, fünf Termine am Tag. Mit meiner Vergangenheit habe ich nie gehadert. Ich habe einfach gelebt, gelebt, gelebt. Ich glaube, dass die Erlebnisse mich auch stark gemacht haben. Ich war immer eine Kämpferin.

Erst mehr als dreißig Jahre später bat ich meinen Vater, mir die Aufzeichnungen zu schicken, die er 1947 in den Safe gelegt hatte. Als ich die vier maschinengeschriebenen Seiten las, konnte ich gar nicht glauben, dass es sich bei den Beschreibungen des Kindes um mich handelte. Um meine Geschichte. Es kam mir vor, als ob von einem anderen Kind die Rede sei. Erst nach und nach kamen die Erinnerungen zurück.

Fotowand in der Küche von Jutta Montag-Assamoi

Das Fotoalbum ist das Einzige, was mir aus meiner Kindheit geblieben ist. Damals haben mir die Bilder geholfen, über den Tod meiner Mutter hinwegzukommen. Durch die Fotos war sie immer noch da. Ich habe auch mit ihr geredet, das tue ich heute noch. Für mich war meine Mutter nie richtig tot – sie war nur nicht anwesend.

Als Kind habe ich eines der Bilder gerahmt und über mein Bett gehängt. Kopien der Fotos kleben heute an meiner Küchenwand. Ich lebe mit diesen Bildern. Sie sind mir heilig. Sie haben mich mein ganzes Leben lang begleitet.

Jutta Montag-Assamoi, Jahrgang 1938 (Hamburg)

»Welchen Preis ist man bereit zu zahlen, um seinen Werten treu zu bleiben?«

Der SPD-Politiker Björn Engholm war Bundesbildungsminister unter Kanzler Helmut Schmidt, später wurde er Ministerpräsident von Schleswig-Holstein. Verantwortung zu übernehmen, hatte Engholm schon mit 15 Jahren gelernt, als sein Vater starb. In seiner Lübecker Wohnung erinnert heute eine Holzfigur an ihn: an seine Liebe zur Kunst, seine Abneigung gegen bürgerliche Enge – und einen Lebenstraum, der unerfüllt blieb.

Diese Holzfigur gehörte meinem Vater. Ich vermute, er hat sie nach dem Ersten Weltkrieg gekauft, nachdem er aus der Kriegsgefangenschaft entlassen worden war.

Björn Engholms Vater als Soldat im Ersten Weltkrieg

Während des Dritten Reiches hat die Figur in der Schreibtischschublade gelegen; wenn Gäste kamen, hatte man keinen Schwarzen auf dem Tisch stehen. Nach 1945 stand sie dann wieder auf dem Schreibtisch meines Vaters. Er hat sie aufbewahrt als Zeichen einer Sehnsucht, die bis zu seinem Tod ungestillt blieb.

Sein großer Traum war es immer gewesen auszuwandern. Er wollte nach Deutsch-Südwest, dem heutigen Namibia, und dort als Kaufmann sein Glück machen. Das war die Zeit damals: Deutschland hatte plötzlich verspätet Kolonien. Wir begannen so groß zu werden wie die anderen, die Franzosen, die Belgier, die Engländer! Mit diesem Gedankengut ist mein Vater aufgewachsen.

Die Welt, die er kannte, war ihm offenbar zu eng geworden. Seine Eltern kamen aus Mecklenburg, der Vater war Posthalter in Gadebusch, großherzogtreu, kaisertreu. Aus dieser Welt wollte mein Vater rauskommen. Doch dann kam der Erste Weltkrieg. Er wurde eingezogen, in Belgien als Leutnant der Reserve angeschossen, mit Schrapnells vollgefüllt, am Ende kam er in englische Gefangenschaft. Und dann, zwei Jahre später, war der ganze Traum vorbei: Kaiser weg, Kolonien weg, eine völlig neue Zeit begann.

Bei den Engländern ist mein Vater fabelhaft behandelt worden. Ich glaube, das hat ihn später davon abgehalten, Nazi zu werden.

Die Engländer waren anständig mit ihren deutschen Gefangenen umgegangen, das zeigte ihm, dass sie ein Kulturvolk waren. Gegen solche Leute machte man keinen Krieg. Das galt auch für die Franzosen.

Mein Vater hatte ein Ehrgefühl, das ihm seine Eltern vermittelt hatten. Es war eine königlich-preußische, großherzoglich-mecklenburgische Ehre: Wie man sich verhielt, welchen Anstand man zu pflegen hatte. Es war eine Wertegesellschaft, sie war nicht dazu geeignet, andere Menschen zu degradieren oder abzuschlachten.

Engholm
mit seiner Mutter, ca. 1941

Nach der Entlassung aus der Gefangenschaft ist mein Vater hier in Lübeck hängengeblieben. Den Mumm, doch noch aufzubrechen, hat er nicht gehabt, er wurde Speditionskaufmann bei den Schwartauer Werken.

Was ich vom Zweiten Weltkrieg erinnere? Ich habe das Bild der runtergebrannten Kirchen vor Augen. Wahrscheinlich habe ich ein Foto davon gesehen, ich war ja noch zu klein, um mich an den Angriff erinnern zu können. Lübeck war die erste deutsche Großstadt, die aus der Luft großflächig bombardiert wurde, im März 1942, Palmsonntag.

Von unserem Wohnzimmer aus konnten wir die Silhouette der Stadt mit den sieben Türmen sehen. Nach dem Angriff waren fünf davon niedergebrannt, das hat sich mir tief eingeprägt. Ich habe das Bild bis heute vor Augen: die Stümpfe – und der Rauch, der daraus aufstieg.

Vor unserem Haus in Lübeck verlief die Bahnstrecke nach Travemünde. In den letzten Monaten des Krieges lag dort ein Flakzug. Am Tag nach der Befreiung ist er von Fremdarbeitern besetzt worden. Sie holten alles, was an Lebensmitteln darin war, raus und steckten den Zug in Brand. Und dann gingen die Geschosse, die noch im Zug gewesen waren, in die Luft, stundenlang. Währenddessen saßen wir unten im Keller. Das habe ich tief im Hinterkopf.

Kurz darauf standen eines Morgens die Engländer vor unserer Tür und sagten: Sie haben bis 16 Uhr Zeit zu räumen. Sie wollten ihre Verwaltung in unserer Straße unterbringen. Die Engländer haben uns nicht aus dem Haus geprügelt, sondern gaben uns Zeit zu packen. Sie waren zivilisiert.

Statt Sachen mitzunehmen, die zum Überleben notwendig waren, packte mein Vater Bücher ein. Er konnte zwei Koffer mitnehmen, einer davon war voll mit Büchern.

Weil ihm Metallteile aus dem Ersten Weltkrieg im Körper steckten, war mein Vater im Zweiten Weltkrieg für kriegsuntauglich erklärt worden. Den ganzen Krieg über arbeitete er bei den Schwartauer Werken. Das war unser Glück.

Denn während des Krieges bekam mein Vater Deputate. Der Geschmack meiner Kindheit hat mit Süßigkeiten zu tun: Bonbons, Marmelade, Persipan, eine Vorform von Marzipan.

Und in der Nachkriegszeit, auch das war ein Glücksfall, haben die Schwartauer Werke schon bald wieder produziert, auch für die Alliierten, und auch dann gab es wieder Deputate. 1946 ist mein Vater regelmäßig mit uns auf den Schwarzmarkt gegangen. In den Taschen seines weiten Mantels hatte er Zucker und Persipan, die wir gegen Zigaretten tauschten.

Björn Engholm als Kind

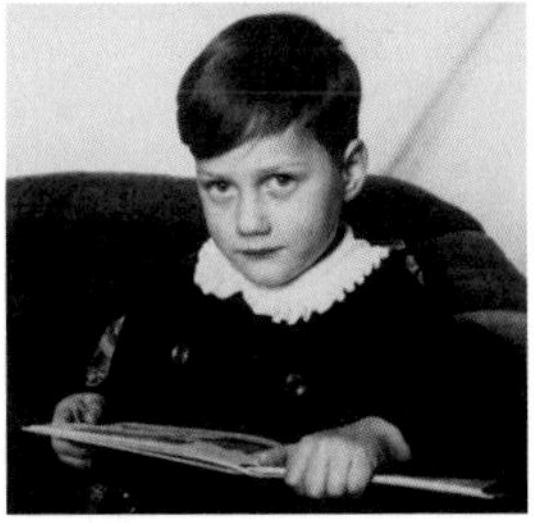

Ich erinnere mich an Weihnachtsfeste, wo es tatsächlich zu einem richtig fetten Huhn ein Schüsselchen mit ausgelassener – echter! – Butter gab. Oder eine Schachtel Zigaretten. Dann bekam jeder eine Zigarette ganz für sich allein. Es hatte Zeiten gegeben, da wurde eine Zigarette geteilt, und den Rest spießte man auf eine Nadel auf, damit man auch noch den letzten Zug rauskriegte. Wir haben damals relativ gut gelebt. Wir mussten weniger leiden als die meisten anderen.

Und: Mein Vater war immer da. Ich hatte eine intakte Familie, wir mussten nicht jeden Tag mit der Nachricht rechnen: Er ist an der Ostfront gefallen.

Über die Verbrechen der Deutschen haben wir zu Hause nach

dem Krieg nie gesprochen. Als Kind habe ich auch nicht nachgefragt. Die deutsche Geschichte haben wir allein bewältigt, nicht mit den Eltern.

Für mich wurde der Jazz zu einer Art Befreiung, mein Einstieg in eine andere Welt. Er war meine Absetzbewegung gegen den Konservatismus der Familie. Mein Vater saß meist unten, im Wohnzimmer, und hörte Wagner, und ich saß in meiner Kammer, die ich mir unter dem Dach eingerichtet hatte, und hörte Jazz. So wie mein Vater davon geträumt hatte wegzukommen, habe auch ich auf meine Art versucht, meinen Weg raus aus der Enge zu finden.

Als ich 15 war, starb mein Vater. Auf einmal war ich das Oberhaupt der Familie. De facto bin ich in die Rolle des Vaters reingerutscht. Natürlich war ich viel zu jung dafür, aber es war auch lehrreich. Ich habe all die Arbeiten, die mein Vater sonst gemacht hatte, übernommen, wenn auch nicht immer gern.

Was mein Vater mir hinterlassen hat: eine ethische Grundordnung. Ein Gefühl für Anstand. Ich bin zum Beispiel nie geschlagen worden, das gehörte sich bei uns nicht.

Und er hatte immer darauf geachtet, dass in der Schule alles stimmte. Nach seinem Tod begann mein Konflikt mit der Schule. Ich war auf dem Johanneum – das war keine demokratische Institution. Für mich war sie die Verkörperung des alten Systems, eine autokratische Welt. Den Schülern brachte man dort bei: Mensch wird man erst mit dem Abitur. Irgendwann erhielt ich ein Consilium abeundi – eine Art Rausschmiss.

Was mich in die Politik getrieben hat? Der Widerstand gegen die Schule. Und der Wunsch, nicht nur mit Grimm im Bauch rumzusitzen, sondern etwas anders zu machen.

Ich habe dann eine Lehre als Schriftsetzer begonnen. Nach einem halben Jahr wurde ich Jugendvertreter der Gewerkschaft. Als ich eine Betriebsratssitzung besuchen wollte, haben meine Gewerkschaftsfreunde gesagt: Jugendvertreter sind hier nicht vorgesehen. Ich habe mir dann einfach einen Stuhl genommen und gesagt: Hier bleibe ich jetzt sitzen.

1962 bin ich Mitglied der SPD geworden. Die Partei war damals schrecklich verharscht, männerdominiert, autoritär. Auch in der SPD gab es einen Konflikt zwischen denen, die den Krieg erlebt hatten, und jenen, die nach dem Krieg geboren worden waren.

Herbert Wehner, Helmut Schmidt, Willy Brandt

Für mich gab es zwei Vaterfiguren in der Partei: Willy Brandt und Helmut Schmidt. Bei Brandt war ein Tick mehr Gesinnung und Lebensgenuss, bei Schmidt ein Tick mehr Verantwortung. Uns aus der sogenannten Enkelgeneration interessierte mehr die große weite Welt, der große Horizont. Das war Willy. Widerstand leisten gegen Dinge, gegen die man Widerstand leisten muss. Das hat uns lange Zeit mehr auf die Seite von Brandt getrieben.

Später haben wir dann erkannt, dass man mit der großen weiten Welt und der Gesinnung allein noch keine Politik machen kann. Willy hat sich ja um die Kleinigkeiten der Innenpolitik relativ wenig gekümmert. Während Schmidt mit allem vertraut war. Und irgendwann haben wir gesagt: Wenn wir was erreichen wollen, dann brauchen wir den Geist von Willy und die Praxis von Helmut.

Und dazu kam einer, den wir weder geliebt noch gehasst haben: Herbert Wehner. An ihm konnte man sich ein Beispiel nehmen, was Hingabe bedeutet. Hingabe an eine Idee, an den Zusammenhalt in der Partei. In der Regel war Wehner ein grimmiger Mann. Wir haben ihn eher gefürchtet. Wenn man morgens zu ihm einbestellt wurde, fast immer um halb acht, haben wir jedes Mal zuerst darauf geschaut, wie er seine Pfeife rauchte. Wenn man reinkam und der Qualm nach oben stieg, wenn er also mit sanften Zügen rauchte, war das ein gutes Zeichen. Blies er den Rauch stoßhaft aus: kein gutes Zeichen.

Wehners Härte, das war nicht meine Lebensart. Aber auch solche Leute braucht es. Wehner war während des Krieges in Moskau gewesen, er war ja Kommunist, bevor er zur SPD fand.

Aber darüber hat er nie geredet. Mit Helmut konnte man darüber reden, was er im Krieg gemacht hatte, mit Willy erst recht. Mit Herbert Wehner nicht. Man kam bei ihm nie auf die Idee, solche Fragen zu stellen, er war ein abgeschottetes, in sich ruhendes Machtsystem.

Wobei: Auch mit Schmidt redete man, wenn es mal um seine Erfahrungen an der Ostfront ging, nicht über Gefühle. Eher über Material. Helmut war jemand, der eine Art von Pflichtbewusstsein besaß, das auch während der NS-Zeit gegolten hatte. Das war uns schwer verständlich. Wir hassten das Nazisystem, wir konnten uns nicht vorstellen, dass jemand selbst in dieser Zeit seine Pflicht tat. Da war uns Willy mit seiner Lebensgeschichte näher. Und auch in der Weichheit, die er hatte.

Letztlich hat die Zugehörigkeit zur selben Generation diese Leute damals mehr verbunden als die Zugehörigkeit zur selben Partei. Durch das Kriegserlebnis fühlte sich Schmidt beispielsweise Franz Josef Strauß näher als Oskar Lafontaine. Man akzeptierte, trotz völlig unterschiedlicher Lebenswege, dass jeder auf seine Art Erfahrungen gemacht hatte – und dazu stand. Daher kam der Respekt voreinander.

Anders war es bei Günter Grass. Wir waren viele Jahre sehr befreundet. Dass er seine SS-Mitgliedschaft so lange verschwieg, hat mich befremdet. Zumal er andere wegen ihrer NS-Zeit niedergemacht hat. Mich hat das tief verstört: dass Günter gnadenlos über andere hergefallen ist, seine eigene Geschichte hingegen verborgen hat. Vielleicht hat er in Wahrheit gegen sich selbst gewütet: gegen seine Schwäche, gegen seine Scham?

Die Auseinandersetzung mit der Kriegsgeneration hat es am Ende also doch noch für mich gegeben, auch wenn ich sie mit meinem Vater nicht gehabt habe. Wobei es für mich höchst nützlich gewesen wäre, wenn ich ihm noch Fragen hätte stellen können. Welche Werte sind relevant? Und welchen Preis ist man bereit zu zahlen, um seinen Werten treu zu bleiben?

Ich bin mir sicher, dass mein Vater heute stolz auf mich wäre. Denn hinter einem Leben wie meinem steckt eben auch ein großer Aufwand. Eine erhebliche Anstrengung und Leistung, hier und da auch ein Erfolg. Darauf wäre er stolz gewesen. Ob er damit fertiggeworden wäre, dass ich ein linker Sozialdemokrat geworden bin, kann ich nicht sagen. Ich glaube, das wäre ihm zuwidergelaufen.

Ich bin in meinem Leben später viel gereist, durch meine Arbeit hatte ich die Möglichkeiten, mehr herumzukommen als andere. Ich habe das gemacht, was mein Vater nicht machen konnte. Sogar in Namibia bin ich gewesen, jenem Sehnsuchtsort, den mein Vater mit dieser Holzfigur verband – und den er nie erreichte.

Björn Engholm, Jahrgang 1939 (Lübeck)

»Die Mädchen sagten: Der Heino ist dumm, der kann das nicht«

Eine Tabakschneidemaschine erinnert Heino Susott an seine Kindheit im Krieg: an den Tod des Vaters, die Kälte, den Hunger – und an die Demütigungen in der Schule.

Susott im Hamburger Tierpark Hagenbeck mit Walross Antje, 2005

Mein leiblicher Vater ist einen Tag vor meinem ersten Geburtstag gestorben, 1936 war das. Ich habe keine Erinnerung an ihn. Er starb an Krebs: erst Zungenkrebs, dann die Speiseröhre und zum Schluss der Magen. Er muss ein sehr starker Raucher gewesen sein.

Alle hier in der Nachbarschaft haben damals viel geraucht. Den Tabak bauten sie selbst an. Nach der Ernte kam diese Tabakschneidemaschine zum Einsatz, unser Nachbar Leo hat sie gebaut.

Heino Susott, Hamburg 1936

Die Maschine ist richtig stabil. Wenn Leo was bastelte, dann war das immer sehr ordentlich. Er war für mich wie ein Ersatz-Opa, ich habe viel von ihm gelernt. Einmal habe ich ein Brett abgesägt, leider schief. Er sagte dann: Heino, was man unordentlich machen kann, kann man in der gleichen Zeit auch ordentlich machen. Dann zeigte er mir, wie es besser ging. Er war immer geduldig, nie hat er geschimpft. Leo arbeitete im Schichtdienst. Wenn er Nachtschicht gehabt hatte und wir Kinder draußen im Garten spielten, hieß es: Psst, Leo muss schlafen. Dann waren wir alle still.

Für mich war meine Kindheit trotz des Krieges ein Idyll. In jedem Zaun gab es Pforten, Schlupfwege, so dass wir Kinder von einem Garten in den nächsten laufen konnten. Wir sind auf Bäume geklettert, jeden Tag haben wir draußen getobt. Gleich hinter dem Garten kamen Felder. Zur Erntezeit wurde das Korn mit der Sense gemäht, mit Stroh umwickelt und in Hocken aufgestellt. Darin konnten wir Kinder prima Verstecken spielen. Morgens um sieben gingen wir raus, abends um sieben fielen wir müde ins Bett.

Meine Mutter war erst 26 Jahre, als sie Witwe wurde. An der Volkshochschule hat sie dann Max kennengelernt. Sie verliebten sich und heirateten, Max wurde mein Vater, mein Papa. Er hat mich angenommen wie einen eigenen Sohn.

Und dann kam der Krieg. Max wurde gleich zu Beginn eingezogen, kam später nach Russland. Von dort schrieb er mir Feldpostbriefe: an Heino, von Papa, mit einem Hasen darauf.

Obwohl ich noch klein war, habe ich vieles vom Krieg bis heute nicht vergessen. Auf dem Feld hinter unserem Garten hatte die SS Kanonenattrappen gebaut, aus Baumstämmen, über die Tarnnetze gehängt wurden. Es sollte aussehen wie eine Flak. Die feindlichen Piloten sollten dazu verleitet werden, die Bomben aufs Feld abzuwerfen und nicht auf die dichtbewohnte Hamburger Innenstadt. Die Frauen aus unserer Siedlung – die Männer waren ja alle im Krieg – wollten natürlich nicht, dass die Bomben bei uns runterkamen. Also haben sie die Dinger heimlich umgekippt.

Heino Susott
mit seiner Mutter, ca. 1935

Einmal war ich mit meiner Mutter in der Hamburger Innenstadt auf der zugefrorenen Alster. Das Eis war mit Ruß komplett schwarz eingefärbt worden. Aus der Luft sollte es aussehen wie Ackerland, damit die angreifenden Flieger sich nicht an der Alster orientieren konnten.

Auch bei uns in Berne, einem Vorort, gab es Alarme. Aber meist flogen die Bomber nur über uns hinweg. Wir hatten keinen Keller, in den wir gehen konnten. Und der nächste Bunker war weit entfernt. Aber hinter unserem Garten war ein Graben. Darüber wurden Baumstämme gelegt und mit Zweigen und Grassoden abgedeckt. Bei Alarm hockten wir uns dort hinein, die ganze Nachbarschaft. Aber das war natürlich nicht mehr als ein Splitterschutz.

Sobald es nach einem Angriff Entwarnung gab, sind wir Kinder losgerannt und haben Splitter gesammelt, die waren aus Bronze. Wir haben die abgeliefert und ein paar Groschen dafür bekommen. Wir sammelten auch Brandbomben, die nicht explodiert waren. Die konnte man aufschrauben. Wenn man den Phosphor ausschüttete und er mit Sauerstoff reagierte, brannte das. Das fanden wir natürlich toll. Kinder müssen spielen, auch im Krieg.

Heino Susott mit seinem Vater, 1936

Nach den schweren Angriffen auf Hamburg 1943, als die ganze Stadt brannte, spürten wir den Feuersturm bis zu uns nach Berne. Alles roch nach Ruß. Die Menschen kamen in Scharen angelaufen, alle wollten raus aus der brennenden Stadt. Wir stellten ihnen Eimer mit Wasser hin, damit sie trinken konnten, und Johannisbeeren und Himbeeren aus unserem Garten.

Wenn nachts Alarm war, fiel am Tag darauf die Schule aus. Und wenn am Tag Alarm war, gab es auch keine Schule. Ich hatte kaum Unterricht. Und ich konnte auch nicht so lernen, wie sich die Schule das vorstellte. Rechnen konnte ich gut, aber Schreiben und Lesen fiel mir schwer. In meinem Zeugnis stand: »Heino ist nie krank, fehlt nie, ist immer pünktlich, aber er kann es nicht.«

Wenn man damals bereits den Begriff Legastheniker gekannt hätte – ich wäre einer gewesen. So war ich immer nur »der dumme Heino«. Die Mädchen sagten, der Heino ist dumm, der kann das alles nicht. Darunter habe ich sehr gelitten. Darunter leide ich heute noch. Dabei war ich immer sehr interessiert und wissbegierig. Mit 14 verließ ich die Schule ohne Abschluss. Ich bin dann Tierpfleger geworden, im Tierpark Hagenbeck. Die Tiere wurden zu meiner großen Leidenschaft. Später habe ich sogar Tierpfleger ausgebildet. Als Lehrer war mir am wichtigsten: Es gibt keine dummen Schüler.

Ich war zehn, als der Krieg zu Ende ging. Meine ganze Kindheit war Krieg. Alle Lehrer waren gefallen, wir hatten dann nur alte Lehrer, die sie aus dem Ruhestand zurückgeholt hatten, die waren teilweise über achtzig. Einer spielte uns immer was auf seiner Geige vor. Wir Kinder haben darüber gelacht, bis er einem von uns schließlich die Geige auf den Kopf gehauen hat. Sie war dann kaputt, und der Lehrer saß da und hat nur noch geweint. Das sind meine Erinnerungen an die Schule.

Zeitweise wurde unsere Schule als Lazarett genutzt. Wir Kinder füllten Säcke mit Stroh, auf die die verwundeten Soldaten gelegt wurden. In der Sprunggrube auf dem Schulhof, wo wir immer Weitsprung geübt hatten, wurden die Arme und Beine verbrannt, die den Männern amputiert worden waren.

Der Unterricht fand nun im Wald statt. Wir saßen auf Baumstümpfen, darauf haben wir auch unsere Schularbeiten gemacht. Hefte hatten wir nicht, wir schrieben auf den abgerissenen Rändern von Zeitungen. Bald wurden auch die Stümpfe und sogar die Wurzeln gerodet. Die Menschen brauchten Feuerholz.

Als mein Vater aus dem Krieg nach Hause kam, war er nur noch Haut und Knochen. Was er erlebt hatte, darüber hat er nicht gesprochen. In unserer Familie wurde über alles geschwiegen, was mit dem Krieg zu tun hatte. Ich kann zum Beispiel nicht begreifen, dass meine Eltern angeblich nicht mitbekommen hatten, dass in Rahlstedt, gleich nebenan, ein KZ war. Sie haben immer gesagt, sie wussten davon nichts. Vielleicht, weil sie eigene Sorgen hatten, ich weiß es nicht.

Nach dem Krieg begann die Hungerzeit. Manchmal fuhren meine Eltern mit der Bahn raus aufs Land zum Hamstern. Aber immer kamen sie mit nichts zurück, sie brachten höchstens mal einige Kartoffeln mit, die sie auf den Äckern gefunden hatten. Wir haben auf den Feldern auch nach Ähren gesucht, aber wir fanden immer nur einzelne Körner. Die Felder waren so lange geharkt worden, da war nichts mehr zu holen.

In unserem Garten hatten wir zum Glück viel Obst und Gemüse. Es gab keinen Rasen, keine Blumen, nur Nutzfläche. Meine Mutter hat viel eingekocht. Trotzdem haben wir oft Hunger gehabt, es war ja nirgendwo Fett drin. Ich war immer dünn und mickrig. Auf Bezugsschein bekam damals jeder drei Scheiben Brot am Tag zugeteilt. Meine Mutter hat Steckrüben in Scheiben geschnitten, mit Muckefuck-Kaffee eingerieben und in der Pfanne gebraten. Wir haben auch in großen Mengen Brennnesseln gepflückt und gegessen, roh, die esse ich heute noch. Wir haben alles gegessen. Mein Bruder aß sogar das Fischmehl, das im Hühnerstall lag, weil er so einen Hunger hatte.

Da wir nicht ausgebombt worden waren, bekamen wir keine Bezugsscheine für Kleidung. Wenn wir Schuhe brauchten, nahm mein Vater Holz und nagelte ein Stück Fahrradschlauch daran, das waren dann meine Schuhe. Meine Oma hat mir Pullover gestrickt, und wenn einer zu klein wurde, hat sie an den Ärmeln und dem Bund aus Resten was nachgestrickt, in allen Farben, dann passte er wieder.

Der Winter 1946 war saumäßig kalt. Unsere Fenster waren bis oben hin zugefroren, das Eis lag dick auf den Scheiben, alles war voller Eisblumen. In der Küche stand zwar eine Kochhexe, zum Kochen und Heizen, aber wir hatten nichts zum Befeuern. Es gab keine Kohlen, keine Briketts, kein Holz.

Geraucht wurde trotzdem. Die Männer in unserer Siedlung hatten Tabaksaat bekommen, ich denke, deutsche Soldaten haben die aus Russland mitgebracht. Im März wurde im Garten ausgesät, im September waren die Pflanzen etwa einen Meter hoch, dann wurde geerntet. Die Blätter wurden aufgefädelt und an einer Leine zum Trocknen aufgehängt. Anschließend wurden sie mit Pflaumenmarmelade bestrichen, das sollte den Geschmack verbessern.

Leos Tabakschneidemaschine kam in der ganzen Nachbarschaft zum Einsatz, sie ging immer reihum. Die gerollten Tabakblätter wurden reingelegt, dann drehte man die Kurbel, und vorn kam der geschnittene Tabak raus. Selbst die Stiele wurden kleingehackt, die Leute haben alles geraucht.

Der Tabak wurde zum Eigengebrauch angepflanzt, aber Zigaretten waren natürlich auch wertvoll zum Handeln. Auf dem Schwarzmarkt konnte man gegen Zigaretten damals alles tauschen.

Auch Max, mein zweiter Vater, bekam irgendwann Krebs, Lungenkrebs. Er hat geraucht wie ein Schlot. Max war immer ein Hüne von Kerl gewesen, aber als er dann krank war, konnte er

nicht mal mehr seine Tasse zum Mund führen. Er starb mit 54, in einem Siechenheim, so nannte man das damals.

Die Tabakschneidemaschine habe ich immer noch. Warum ich sie aufgehoben habe? Ich kann so was doch nicht wegschmeißen. Sie erinnert mich an die tolle Kindheit, die ich hatte, trotz des Krieges. Und an die Gemeinschaft: daran, wie sich alle zusammen durch die schwere Zeit geschlagen haben.

Mittlerweile bin ich 88. Ich lebe gern. Aber selbst wenn es morgen vorbei wäre: Ich habe so viel Tolles in meinem Leben gemacht, ich würde mit Fröhlichkeit sterben.

Heino Susott, Jahrgang 1935 (Hamburg)

Otto Golz / Seeburg i. Ostpr.

»Der Kleiderbügel erinnert mich daran, was meine Mutter durchgemacht hat«

Als Anfang 1945 die Front in Ostpreußen immer näher rückte, machte sich die Mutter von Regina von Horn zu Fuß auf den Weg nach Westen. Sie nahm kaum mehr mit als einen Koffer – und einen hölzernen Kleiderbügel. Er steht für eine lebenslange Sehnsucht.

Regina von Horn mit ihrer Mutter, Kiel 1974

Als meine Mutter 2004 starb, fand ich diesen Kleiderbügel in ihrem Schrank. Ein einfacher Holzbügel, offenbar sehr alt, ein wenig abgestoßen. »Seeburg i. Ostpr.« steht darauf, anscheinend stammt er aus einem Geschäft aus Seeburg in den Masuren, einer Kleinstadt südlich von Königsberg.

Meine Mutter hat den Bügel ihr Leben lang aufgehoben. Bis heute frage ich mich, warum.

Sie war immer eine elegante und schicke Frau. Ihre Eltern besaßen eine Landmaschinenfabrik in Deutsch Eylau, heute ist das polnisch. Sie gehörten zur Oberschicht. Die Familie hatte ein großes Haus mit Garten und Angestellten, ein Auto, Pelzmäntel und Schmuck.

Der erste Mann meiner Mutter war Offizier, er fiel 1945, ganz am Ende des Krieges, schon auf dem Rückmarsch. Meine Mutter blieb mit dem gemeinsamen Sohn, damals drei Jahre alt, zurück.

Als Anfang 1945 die Front immer näher rückte, mussten die Menschen aus Deutsch Eylau flüchten. Meine Mutter zog mit meinem Bruder und ihrer Mutter los, zu Fuß.

Sie verließen ihr Zuhause in der Annahme, dass sie irgendwann zurückkehren würden. Der Vater meiner Mutter hatte kurz vor der Flucht noch seine Briefmarkensammlung in einer Metallkiste im Garten vergraben. Er sagte: Wenn es euch mal schlecht geht, könnt ihr die ausgraben.

Meine Mutter kann nicht viel Gepäck mitgenommen haben, kaum mehr als einen Koffer. Den Bügel muss sie dabeigehabt haben. Vielleicht hat sie darauf ein teures Kleid mitgenommen. Oder etwas anderes, das eine besondere Bedeutung für sie hatte. Ihr Hochzeitskleid. Oder einen Pelz. Etwas, das kostbar für sie war.

Ihre Flucht endete in Kiel. Sie bewarb sich dann bei der Polizei, als erste Frau überhaupt. Dort lernte sie 1948 meinen Vater kennen. Aus Sicht ihrer Mutter war er nicht standesgemäß, denn er kam aus einer einfachen Familie und hatte nur einen Hauptschulabschluss.

Weil die Polizei keine Beziehungen am Arbeitsplatz duldete, musste meine Mutter aufhören zu arbeiten. 1949 wurde ich geboren. Meine Eltern lebten mit uns zwei Kindern und meiner Oma bei einer Familie zur Untermiete. Zu fünft teilten wir uns zweieinhalb Zimmer, die Toilette war im Treppenhaus.

Die Eltern von Regina von Horn bei einem Polizeifest in Kiel, Ende der Fünfzigerjahre

Für meine Mutter war das natürlich ein harter Bruch. Sie hat ihrem alten Leben in Ostpreußen sicherlich nachgetrauert.

Trotzdem blieb meine Mutter auch in Kiel immer die Grande Dame. Sie legte sehr viel Wert auf ihre Kleidung. Es musste immer etwas Schickes sein. Wenn sie mit meinem Vater auf einen Ball der Polizei ging, wollte sie schon entsprechend hübsch aussehen: Sie trug dann gelbe, hochhackige Schuhe und ein Chiffonkleid. Obwohl sie sich das finanziell gar nicht erlauben konnte.

Bis zu ihrem Lebensende behielt meine Mutter die Sehnsucht nach dem Besonderen. Nach dem Glamourösen.

Mein Vater war ehrgeizig, er schaffte es, sich langsam bei der Polizei hochzuarbeiten. Für meine Mutter bestand also durchaus Aussicht auf ein besseres Leben, auch auf eine größere Wohnung.

Doch dann verunglückte mein Vater 1960 tödlich. Er kam von einer Fortbildung, es herrschte Schneetreiben, auf der anderen Straßenseite stand ein Auto mit einer Panne. Er hielt an, um zu helfen. Ein Postbus bemerkte ihn nicht und überrollte ihn.

Für meine Mutter war der Tod meines Vaters das Ende. Sie

schottete sich komplett ab. Weil wir kaum Geld hatten, mussten wir in der kleinen Wohnung zur Untermiete bleiben. Ihr Traum von einem besseren Leben war geplatzt.

Ich war elf Jahre alt, als mein Vater starb. Für meine Mutter wurde ich die einzige Bezugsperson. Sie hat nur noch für mich funktioniert.

Sie vermittelte mir immer das Gefühl: Du musst jetzt dafür sorgen, dass es mir wieder gut geht. Ich war ihr Strohhalm, ihr Leben lang. Ich war dafür zuständig, sie aus ihrem Loch herauszuholen. Sonntags durfte ich nicht mit meinem Freund zusammen sein, sondern sollte mich um sie kümmern. Wenn ich mal ausgehen wollte, war sie beleidigt. Und ich musste immer auf die Sekunde genau zu Hause sein, sie hatte ständig Angst um mich. Angst, dass wieder Polizisten an der Tür klingeln, wie beim Tod meines Vaters. Das war ihr Trauma.

Warum sie so ängstlich war, habe ich mich damals nicht gefragt. Ich habe einfach die Schotten dicht gemacht. Ihre Angst konnte ich nachvollziehen, aber irgendwie war mir das alles zu selbstmitleidig.

Vielleicht habe ich mich deshalb immer geweigert, nach ihrem früheren Leben zu fragen. Da habe ich blockiert.

Manchmal begann sie, von der Flucht zu erzählen: dass mein älterer Bruder krank wurde; wie schwer alles war. Ich habe das abgewürgt, ich hatte immer das Gefühl, sie wollte mich vereinnahmen. Heute bedaure ich, dass ich nicht mehr mit ihr ins Gespräch gekommen bin.

Einmal fing sie an, von einer Freundin zu erzählen, die von Russen vergewaltigt worden war. Aber das wollte ich nicht wissen. Dabei war es für sie wahrscheinlich nur ein Einstieg, um von sich erzählen zu können.

Alles, was von ihr kam, habe ich abgelehnt. Aus Protest. Trotzdem fühlte ich mich mein Leben lang für sie verantwortlich. Auch als ich schon verheiratet war und Kinder hatte, bin ich jede Woche

zu ihr gefahren. Jeden Sonntag habe ich sie zu uns nach Hause geholt. Wenn wir verreist waren, musste ich sie jeden Abend anrufen. Ich konnte mich mein Leben lang nicht von ihr befreien. Es gab ihre Liebe. Und es gab diesen Klammergriff. Und der überwog.

Wahrscheinlich hätte es ihr geholfen, wenn ich Fragen gestellt hätte. Und es hätte auch mir geholfen. Denn heute denke ich, ich hätte schon gern einiges mehr über ihr Leben gewusst.

Als sie 2004 starb, fand ich diesen Kleiderbügel in ihrem Schrank. Sie hat ihn fast sechzig Jahre lang aufgehoben. Vielleicht als Erinnerung: an ihre ostpreußische Heimat, an die schöne Zeit in ihrem Leben.

Jetzt hängt er bei mir. Weil er auch mir etwas bedeutet. Er erinnert mich daran, was meine Mutter durchgemacht hat. Heute empfinde ich Mitgefühl für sie. Ich sehe, was sie geleistet hat im Leben – und was sie verloren hat.

Regina von Horn, Jahrgang 1949 (Bargteheide)

Komm!
Im Traume woll'n wieder gehn
Durch den Zoo von Dresden, Hand in Hand.
Für die Tiere, die dort hinter Gittern stehen
hat der Vati in der Tasche Zuckerkand.

—

In dem kleinen Kaffee an der Ecke
tranken wir noch eine Tasse Tee,
(Weisst Du's noch?)
Und wir aßen eine Eierschecke
die nach Mehl und Kleister roch.

—

Doch dann gingen wir hinein
an dem Mann vorbei mit seiner grünen Mütze
der die Karten abriss und noch obendrein,
Futter für die Affen abgibt; meistens ist es Hirsegrütze.

—

»Erst im Alter wurde mir klar, dass ich immer die Sehnsucht nach einem Vater in mir hatte«

Dietrich von Horn war ein halbes Jahr alt, als sein Vater kurz vor Kriegsende von einem US-Soldaten erschossen wurde. Das Einzige, was ihm geblieben ist, sind die Bilderbücher, die sein Vater den Kindern von der Front schickte.

Zeichnung aus dem Bilderbuch des Vaters

Meinen Vater habe ich nie kennengelernt. Ich habe nur einige Fotos von ihm. Auf einem steht er mit seinen Kameraden auf dem Markusplatz in Venedig, braun gebrannt und lässig. So sehe ich ihn vor mir, wenn ich an ihn denke. Diesen Vater hätte ich gern gehabt.

Meine Eltern haben 1938 in Berlin geheiratet, ein Jahr später wurde mein Vater eingezogen, gleich zu Kriegsbeginn. Bis zu seinem Tod im März 1945 hatte er lediglich sechs Wochen Fronturlaub. Meine Eltern haben sich also gar nicht richtig kennenlernen können.

Der Vater meines Vaters war Gerichtspräsident. Er legte großen Wert darauf, dass aus seinen Söhnen etwas Besonderes wird. Aber mein Vater machte Schwierigkeiten. Er wurde von der Schule genommen und in ein Internat gesteckt. Als auch das keinen Erfolg brachte, gab ihn sein Vater in eine Banklehre. Dabei war das überhaupt nicht seine Sache. Mein Vater war eher ein Einzelgänger, musisch angehaucht, er las Rilke und schrieb Gedichte.

Gegen Kriegsende war er als Soldat in Italien. Von dort schrieb er regelmäßig Briefe. Aus ihnen geht hervor, wie sehr er seine Familie vermisste, und wie verliebt er in meine Mutter war. Auch für sie war er die Liebe ihres Lebens.

In Italien hat mein Vater zwei Bilderbücher gezeichnet und geschrieben. Sie sind in den letzten Kriegstagen noch bei uns angekommen. Das eine nannte er: »Ein Zoobilderbuch für meinen lieben Jungen«, entstanden im Dezember 1944. Das andere heißt:

»Vati's Reise nach Italien«. Unter den Titel hat er mit seiner akkuraten Handschrift eine Widmung geschrieben: »Gezeichnet für seinen Jungen im Januar 1945 in Italien«. Zwei Monate später war er tot. Erschossen in der Nähe von Parma, von einem amerikanischen Soldaten. Ein Kriegskamerad schrieb später an meine Mutter: »Es war aber kein Akt der Menschen verachtenden Barbarei, sondern zu erklären durch die unübersichtliche, angespannte nervöse Lage der Kriegshandlungen vor Ort, in der der junge amerikanische Soldat dann überreagierte.«

In den Bilderbüchern meines Vaters haben mein Bruder und ich viele Jahre lang geblättert und die Zeichnungen bewundert. Selbst lesen war nicht möglich, denn er hat in Sütterlin geschrieben. So musste meine Mutter uns immer wieder daraus vorlesen.

Das Zoo-Buch erzählt von Dingen, die mein Vater mit meinem älteren Bruder erlebt hatte.

Dietrich von Horn, ca. 1952

Komm!
Im Traume woll'n wir wieder gehen
durch den Zoo von Dresden, Hand in Hand.
Für die Tiere, die dort hinter Gittern stehen
hat der Vati in der Tasche Zuckerkand.

Ich habe keine gemeinsamen Erlebnisse mit meinem Vater. Er wusste, dass es mich gab, aber er hat mich nie gesehen.

Ich wurde im September 1944 in Schleswig-Holstein geboren, in Hohenstein bei Eckernförde. Unsere Wohnung in Berlin war ausgebombt worden. Meine Mutter war daraufhin mit meinem Bruder zu ihrer Schwester geflüchtet, auf einen Bauernhof an der Schlei.

Sie saß nun allein mit zwei kleinen Kindern da, ohne Geld. Sie musste sich schnellstens um eine Arbeit kümmern. Über eine Seminarausbildung konnte sie Lehrerin werden, die wurden damals dringend gebraucht.

Bei Kriegsende war meine Mutter erst 37 und eine attraktive Frau. Sie hätte schon noch auf dem Jahrmarkt der Eitelkeiten tanzen können. Aber das hat sie nicht gemacht. Mein Vater scheint tatsächlich ihre große Liebe gewesen zu sein. Sie konnte sich daraus nie lösen. Es gab nie wieder einen Mann für sie.

Axel von Horn (Mitte) auf dem Markusplatz in Venedig, August 1944

Mit 37 schloss sie ab mit einem Leben, das eigentlich noch vor ihr lag. Das ist tragisch. Dabei soll sie vor dem Krieg ein sehr lebenslustiger Mensch gewesen sein. Nach dem Tod meines Vaters gab es für sie nur noch meinen Bruder und mich. Meine Mutter hat sich immer sehr an mich geklammert. Mir wurde eine Rolle übergestülpt, die ich nicht ausfüllen konnte und wollte.

Heute kann ich sie verstehen. Mein Bruder und ich waren das Einzige, was ihr geblieben war. Als Kind war ich wunderbar bei ihr aufgehoben. Aber in der Pubertät wurde das Überbehüten zum Problem. Als junger Mensch will man ja los in die Welt, und dann ist da jemand, der einen immer von allem zurückhalten will. Dem man aber alles verdankt. Das ist das Fatale.

Mein Vater blieb eine Leerstelle für mich, bis heute. Mein Bruder und ich haben ihn idealisiert, weil zu Hause nicht über ihn gesprochen wurde. Meine Mutter sagte nur: »Er hat sein Leben für Deutschland gegeben.«

Andererseits habe ich auch nicht nach ihm gefragt. Weil ich das Gefühl hatte, ich rühre da an Sachen, die nicht angesprochen werden dürfen.

Meine Mutter hat uns immer das Gefühl vermittelt: Ach, ich armer Mensch, was haben wir für ein schreckliches Schicksal erlitten. Dass es Gründe gab, die am Ende zu diesem Schicksal führten, wurde in unserer Familie nie diskutiert. Dinge, die nicht ins Bild passten, wurden ausgeblendet.

Als ich 16 war, hatte ich mir das Buch *Haus ohne Hüter* von Heinrich Böll gekauft. Als meine Mutter es entdeckte, nahm sie es mir weg und sagte: Das bringst du zurück! So hat man funktioniert, so wurde man kleingehalten.

Aus heutiger Sicht ist es natürlich anmaßend und ein wenig arrogant, meine Mutter dafür zu kritisieren. Denn wenn man drinsteckt in einer Gesellschaft, fehlt einem die Distanz. Man kann und will viele Dinge nicht sehen. Sie werden weggedrückt. Das waren die Bedingungen der Zeit.

Als männliches Vorbild diente mir dann Onkel Hans aus Berlin, der Bruder meiner Mutter. Er war charmant, dem Leben zugewandt, er konnte Stimmung machen und hatte immer Frauen um sich herum. Er besaß ein Segelboot, auf dem er mich mitnahm. Und Platten von Elvis. War das schön! So was gab es bei uns zu Hause nicht. Onkel Hans zeigte mir auch, wie man einen Schlips bindet, das konnte meine Mutter natürlich nicht. Er war ein Sunnyboy. Das fand ich damals toll. Dabei war nicht viel dahinter. Er war eigentlich ein Blender.

Alles wäre sicherlich ganz anders gekommen, wenn mein Vater den Krieg überlebt hätte. Erst im Alter wurde mir klar, dass ich immer die Sehnsucht nach einem Vater in mir hatte. In dem Zoo-Buch hat er sich in Uniform gezeichnet, an der Hand meinen Bruder: Vater und Sohn. Ein Idyll, das ich nie erleben durfte. Das Einzige, was mir von meinem Vater geblieben ist, sind diese beiden Bücher. Und seine gereimten Geschichten, in denen die Schrecken des Krieges allenfalls zu ahnen sind.

In dem kleinen Kaffee an der Ecke
tranken wir noch eine Tasse Tee,
(Weißt Du's noch?)
Und wir aßen eine Eierschecke
die nach Mehl und Kleister roch.

Dietrich von Horn, Jahrgang 1944 (Bargteheide)

»Das ist das Problem meines Lebens geworden: Ich bin nicht genug«

Hanna Schygulla wurde durch die Filme von Rainer Werner Fassbinder zu einer der bekanntesten Schauspielerinnen Deutschlands. Insgesamt war sie in mehr als 100 Film- und Fernsehrollen zu sehen. Hanna Schygulla lebt in Paris und Berlin. Wie es ist, ein Flüchtlingskind zu sein, hat sie bis heute nicht vergessen.

Hanna Schygulla als Kleinkind, ca. 1945

Dieses Töpfchen begleitet mich seit meiner Kindheit. Ich liebe es. Als ich klein war, hat meine Mutter darin immer Grießbrei für mich gekocht. Heute steht es in meiner Pariser Wohnung auf dem Herd, ich benutze es immer noch. Für mich ist es eine Reliquie.

Das Töpfchen kam kurz nach Kriegsende in unsere Familie. Wir waren als Flüchtlinge aus Oberschlesien nach Bayern gekommen, wo wir bei einer Familie zwangseinquartiert wurden. Wir waren nicht willkommen, als Flüchtlinge haben wir viel Ablehnung erlebt.

Flüchtlingskind, das war wie ein Stempel. Die Schygulla, die Polenmatz, hieß es in der Schule. Dass ich gemobbt wurde, habe ich zu Hause nie erzählt. Ich habe zu Hause überhaupt nichts erzählt, es gab schon genug zu bewältigen. Ich habe alles mit mir allein ausgemacht.

Wir bekamen damals die sogenannten Bezugsscheine, meine Mutter musste sie in München beim Ausgleichsamt abholen. Einmal kam sie mit diesem Töpfchen zurück, eine Frau hatte es ihr geschenkt. Sie sagte zu meiner Mutter, auf Bayerisch: Dass euch schön warm wird bei uns!

Seither ist dieses Töpfchen für mich ein Symbol für Mitgefühl, Wärme und Freundlichkeit.

Ich wurde 1943 in Königshütte geboren, dem heutigen Chorzów. Auschwitz war nicht weit. Als meine Mutter schon in den Wehen lag, hat der Arzt meine Geburt durch eine Spritze um einen Tag verzögert; er wollte den Heiligabend gern zu Hause verbringen. Später erfuhr ich, dass dieser Dr. Clauberg Kollege von Josef Mengele in Auschwitz gewesen war und dort an weiblichen Häftlingen Sterilisierungsexperimente durchgeführt hatte.

Mein Vater war zu der Zeit schon an der Front, er hatte mich wohl auf Heimaturlaub gezeugt. Meine Eltern hatten kaum Zeit gehabt, sich richtig kennenzulernen. Es war keine glückliche Ehe. Mein Vater war waschechtes Proletariat, aber darüber hat meine Mutter hinweggesehen, denn er sah unwahrscheinlich gut aus. Für sie war er der strahlende Josef. Er hat es immer verstanden, die Leute zu beeindrucken.

Vater und Tochter

Meine Mutter hatte keinen Beruf erlernt. Ihre Eltern haben immer gesagt: Die ist so hübsch, die braucht nichts zu lernen. Die heiratet sowieso. Das war ihr Unglück.

Als die Rote Armee immer näher rückte, entschloss sich meine Mutter zur Flucht aus Oberschlesien, aus Angst vor »den Russen«. Sie erwischte einen der letzten Züge Richtung Westen, mit dem Kinderwagen und mir und mit dem besten Anzug meines Vaters, so hat sie es mir erzählt. Damit mein Vater etwas Ordentliches hätte, wenn er zurückkommt.

Die Menschen standen dicht gedrängt auf den Trittbrettern. In Stockdorf bei München blieb der Zug dann einfach stehen, weil es keine Kohlen mehr gab für die Dampfmaschine. Einige Tage lang haben wir in diesem Zug gelebt.

Bis heute strukturiere ich alle meine Wohnungen wie Zugabteile: Ich nehme überall die Türen raus, damit ich immer lange Perspektiven habe. Diese Prägungen aus der Kindheit sind sehr tief.

Als ich fünf Jahre alt war, kam mein Vater aus der Kriegsgefangenschaft zurück. Irgendwann stand ein sehr gebräunter Mann in Stockdorf bei uns am Zaun. Meine Mutter hielt mich ihm entgegen und sagte: Schau mal, das ist dein Hannchen. Mir kommt es so vor, als ob ich dann ziemlich lange zwischen den beiden in der Luft gehangen hätte. Mein Vater schaffte es nur zögerlich, mich auf den Arm zu nehmen.

Für mich war er ein Fremder, das hat es mir schwer gemacht, auf ihn zuzugehen. Obwohl ich erst fünf war, habe ich gespürt: Der hat ein Problem mit dem Leben. Es hat irgendwie alles nicht gestimmt. Meine Mutter hat immer zu mir gesagt, geh doch mal zum Vati, der wartet drauf. Aber ich konnte nicht gehen. Ich habe das Gefühl gehabt, ich gefalle ihm nicht.

Die Stimmung bei uns in der Familie war nicht schön. Es wurde oft gestritten. Ich habe deshalb auch nie Freundinnen mit nach Hause gebracht oder Kinder zum Geburtstag eingeladen.

Weihnachten ist immer alles explodiert. Mein Vater war wütend, weil die blöden Leute die Bäume für dieses »Scheißweihnachten« absägten. Er war ein Waldmensch, er hat Holz geliebt. Meine Mutter dagegen wollte alles schön festlich machen, mit Baum und Lametta und Kugeln. Sie setzte sich durch, aber die Stimmung war dann furchtbar, immer herrschte Anspannung. Und ich stand zwischen meinen Eltern. Ich war froh, wenn es vorbei war, ich mochte Weihnachten nie. Auch später nicht.

Hanna Schygulla
mit ihren Eltern

Mein Vater war voller Wut aus dem Krieg zurückgekommen. Er hat nie getrauert, das war zu seinem eigenen Schaden. Er konnte nicht über seine Erlebnisse sprechen und sie auch nicht betrauern. Er hat auch nie geweint. Er war entfremdet vom Leben, hat immer gesagt: Das Leben ist gar nichts wert. Das war sein Mantra. Ich habe irgendwie schon gewusst, dass da etwas nicht stimmen kann, wenn jemand das dauernd sagt.

Ich hatte immer Angst vor meinem Vater. Angst vor einer Eruption dieses totalen Frusts, den er in sich hatte. Durch unsere Familie ging ein Riss, das hat meine Mutter oft ausgespielt. Sie war gegen Hitler, mein Vater war für ihn, denn Hitler hatte ihm Arbeit gegeben, das war ihm wichtig. Wenn meine Eltern stritten, dann sagte meine Mutter irgendwann immer: Da siehst du ja, wo uns der Hitler hingebracht hat. Das haben wir jetzt deinem Hitler zu verdanken! Sie war viel mundgewandter als er, mein Vater konnte sich schlecht ausdrücken.

Unsere Wohnung lag ganz oben im Haus und mündete direkt in einen riesigen Speicher. Immer wenn die Spannung zwischen meinen Eltern unerträglich wurde, ging mein Vater dort Holz hacken. Und ich hatte dann jedes Mal die Schreckensvorstellung: Hoffentlich kommt er nicht herunter mit der Axt. Ein möglicher Amoklauf meines Vaters war für mich eine ständige Bedrohung. Ich habe gespürt, dass in ihm etwas war, das dazu fähig gewesen wäre.

Ein einziges Mal ist er mir gegenüber explodiert, viel später, da war ich schon 21. Ich war in der Kneipe gewesen, mit hohen Absätzen und schon sehr provokativ im Aussehen. Als ich nach Hause kam, hat er mir mit der Faust ins Gesicht geschlagen. Das hat so weh getan. Ich habe zurückgeschlagen, meine Mutter ging dann schreiend dazwischen. Sie hat geahnt: Jetzt kommt der Ausbruch, der längst fällig war. Ich sagte zu meinem Vater: Ab morgen bin ich nicht mehr hier. Dabei wusste ich gar nicht, wo ich hinsollte.

Schygulla mit ihrem Vater

Meinem Vater hat es dann wahnsinnig leidgetan. Das kam ja nur, weil in seinem Leben alles kaputt gegangen war. Im Krieg war er gleich in das hineingeraten, was später die »Hölle von Anzio und Nettuno« genannt wurde. Da waren die ganzen Jungs, die 16-jährigen, halbe Kinder noch, die in den Krieg geschickt worden waren. Sie haben alle furchtbar geweint. Mein Vater war der Älteste. Wenn Essen geholt werden musste, was gefährlich war, ist er immer mitgegangen. Und dann sind diese Kinder vor und hinter ihm zerfetzt worden. Das hat er nicht verkraftet.

Später erzählte mein Vater meiner Mutter, es sei ihm vollkommen egal gewesen, ob er lebend oder tot zurückkomme.

Sie hat dann geweint: Aber hast du denn gar nicht an uns gedacht? Sie konnte meinen Vater nicht auffangen, beide waren hilflos. Sie waren beide Opfer des Krieges.

Wahrscheinlich hätte meine Mutter sich gern getrennt, aber sie konnte nicht, sie hatte ja nichts gelernt. Ich habe oft mitbekommen, wie sie ihren Freundinnen ihr Leid klagte. Wenn Hannchen nicht wäre, sagte sie dann, wäre ich schon längst weggelaufen.

An einem Punkt war meine Mutter so unglücklich, so von Sinnen, dass sie sich vom vierten Stock runterstürzen wollte. Ich stand daneben, da war ich sechs Jahre alt. Ihr Bruder konnte sie am Ende davon abhalten, aber das Bild habe ich immer noch vor Augen.

Josef Schygulla

Auch ich habe später zu kämpfen gehabt mit einer Unlust am Leben. Ich denke, das hing damit zusammen, dass ich nie so fraglos akzeptiert wurde.

Meine Mutter hat ihr Möglichstes getan, aber sie war nicht zärtlich. Sie war selbst mit zehn Geschwistern aufgewachsen, da war für so etwas keine Zeit.

Und mein Vater: Vielleicht war er von mir enttäuscht, ich weiß es nicht. Er wollte lieber einen Jungen haben, das hat mir meine Mutter unglücklicherweise erzählt. Ich habe immer viel mit Jungs gespielt. Nicht, weil das meine Welt war. Sondern um mich vor meinem Vater zu beweisen, als wollte ich sagen: So lieb mich doch auch.

Das ist das Problem meines Lebens geworden, wenn ich es in einem Satz zusammenfassen soll: Ich bin nicht genug.

Ich frage mich heute noch, warum ich mich als Kind so hässlich fand. Ich bin mit Komplexen aufgewachsen, deswegen bin ich so introvertiert ins Leben gekommen. Ich hatte immer sehr viel Angst, vor vielem. Dann habe ich oft gedacht: Wenn es schiefgeht, bringe ich mich um.

Ich habe natürlich daran gearbeitet, aber es hat traumatisch lange nachgewirkt. Später habe ich dann immer lieber Film gemacht als Theater, um dem Publikum nie direkt ausgesetzt zu sein.

Als ich etwa vierzig war, wünschte ich mir sehnlichst ein Kind. Aber der Mann, mit dem ich zusammen war, wollte das nicht. Ich war dann so weit, ein Kind zu adoptieren, hatte mir in Paris eine

passende Wohnung genommen und auch schon einen Anwalt beauftragt.

Aber dann hatte meine Mutter einen Schlaganfall und stürzte in die Hilflosigkeit des Alters. Die Sprache wurde immer weniger, irgendwann saß sie im Rollstuhl. Acht Jahre lang habe ich sie gepflegt, bis zu ihrem Tod. Sie wurde zu meinem Kind. Das Kind, das ich nicht hatte.

Bald kam auch mein Vater nicht mehr allein zurecht. Ich habe mich dann auch um ihn gekümmert. Die Hälfte meiner Zeit war ich in Paris, die andere Hälfte bei ihm. Ich bin mit ihm in die Ferien gefahren und habe ihn mit zum Film genommen.

Ich hatte das Gefühl: Im Leben meiner Eltern hatte sich so viel nicht erfüllt, vielleicht kann ich jetzt noch was gutmachen.

Und tatsächlich hat mein Vater sich im Alter noch sehr verändert. Ich hatte viel Spaß mit ihm. Wir haben so gern Leute beobachtet, da konnte er sich auch austauschen, weil es ja nicht ihn betroffen hat. Über sich hat er auch im Alter nicht gesprochen, über seine Wut, über seine Trauer. Selbst als meine Mutter starb, konnte er nicht trauern. Er konnte sich nie befreien.

Wir haben nur über Gegenwärtiges gesprochen, das Thema Vergangenheit wurde nie berührt. Ich hatte nicht das Bedürfnis, ihn da noch einmal einzutauchen.

Zwanzig Jahre lang habe ich mich um meine Eltern gekümmert. Ich konnte gar nicht anders. Es gab so viel nachzuholen. Ich bereue es nicht.

Für mich waren diese Jahre versöhnlich, ich fühlte mich wie erlöst von allem. Dieser Abschluss war wichtig für mich.

Ich habe es geschafft, ein bisschen Freude ins Familienleben zu bringen. Ich habe als Erwachsene geschafft, was ich als Kind nicht leisten konnte.

Hanna Schygulla, Jahrgang 1943 (Berlin)

»Was Krieg zerstören kann, das habe ich bei meiner Mutter erlebt«

Klaus Lantermann war ein Jahr alt, als sein Vater 1943 von Partisanen erschossen wurde. Seine Mutter kümmerte sich fortan allein um ihren Sohn. Ein Milchkännchen erinnert ihn bis heute an eine Zeit, die von Entbehrungen und Überforderung geprägt war.

Klaus Lantermann mit Milchkanne in Bühl-Kappelwindeck, ca. 1944

Ich wurde 1942 im Ruhrgebiet geboren, in Oberhausen. Mein Vater arbeitete dort als Schornsteinfegermeister, er scheint ein toller Typ gewesen zu sein. Er fuhr eine Harley Davidson und durfte sogar manchmal das Auto seines Vaters benutzen. Bei meiner Mutter hatte es gleich gefunkt. 1937 heirateten die beiden, ich denke, es war eine Liebesheirat.

Kurz nach Kriegsbeginn wurde mein Vater eingezogen – und 1943 in Griechenland erschossen, in einem Gefecht mit Partisanen. Mit 31 Jahren war meine Mutter Witwe.

Klaus Lantermann
mit seiner Mutter, 1943

Ihr Bruder war mit einem Mädchen aus dem Schwarzwald verlobt. Als die Bombenangriffe auf das Ruhrgebiet zunahmen, lud ihre Familie uns ein, bei ihnen unterzukommen.

Sie besaß in Bühl-Kappelwindeck eine kleine Landwirtschaft, dort habe ich meine frühe Kindheit verbracht. Es war eine schöne Zeit: Ich durfte mit aufs Feld gehen, es gab Tiere und Kinder, mit denen ich spielen konnte. Und wir hatten immer gut zu essen.

Die kleine Milchkanne habe ich dort von meiner Mutter bekommen. In der Umgebung gab es einige Bauern, die Kühe hielten, zu denen ging ich mit dem Kännchen und holte frische Milch. Das ist eine meiner frühesten Erinnerungen.

Bühl war kein Angriffsziel, trotzdem gab es manchmal nachts Bombenalarm. Dann setzte meine Mutter mich in den Kinderwagen und rannte mit mir zu einem alten Weinkeller, der als Luftschutzbunker diente.

Trotz des Krieges erinnere ich die Zeit im Schwarzwald als

glücklich. Für mich war Bühl ein Idyll, vor allem im Vergleich zur Nachkriegszeit.

1946 zwang uns die französische Besatzungsmacht, an unseren alten Wohnsitz nach Oberhausen zurückzukehren. Nach einer Bahnfahrt im Güterwaggon und dem Durchlaufen einer Entlausungsstation wurden wir in eine Obdachlosenunterkunft eingewiesen. In unsere Wohnung konnten wir nicht zurück, sie war inzwischen mit Flüchtlingen und Ausgebombten belegt worden.

Besonders die erste Zeit war sehr hart, wir hatten kaum etwas zu essen. Einmal schenkten mir Bergleute ein Tütchen Kartoffeln. Auf dem Heimweg fiel es mir aus der Hand, und die Kartoffeln rollten den Bahndamm hinunter. Es war dunkel, und ich konnte sie nicht wieder aufsammeln. Ich habe furchtbar geheult.

Klaus Lantermann mit seinem Vater, 1942

Manchmal ging ich mit meiner Mutter auf Tour, um zu hamstern. Wir fuhren raus aufs Land, um bei den Bauern nach Rübensirup zu fragen. Meine Mutter konnte aber nichts zum Tauschen anbieten, wir hatten ja nichts. Weil ich dabei war, gaben uns die Leute aus Mitleid manchmal immerhin den Schaum, der sich beim Kochen des Sirups absetzte.

Einmal hatte meine Mutter unter großen Mühen Fleisch besorgen können. Wir besaßen keinen Kühlschrank, aber es war Winter und meine Mutter legte das Fleisch draußen auf die Fensterbank. Nachts kam die Katze und klaute es. Das war ein Drama.

Später gab es in Oberhausen Kinderspeisung. Ich stellte mich mit meinem Milchkännchen an und bekam aus einem großen Topf Grießbrei, süße Nudeln oder Milchsuppe eingefüllt.

Eigentlich mochte ich keine süßen Sachen, ich hätte lieber ein Mettwurstbrot gehabt. Aber damals musste ich froh sein, überhaupt etwas zu essen zu bekommen.

Mir war in der Nachkriegszeit durchaus bewusst, dass wir ärmer waren als andere Leute. Einmal wollten wir bei einem Kohlenhändler Kohlen hamstern. Sein Sohn besaß eine große elektrische Eisenbahn. Ich schaute zu, wie er damit spielte. In diesem

Moment wurde mir klar, dass ich so etwas Schönes nicht hatte – und auch nicht bekommen würde.

Als ich 1948 eingeschult wurde, war ich das einzige Kind, das keinen Schulranzen hatte. Stattdessen hatte meine Mutter mir eine Umhängetasche aus Pappe besorgt. Mit der musste ich in die Schule gehen. Das war hart.

Meine Mutter hat sich meistens schon liebevoll um mich gekümmert. Aber sie war auch streng. Einmal setzte sie mich, weil ich unartig gewesen war, mit einem Köfferchen vor die Haustür. Sie meinte, ich könne jetzt gehen. Ich stand weinend vor der Tür, gefühlt mehrere Stunden. Da war ich gerade zwei oder drei Jahre alt.

Wenn ich später eine Hose zerriss, flippte sie aus. Da wurde auch schon mal der Stock geholt, ihre Nerven lagen oft blank.

Von früher war sie ein ganz anderes Leben gewohnt. Sie kam aus guten Verhältnissen und hatte ein Mädchenpensionat besucht. Ihre Eltern besaßen in Solingen eine große Gastwirtschaft, die war im Krieg zerbombt worden. Beide Eltern starben früh, ihr Bruder galt als vermisst, und dann fiel auch noch ihr Mann, mein Vater.

Nach dem Krieg hatte meine Mutter niemanden mehr, nur mich. Sie hat nie wieder geheiratet.

An meinen Vater habe ich keine Erinnerung. Ich habe nur ein paar Fotos von ihm. Und die Erzählungen meiner Mutter. Er hatte eigentlich keine Kinder in die Welt setzen wollen, denn, so sagte er: Wenn es ein Junge wird, dann muss er später womöglich auch in den Krieg ziehen. Mein Vater hat den Krieg gehasst.

Auch ich bin sehr pazifistisch eingestellt. Denn was Krieg zerstören kann, das habe ich bei meiner Mutter erlebt.

Essen ist für mich bis heute kostbar. Das hat sich eingeprägt, das steckt tief in mir drin. Ich könnte niemals Lebensmittel wegwerfen, das finde ich abartig. Der Teller wird leer gegessen, auch Brotreste werden nicht weggeworfen. Ich esse sogar den Apfelschnitz mit, aber das würde ich von anderen nicht erwarten.

Die Milchkanne ist das Einzige, was ich aus der Kriegszeit aufbewahrt habe. Für mich ist sie ein wichtiges Erinnerungsstück: an die schöne Zeit meiner frühen Kindheit in Bühl – aber auch an die Armut, an den Hunger, an die Not.

Klaus Lantermann, Jahrgang 1942 (Bonn)

»Und dann ist dieses Leben plötzlich ausgelöscht, einfach so«

Waltraut Staffeldt besitzt bis heute eine Laubsägearbeit, die ihr Vater für ihre Mutter angefertigt hat. Sie erinnert sie daran, wie die Liebesgeschichte zwischen ihren Eltern begann: Eine junge Frau wirft am 1. Weihnachtstag 1941 einen geschmückten Weihnachtsbaum auf den Turm des U-Bootes, mit dem ihr Verlobter ausläuft. Beide hoffen, dass sie sich wiedersehen.

Die Eltern von Waltraut Staffeldt, Maria und Werner Flohr, Mai 1942

Der größte Wunsch meiner Mutter im Winter 1941 war, dass ihr Verlobter, mein Vater, bei ihr sein würde. Und dass sie Weihnachten zusammen feiern könnten.

Mein Vater war bei der Kriegsmarine und in Wilhelmshaven stationiert. Im Herbst 1941 war er mit seinem kurz zuvor vom Stapel gelaufenen U-Boot auf Erprobungsfahrt in der Ostsee unterwegs.

Meine Mutter lebte zu der Zeit in Wilhelmshaven, im Hause eines Marinekommandanten, dessen Kinder sie betreute. Manchmal musste sie Botengänge erledigen und Unterlagen zum Hafen bringen. Dort war sie eines Tages meinem Vater begegnet. Es war Liebe auf den ersten Blick. Wenn meine Mutter mir später von ihm erzählte, hat sie nur von ihm geschwärmt. Er war der Mann ihres Lebens.

Vier Wochen vor Weihnachten kehrte das Boot meines Vaters tatsächlich nach Wilhelmshaven zurück. Es schien, als sollte sich der Wunsch meiner Mutter auf eine gemeinsame Weihnacht erfüllen. Am Boot waren Restarbeiten zu erledigen, bevor es zur ersten Feindfahrt auslaufen konnte; meine Mutter hatte Hoffnung, dass dies dauern würde.

Doch am 23. Dezember kam der Befehl, an Bord zu gehen. Wieder einmal mussten meine Eltern Abschied nehmen. Wann das Boot auslaufen würde, wusste meine Mutter nicht, das unterlag strenger Geheimhaltung.

Sie setzte alles in Bewegung, um es herauszufinden. Der

Marinekommandant, bei dem sie angestellt war, hatte anscheinend Mitleid mit ihr und verriet ihr schließlich die Auslaufzeit: 1. Weihnachtstag, 4.00 Uhr in der Früh.

Meine Mutter besorgte dann einen kleinen Tannenbaum und schmückte ihn mit Äpfeln, bunten Schleifen, Girlanden und sogar mit echten Kerzen. All das band sie fest an den Baum. Um kurz vor vier stand sie mit dem Bäumchen auf der Kaiser-Wilhelm-Brücke, ganz allein, und wartete. Es war nebelig, sie konnte kaum etwas erkennen. Als aus dem Dunkel unter ihr das U-Boot auftauchte, warf sie das Bäumchen hinunter; vorher hatte sie noch die Kerzen angezündet. Sie traf genau den Turm.

Als mein Vater fünf Monate später, im Mai 1942, auf Kurzurlaub nach Hause kam, brachte er meiner Mutter Briefe und kleine Geschenke von seinen Kameraden mit: als Dank dafür, dass sie so liebevoll an die Männer gedacht hatte. Sie hatten die Kerzen an dem leicht lädierten Baum angezündet und gemeinsam an Bord Weihnachten gefeiert. Vor Helgoland haben sie den Baum dann mit stillen Wünschen feierlich versenkt.

Nach ein paar gemeinsamen Tagen musste mein Vater erneut auslaufen. Zum Abschied schenkte er meiner Mutter diese Laubsägearbeit. Er muss sie an Bord geschnitzt haben, Vorbild war das Lied »Lili Marleen«. Das wurde damals jeden Abend vom Soldatensender Belgrad gespielt, alle Soldaten an allen Fronten haben es gehört. Ein Lied voller Sehnsucht und Hoffnung.

Vor der Kaserne vor dem großen Tor
Stand eine Laterne, und steht sie noch davor,
So woll'n wir uns da wiederseh'n,
Bei der Laterne woll'n wir steh'n,
Wie einst Lili Marleen, wie einst Lili Marleen.

Von unterwegs schickte mein Vater meiner Mutter viele Briefe. Er beschrieb darin, wie schlimm es sei, in dem U-Boot zu sitzen, während über einem die Bomben ins Wasser einschlagen. Das Geräusch muss furchtbar gewesen sein. Viele seiner Kameraden hätten vor Angst geschrien, schrieb er. Das Boot war ein schwimmender Sarg. Alle wussten, dass sie bei einem Treffer keine Chance hatten, lebend herauszukommen.

Die Holzfigur stand für die Hoffnung, dass die beiden sich wiedersehen würden. Ein Zeichen ihrer Liebe.

Werner Flohr auf dem Turm seines U-Boots, 1941

Meine Eltern wollten heiraten, alles war vorbereitet, im August sollte es so weit sein. Stattdessen bekam meine Mutter Anfang August die Nachricht, dass das Boot meines Vaters als vermisst galt. Da hatte sie gerade erfahren, dass sie mit mir schwanger war.

Fünf Monate lang hat meine Mutter gebangt und gehofft. Anfang Februar 1943, drei Tage nach meiner Geburt, wurde ihr mitgeteilt, dass U-754 am 31. Juli 1942 im Nordatlantik versenkt worden war, durch einen kanadischen Bomber. Ich habe meinen Vater nie kennengelernt.

Der Vater meines Vaters musste dann für den Tod seines Sohnes bürgen. Nur so konnte meine Mutter nachträglich die sogenannte Ferntrauung bekommen. Das war wichtig, sonst wäre ich ein uneheliches Kind gewesen. So erhielt ich den Namen meines Vaters.

Für meine Mutter begann nach dem Tod meines Vaters eine schlimme Zeit. Als junge, unverheiratete Frau mit Kind war es für sie in ihrer Heimat Ostfriesland nicht einfach. Manchmal, erzählte sie mir später, war sie so verzweifelt, dass sie kurz davor war, in die Nordsee zu gehen.

Meine Mutter war hübsch, sie hatte bald eine Menge Verehrer. Aber sie hat keinen von ihnen angeschaut. Ein Bauer aus der Gegend, ein alter Jugendfreund meiner Mutter, war besonders hartnäckig. Sie war wohl seine Traumfrau. Aber meine Mutter wollte ihn nicht. Sie wollte allein bleiben. Darüber regten sich ihre Eltern furchtbar auf: Was willst du eigentlich, du bist allein mit einem Kind, sieh zu, dass du unter die Haube kommst! Irgendwann gab meine Mutter nach. Aber zwei Tage vor dem geplanten Hochzeitstermin sagte sie: Nein. Ich kann ihn nicht heiraten. In ihrer Familie gab das natürlich einen riesigen Aufstand. Aber meine Mutter blieb standhaft.

Einige Zeit später, ich war inzwischen etwa fünf Jahre alt, kam ein Mann in unser Dorf. Er hatte vor Stalingrad ein Bein verloren und nur überlebt, weil ein Kriegskamerad ihn aus der Schusslinie gezogen und dafür gesorgt hatte, dass er ausgeflogen wurde.

Mit diesem Mann freundete sich meine Mutter an. Und auch ich mochte ihn gern. Er war Bäcker und brachte mir immer Plätzchen mit. Eigentlich durfte er nichts aus der Bäckerei mitnehmen. Deshalb befestigte er die Plätzchen an einem Band, wickelte es sich um den Bauch und schmuggelte alles in seiner weiten Bäckerhose nach draußen. Mit der Zeit wurde aus der Freundschaft mehr. Dieser Mann hat meiner Mutter zugehört und ihr Leid geteilt. Und sie hat verstanden, was er durchgemacht hatte. Die Bilder, wie seine Kameraden erschossen worden waren, verfolgten ihn in seinen Träumen.

In ihrer Trauer fanden sie zueinander. 1949 haben die beiden geheiratet. Es wurde eine glückliche Ehe. Ich bekam einen wunderbaren Stiefvater, den ich immer als meinen Vater angesehen habe. Später habe ich noch eine Schwester bekommen.

Trotzdem blieb in mir lange eine tiefsitzende Angst, dass mir nach meinem ersten Vater auch mein zweiter Vater genommen werden könnte. Wir hatten nach dem Krieg bei uns in der Nachbarschaft viele Flüchtlinge einquartiert, ich habe deren ständige Streitereien miterlebt. Da habe ich jedes Mal Panik bekommen. Hoffentlich bleibt unsere kleine Familie bestehen, dachte ich. Hoffentlich ist bei uns Friede.

Meinen Stiefvater kenne ich nur als zufriedenen und fröhlichen Menschen. Seine Beinprothese machte ihm zu schaffen, er hatte oft Schmerzen. Aber er klagte nie, er hat das hingenommen.

Mein leiblicher Vater war in unseren Gedanken immer anwesend. An jedem Geburtstag und Todestag zündeten wir für ihn eine Kerze an, das mache ich heute noch. Auch die Laubsägearbeit hatte ihren Platz bei uns im Wohnzimmer. Mein Stiefvater sagte: Natürlich müssen wir an ihn denken. Es sind so viele Menschen im Krieg gestorben, wir können die doch nicht einfach zur Seite schieben. Er hat meinen Vater nie als Konkurrenten gesehen, sondern immer als Teil unserer Familie. Er sagte: Er war ein Kamerad.

Gedenktafel am U-Boot-Ehrenmal Möltenort bei Kiel

Als mein Stiefvater starb, ließ meine Mutter auf den Grabstein neben seinen Namen auch den Namen meines Vaters gravieren: »Zur Erinnerung, Werner Flohr«. Das hatte sie mit meinem Stiefvater so besprochen. Natürlich machen wir das, hatte er gesagt. Wir gehören doch zusammen. Als meine Mutter starb, kam ihr Name noch dazu, nun stehen alle drei darauf.

In Möltenort an der Kieler Förde gibt es ein Mahnmal für die gefallenen U-Boot-Fahrer. Es sind mehr als 35 000. Ich war zu einer Gedenkfeier dort, in einem begehbaren Rund sind Bronzetafeln aufgehängt, jedes U-Boot hat seine eigene Tafel. Ich fand den Namen meines Vaters und die seiner Kameraden. Das war bedrückend. All diese Tafeln, all die Namen mit den Geburtsjahren. Das hat mich regelrecht erschlagen. Alles junge Männer, die ihr ganzes Leben noch vor sich hatten.

Obwohl ich meinen Vater nie kennengelernt habe, fehlt er mir. Bis heute verfolgt mich dieses Bild: Wie er in dem U-Boot festsitzt. Wie die Bombe einschlägt. Wie er begreift, dass er nicht mehr rauskommen wird. Dass er sterben muss.

Die Lili Marleen, die er für meine Mutter gemacht hatte, steht bei mir im Schlafzimmer, auf dem Bücherbord. Ab und zu nehme ich sie in die Hand. Ich bin nicht nur über sein Schicksal traurig, sondern über das Schicksal all dieser jungen Menschen, die ihr Leben gelassen haben. An jedem jungen Leben hängen doch Träume. Und dann ist dieses Leben plötzlich ausgelöscht, einfach so, von heute auf morgen.

»… sie waren Menschen wie wir, mit Sehnsüchten und Hoffnungen, mit Ängsten und Sorgen, mit Liebe und Zärtlichkeit, Ehemänner und Väter, Söhne und Brüder, Freunde und Mitmenschen … lass sie geborgen sein in deiner ewigen Liebe und vollende an ihnen alles, was der frühe Tod unvollendet und unvollkommen ließ an ihrem Leben …«

Aus einem Gebet von der Gedenkfeier am U-Boot-Ehrenmal Möltenort, 1998

Waltraut Staffeldt, Jahrgang 1943 (Hamburg)

»Ich bin vor Heimweh beinahe zugrunde gegangen«

Walter Schmidt war acht Jahre alt, als er seine Familie im Rahmen der »Kinderlandverschickung« verlassen musste, allein unterwegs in ein fremdes Land, zu fremden Leuten. Das Heimweh hat er bis heute nicht vergessen. Eine Schöpfkelle erinnert ihn an den ersten Sommer im Frieden.

Walter Schmidt mit seiner Mutter, 1938

Wenn ich an die Kriegszeit denke, denke ich zuerst an den Hunger. Am schlimmsten war er direkt nach der Kapitulation. Da gab es fast nichts. Meine Mutter musste uns drei Kinder allein durchbringen. Nachts stellte sie sich bei irgendwelchen Schlachtereien an, in der Hoffnung, etwas von den Schlachtabfällen abzubekommen. Die hat sie dann in einem Eimer nach Hause getragen und daraus Brühe gekocht, da war wenigstens ein bisschen Kraft drin. Manchmal kaufte ich mir Maggiwürfel, eine Packung mit fünf Würfeln kostete 10 Pfennig. Die habe ich dann gelutscht, um überhaupt irgendeinen Geschmack im Mund zu haben.

Ich wurde 1931 im Hamburger Stadtteil Altona geboren, in einer Wohnung im Hinterhof, alles war dunkel und sehr eng. 1936 zogen wir in eine schönere Wohnung in der Alsenstraße, meine Eltern hatten dort eine Stelle als Hausmeisterpaar gefunden. Mein Vater musste sich um die Heizung kümmern, ich sehe ihn noch vor mir, wie er mit einer riesigen Schaufel die Kohlen aus dem Keller holte. Meine Mutter wischte das Treppenhaus, fünf Etagen.

Die ersten Bombenangriffe auf Hamburg gab es bereits 1940. Im Luftschutzkeller standen Etagenbetten für uns Kinder. Jeder hatte ein Köfferchen dabei, mit den wichtigsten Papieren und Dokumenten.

Bald nahmen die Angriffe zu. Kinder wurden aus den bombardierten Städten aufs Land gebracht, wo es sicherer war, das war die sogenannte Kinderlandverschickung. Für mich ging es 1940 nach Wien, wo es noch keine Luftangriffe gab. Meine Mutter brachte mich zum Bahnhof und setzte mich in den Zug. Ich habe geweint, ich war ja damals erst acht Jahre alt. Allein im Zug, unterwegs in ein fremdes Land, zu fremden Leuten. Ich bin vor Heimweh beinahe zugrunde gegangen. Für mich war das ein traumatisches Erlebnis. Das kommt heute noch manchmal hoch.

Am Bahnhof in Wien setzte ich mich auf eine Fensterbank und wartete darauf, dass meine Pflegemutter mich abholte. Ich kam bei einer Familie mit zwei Kindern unter. Alle waren sehr lieb zu mir, ich fühlte mich dort gut aufgehoben.

Während ich in Wien war, wurde mein Vater eingezogen. Ich erfuhr es von meiner Gastmutter: Dein Vater ist jetzt auch ein fescher Soldat, sagte sie. Er war zunächst in Dänemark, begleitete dann Munitionstransporte nach Russland, am Ende war er in Südfrankreich bei der Küstenartillerie.

Walter Schmidt mit seinen Eltern und seiner älteren Schwester

In Wien sollte ich eigentlich zur Schule gehen. Bei einer ärztlichen Untersuchung wurde jedoch festgestellt, dass ich Tuberkulose hatte. Ich kam ins Krankenhaus, wo ich mit anderen Kindern in einem riesigen Saal lag, bestimmt zwei oder drei Monate lang. Das war eine schlimme Zeit. Erst im März 1941 wurde ich mit dem Zug zurück nach Hamburg geschickt. Als ich am Bahnhof ankam, wartete niemand auf mich. Man brachte mich in die Bahnhofsmission. Ein Polizist fuhr zu meiner Mutter nach Hause und sagte ihr, sie möge bitte ihren Sohn abholen.

Ich kam dann in die Lungenheilanstalt nach Großhansdorf, dort blieb ich ein Dreivierteljahr lang, bis Weihnachten 1941.

1942 zogen wir in die Isebekstraße. Bei Fliegeralarm lief meine Mutter mit uns drei Kindern – meine jüngere Schwester saß noch im Kinderwagen – in den nächsten Bunker. Darin war es übervoll. Die Eisentüren wurden mit Riegeln verschlossen, man kam dann nicht mehr heraus und auch nicht mehr hinein. Oft ging das Licht aus. Die Luft wurde schlecht, manchmal zündete einer ein Streichholz an, um zu testen, ob noch genug Sauerstoff da war. Wenn oben eine Bombe fiel, vibrierte es im Bunker. Bis heute leide ich unter Klaustrophobie. Ich kann zum Beispiel im Bus oder in der Bahn nicht dicht an dicht stehen. Ich denke, das hat mit meiner Bunkerzeit zu tun.

Im Juli 1943 begann die »Operation Gomorrha«, der große Angriff auf Hamburg. Hunderte Bomber, in mehreren Angriffswellen. Danach war unsere Wohnung unbewohnbar. Alles war kaputt, Fenster, Türen, Möbel, Geschirr. Weil keine S-Bahn mehr fuhr, machten wir uns zu Fuß auf den Weg nach Blankenese, zu meinen Großeltern. Wir liefen die Max-Brauer-Allee entlang, immer auf dem Mittelstreifen, links und rechts von uns fielen brennende Balken auf die Straße. Ganz Hamburg brannte, der Himmel war voller Rauch, er hing wie eine Glocke über der Stadt.

Vater von Walter Schmidt. Aus Steinen hat er ein Herz in den Sand gelegt, darüber die Worte »Euer Vati«, Dänemark ca. 1941

Anfang Juni 1944 landeten die Alliierten in der Normandie, ein paar Wochen später auch in Südfrankreich. Im September fiel mein Vater, auf dem Rückzug. Da war ich zwölf Jahre alt. Lange galt er als vermisst. Erst nach Kriegsende bekamen wir einen Brief, in französischer Sprache, eine Nachbarin übersetzte ihn für uns. So erfuhren wir, dass mein Vater tot war. Mit 34 Jahren war meine Mutter Witwe, allein mit drei Kindern.

Kurz nach Kriegsende besuchte uns ein Kamerad meines Vaters. Seine Eltern hatten einen Bauernhof in der Nähe von Husum, dorthin nahm er mich mit, um mich aufzupäppeln. Ich war unterernährt und wohl auch sonst von den Kriegserlebnissen gezeichnet.

Seine Eltern waren überglücklich, ihren Sohn lebend wiederzusehen. »Gott hat uns unseren Sohn zurückgebracht«, rief die Mutter, die nun meine Pflegemutter wurde. Sie nahm mich sehr herzlich auf. Der Bauernhof lag in der Ostermarsch, dicht an der Nordsee. Hier hatten die Menschen vom Krieg kaum etwas mitbekommen.

Jeden Abend saßen alle gemeinsam am Tisch. Endlich konnte ich mich mal wieder richtig schön satt essen, das war wunderbar. Und endlich konnte ich auch wieder durchschlafen, ohne

Bombenalarm und ohne Luftschutzbunker. Auf dem Hof gab es einen Hund, mit dem ich spielte, und ein Pferd, auf dem ich reiten konnte, ich durfte mit raus aufs Feld und bei der Ernte helfen. Mittags gab es für alle geschmierte Brote und Kaffee aus Feldflaschen.

Ich blieb einige Monate dort oben, dann musste ich zurück nach Hamburg. Der Winter 1946/47 war extrem kalt, Temperaturen bis zu minus 25 Grad, 40 Tage Dauerfrost. Die Menschen in den halbzerstörten Wohnungen hatten kaum etwas zu heizen. Wir Kinder haben Kohlen geklaut, am Kaltenkirchener Bahnhof. Die großen Jungs zerschnitten die Signaldrähte, um die Kohlenzüge anzuhalten. Dann kletterten wir auf die Waggons, warfen die Kohle runter, die andere Jungs unten in Säcke stopften. Manchmal wurden wir von Soldaten erwischt, dann haben sie uns alles wieder abgenommen.

Etwa zwei Jahre nach dem Tod meines Vaters fand meine Mutter noch einmal einen neuen Partner, einen Geflüchteten aus Königsberg. Er hat sich bemüht, aber für uns Kinder blieb er ein fremder Mann, der eigentlich nicht dazugehörte. Es war ein angespanntes Verhältnis. Er wollte seine Erziehungskompetenz ausspielen, ich wollte mir von dem nichts sagen lassen. Ich habe nicht offen rebelliert, ich habe ihn eher ignoriert.

1949 habe ich die Schule mit der Mittleren Reife verlassen. Ich machte zunächst eine Lehre als Elektrotechniker, später lernte ich auf der Abendschule Betriebswirtschaftslehre und auf der Ingenieurschule Lichttechnik. Ich musste mir alles selbst erarbeiten, ich hatte nie jemanden, der mich an die Hand genommen hätte. Mein Vater war tot, meine Mutter hatte anderes zu tun.

Sie war eine einfache Frau. Sie hat uns Kinder materiell versorgt, da hat sie sich wirklich bemüht. Aber sie konnte uns keine Zuwendung geben. Unsere Verbindung war nicht herzlich, nicht liebevoll. Vielleicht war sie nicht der Typ dafür, vielleicht fehlte ihr die Kraft.

An dem Bauernhof in der Ostermarsch bin ich später noch oft vorbeigefahren. Irgendwann, Anfang der Sechzigerjahre, war das Haus in sich zusammengefallen. Das Dach hing durch, die Familie, die mich so herzlich aufgenommen hatte, war weggezogen. Ich ging hinein und sah diese Schöpfkelle. Ich weiß nicht, warum ich sie mitnahm, sie hat eigentlich überhaupt keinen Wert. Aber ich habe sie bis heute aufgehoben. Vielleicht als Erinnerung an meine unbeschwerten Wochen in diesem Haus nach dem Krieg. An die gemeinsamen Mahlzeiten. An den ersten Sommer im Frieden, ohne Bomben und ohne Angst.

Walter Schmidt, Jahrgang 1931 (Hamburg)

Gustav Langer

»Jedes neue Fluchtziel schrieben sie in den Deckel dieses Koffers«

Maren Schmücker erbte von ihrer Großmutter ein paar Fotos und einen leeren Koffer. Im Deckel: die Fluchtroute der Familie von Oberschlesien in den Westen.

Ein Koffer, das ist alles, was vom alten Leben meiner Familie übrig geblieben ist. Er erzählt von den Stationen ihrer Flucht aus Oberschlesien im Frühjahr 1945. Jedes neue Ziel wurde innen in den Deckel geschrieben, das vorherige durchgestrichen.

Kofferdeckel mit der Adresse der Bäckerei von Gustav Langer in Ratibor

Meine Oma stammte aus Oberschlesien. 1893 kam sie in jenem Teil Schlesiens zur Welt, der nach dem Ersten Weltkrieg polnisch wurde. Sie wuchs in einfachen Verhältnissen auf.

Als sie sechs Jahre alt war, starb ihre Mutter. Das war schrecklich für sie. Sie hat oft erzählt, wie sie auf der Beerdigung geschrien hat, als der Sarg ins Grab hinabgelassen wurde.

Ihr Vater heiratete kurz darauf noch einmal. Die neue Frau muss für meine Oma traumatisch gewesen sein. Ihr Leben lang erzählte sie, dass sie bei dieser Stiefmutter gehungert hätten. Sie hatte eigene Kinder, die sie wohl bevorzugt hat.

Als junge Frau ging meine Oma dann nach Ratibor, wo sie für eine Arztfamilie im Haushalt arbeitete. Dort traf sie meinen Opa, der als Bäcker in die Stadt gekommen war. Er hatte seine Lehre in Berlin gemacht und brachte Rezepte mit, die in Schlesien unbekannt waren, zum Beispiel Splitterhörnchen. Bei der Kundschaft kam das gut an.

1923 heirateten meine Großeltern. Sie übernahmen eine Bäckerei am Neumarkt Nr. 7, das ist die Adresse in der Mitte des Deckels. Gustav Langer war der Name meines Opas. Er stand jede Nacht um zwei Uhr auf, meine Oma bediente im Laden und machte außerdem die Buchführung, das hatte sie sich selbst angeeignet. Sie war zwar nur acht Jahre lang zur Volksschule gegangen, konnte aber rechnen und hatte Geschäftssinn. Die beiden arbeiteten hart, so kamen sie zu beachtlichem Wohlstand. Sie konnten ihre vier Kinder sogar auf höhere Schulen schicken.

Bis 1944 verlief das Leben meiner Mutter unbeschwert. Die Familie lebte in einer großen Wohnung direkt neben der Bäckerei, es gab ein Hausmädchen und eine Waschfrau. Meine Großeltern waren gesellschaftlich angesehen, es fehlte ihnen an nichts: Sie besaßen kostbares Porzellan, hochwertige Tischwäsche und Silberbesteck. Meiner Großmutter war es wichtig zu zeigen, dass sie nach der freudlosen Kindheit nun etwas erreicht hatte. Die Bäckerei war ihr Stolz, Ratibor ihre Heimat.

Mutter von Maren Schmücker (im weißen Kleid) mit ihrer Mutter und ihren Geschwistern

Lange war die Stadt vom Krieg verschont geblieben. Erst im Januar 1945 eroberte die Rote Armee große Teile Oberschlesiens. Im Februar wurden bei meinen Großeltern deutsche Soldaten einquartiert, die auf dem Rückzug waren. Da war die Front schon sehr nah, man hörte bereits den Kanonendonner. Der Kommandant riet meinen Großeltern zur Flucht. Wenn sie blieben, sagte er, würde es ihnen schlimm ergehen. Er bot an, sie auf ihren Fahrzeugen mitzunehmen.

Also verließen meine Großeltern schweren Herzens ihre Heimat. Sie packten Kleidung und Federbetten ein, aber auch Familienfotos und das Silberbesteck. Am Tag vor ihrer Flucht beglich meine Oma noch alle offenen Rechnungen. Vielleicht hoffte sie, dass sie irgendwann zurückkommen würden. Sie wollte als ehrlicher Mensch weggehen, sie war sehr gewissenhaft.

Zunächst kamen sie bei Verwandten in Pilgersdorf unter, einem Dorf in der Nähe von Ratibor. Maria Müller, Pilgersdorf, das ist die Adresse ganz unten im Kofferdeckel. Dort schien es ihnen sicherer zu sein als in der Stadt. Sie blieben zwei Wochen, voller Ungewissheit, wie es weitergehen würde. Mein Opa fuhr dann von dort noch einmal mit dem Fahrrad zurück nach Ratibor, er wollte offenbar nach seiner Bäckerei sehen.

Als er zurück nach Pilgersdorf kam, war meine Oma mit den drei Töchtern bereits weiter Richtung Österreich geflohen, gemeinsam mit Nachbarn, deren Tochter in der Nähe von Wien verheiratet war. Der einzige Sohn meiner Oma war schon 1944 zur Marine eingezogen worden, sie hatten seit Monaten nichts von ihm gehört und wussten nicht, ob er überhaupt noch lebte.

Auf dem Weg mussten sie sich von Gepäck trennen, manches vergruben sie auf einem Acker, aus Angst vor Raub. Meine Mutter war damals zehn Jahre alt. Noch Jahrzehnte später erzählte sie von dem Schatz im Acker.

Maren Schmücker mit ihrer Großmutter, Schwelm 1990

Von Wien führte die Flucht weiter nach Tirol, wo meine Oma und ihre drei Töchter bei einem Bauern einquartiert wurden. »Familie Rainer, Söll, Tirol«: Es ist die Adresse rechts im Kofferdeckel.

Sie lebten zu fünft in einem Zimmer. Ein Bad gab es nicht, nur ein Plumpsklo. Aber sie waren froh, dass sie dort ein halbes Jahr lang leben konnten. In Tirol fand auch mein Opa seine Familie wieder, irgendwann stand er vor der Tür, meine Oma hat das immer als Wunder bezeichnet. Er hatte sich anhand eines Briefes meiner Tante durch alle Etappen der Fluchtroute durchgefragt.

Im Herbst 1945 sollten, nach einem Beschluss der alliierten Besatzungsmächte, Zehntausende Deutsche Österreich verlassen. Eine Cousine hatte in die Nähe von Wuppertal geheiratet, also fuhren sie dorthin, es war die einzige Adresse im Westen, die sie kannten. So kamen meine Großeltern schließlich in die kleine Stadt Schwelm in Westfalen, wo sie rasch eine einfache Wohnung bekamen. Die Adresse steht ganz oben – August-Bendler-Straße 17a.

Für meine Oma muss die Flucht eine einzige Strapaze gewesen sein, auch, weil es unterwegs kaum etwas zu essen gab. Meine Mutter war zwischenzeitlich so unterernährt, dass meine Großeltern Sorge hatten, sie würde nicht überleben.

Ihre Heimat haben sie nie wiedergesehen. Meine Oma war 51 Jahre alt, als sie fliehen musste, sie starb mit 99. Von ihrer schlesischen Heimat hat sie bis zum Schluss erzählt, voller Wehmut. Die Heimat und die Flucht, das war ihr Lebensthema. Wir haben alles verloren, hat sie immer gesagt, aber wenigstens ist die Familie zusammengeblieben.

Zu den wenigen Erinnerungsstücken, die nicht auf der Flucht verloren gegangen sind, gehören ein paar Fotos und der Koffer. Meine Oma nahm ihn früher mit auf Reisen. Als sie zu alt dafür war, gab sie ihn mir. Die Adressen und die Geschichten, die sich dahinter verbergen, haben mich schon als Kind fasziniert.

Meine Mutter hatte kein Interesse an den alten Sachen, sie lebte im Hier und Jetzt. Trotzdem ist sie vierzig Jahre nach ihrer Flucht noch einmal nach Ratibor gefahren. Die Bäckerei existierte nicht mehr, das Haus war wohl am Ende des Krieges noch von einer Bombe getroffen worden. Nichts, was sie aus ihrer Kindheit kannte, hat sie wiedergefunden.

Maren Schmücker, Jahrgang 1969 (Leverkusen)

UPWORDS
UPWORDS

»Die Angst sitzt mir tief in den Knochen. Mir fehlt das Urvertrauen«

Bis heute hat Rainer Maria Kohler Angst vor Flugzeuggeräuschen, vor Feuer, vor der Zukunft. Inzwischen, nach mehr als 1200 Stunden Psychoanalyse, weiß er: Das hängt mit seiner Kindheit im Krieg zusammen. Und einem Vater, der sich zu Hause wie ein Diktator benahm.

Rainer Maria Kohler im Garten seines Elternhauses in Krefeld, ca. 1944

Dieser Küchenschrank erinnert mich an meine Kindheit im Krieg. Meine Mutter bewahrte darin Teller, Bestecke und Tischdecken auf. Heute steht er in meinem Wohnzimmer in Auburndale, einem Vorort von Boston, ich habe ihn nach dem Tod meiner Eltern mit nach Amerika genommen.

Kohler mit seinen Eltern und seinem Bruder

Wenn ich diesen Schrank ansehe, denke ich an die Bombenangriffe, an Nächte im Keller, an Angst. Wir wohnten damals in Krefeld. Eines Nachts gab es wieder einmal Bombenalarm, wir suchten im Keller Schutz. Drei Brandbomben trafen unser Haus. Eine fiel aufs Dach, eine zweite auf unsere Veranda; es gab ein großes Feuer, das mein Vater mit meinem älteren Bruder mit Sand und Wasser löschen konnte.

Die dritte Bombe durchschlug das Dach und die Decke des zweiten Stockwerks und landete in unserer Küche, genau zwischen diesem Schrank und meinem Vater, der aus dem Keller nach oben gegangen war, um die englischen Flugzeuge zu beobachten. Er konnte die Bombe gerade noch rechtzeitig zur Tür hinauswerfen. Das war unser Glück, denn sonst hätte sie die Küche in Brand gesetzt.

Das war im Oktober 1942, ich war vier Jahre alt. Als der Angriff vorüber war, nahm meine Mutter mich an die Hand und ging mit mir zur Treppe, die in den Garten hinausführte. Der Himmel war blutrot. Ich kann mich erinnern, dass ich zu ihr sagte: »Mutter, ich bin bang, da draußen ist Feuer.« Und meine Mutter antwortete: »Rainer, du brauchst nicht bang zu sein, das ist nicht unser Haus, das brennt, das sind Häuser in der Nachbarschaft.« Das ist meine erste Kindheitserinnerung.

Bis heute habe ich die Bombennächte nicht vergessen, wenn meine Mutter an mein Bett kam und sagte: Rainer, raus, wir müssen in den Keller. Dort unten hatten wir Schlafsäcke und Pritschen, ich kann mich erinnern, wie der Zement und kleine Betonbrocken von der Decke auf uns herabrieselten, wenn die Bomben um uns herum alles erschütterten. Mein Schlafsack war hinterher mit Staub und kleinen Betonstücken bedeckt. Wir saßen jedes Mal dumpf da und warteten, bis wir wieder raus durften.

Später im Krieg, ab 1943 etwa, mussten wir bei Bombenalarm in einen Hochbunker, der etwa drei Blocks entfernt war. Darin roch es furchtbar nach Urin und Desinfektionsmitteln. Ich ging da nur sehr widerwillig hin. Aber weil ich ein Kind war, musste ich tun, was meine Eltern mir sagten. Noch heute ruft Urin- und Desinfektionsgeruch diese Bunkernächte bei mir in Erinnerung. Da reicht eine unreine Toilette.

Hochzeitsbild von Rainer Maria Kohler

Diese Erlebnisse wirken bis heute nach. Ich habe Angst vor dem roten Himmel, vor Feuer und vor Flugzeuggeräuschen. Einmal, da war ich schon in den Vierzigern, war ich mit meiner Familie am Strand, in Cape Cod. Da fliegen diese kleinen Propellerflugzeuge von Hyannis auf eine Insel, die vor der Küste liegt. Plötzlich flog ein solches Flugzeug über uns hinweg, und ich stand auf und rief meiner Frau zu: Wir müssen in den Bunker! Wo ist der Bunker?

Vom Boden sehen diese Flugzeuge genauso aus wie die Bomber im Zweiten Weltkrieg. Und sie hören sich auch genauso an. Dieses Geräusch lässt die Bombenangriffe des Krieges wieder in mir hochkommen.

Mir ist heute klar, dass ich eine posttraumatische Belastungsstörung entwickelt habe. Wegen der Kriegserlebnisse. Aber auch wegen meines Vaters.

Er benahm sich wie ein Diktator. Ständig bekam er Wutanfälle, vor denen meine Mutter, mein Bruder und ich die größte Angst hatten. Er bedrohte meine Mutter und schrie uns Kinder an, so dass wir immer wie auf Zehenspitzen gingen, um nur ja keinen Ausbruch hervorzurufen.

Meine Mutter sagte immer zu uns: Seid still, stört euren Vater nicht. Sonst bekommt er wieder einen Wutausbruch, und ich muss darunter leiden.

Später habe ich das Tagebuch gelesen, in dem meine Mutter ihr Eheleben von 1935 bis etwa 1950 beschrieben hat. Es ist eine Art Leidenschronik. An einer Stelle schreibt sie: Ich kann es hier kaum noch aushalten mit meinem Mann. Ich weiß nicht, wie es weitergehen soll. Aber ich muss weitermachen, meinen Kindern zuliebe.

Selbstbildnis
Rainer Maria Kohlers

Heute ist mir klar, dass auch mein Vater unter einer posttraumatischen Belastungsstörung litt. Aus dem Tagebuch seiner Mutter weiß ich, dass sein Vater ihn mit 16 aus dem Haus getrieben hatte, nach Posen, wo er eine vierjährige Ausbildung zum Lehrer machte und anschließend noch fünf Jahre arbeitete.

Dann kam der Erste Weltkrieg. Mein Vater wurde eingezogen, kam an die Front und geriet später in russische Gefangenschaft. Wahrscheinlich liegen hier die Ursachen für sein späteres Verhalten.

Sonntagnachmittags fing mein Vater oft an, uns von seinem Leben in Posen und seinen Kriegserlebnissen zu erzählen. Mein Bruder und ich haben uns dann nur angeguckt: O Gott, jetzt geht das wieder los. Wir hörten stumm zu; es war ein Monolog, voller Klagen: Hört mal, was mir alles widerfahren ist. Bis zu seinem Tod hat mein Vater nie eine Verbindung gezogen zwischen seinen Erlebnissen und seinen Wutausbrüchen.

Ich bin später Jung'scher Psychoanalytiker geworden, ich habe in meinem Leben mehr als 1200 Stunden eigene Analyse und Therapie gemacht. Da kam das Gespräch natürlich auch auf meine Kindheit.

Ich sagte zu meinem Analytiker: Ich bin während des Zweiten Weltkriegs aufgewachsen, ich habe Bombenangriffe und Evakuierung erlebt, aber Sie wissen ja: Kinder stecken solche Erlebnisse weg, sie akzeptieren das Leben so, wie es ist, und machen sich keine großen Gedanken. Daraufhin schaute er mich an, hob seinen Zeigefinger und sagte: Stopp, Rainer! Darüber müssen wir reden.

Und dann brach all das aus mir heraus, worüber ich nie zuvor gesprochen hatte. Dieser Analytiker war der Erste, der nicht akzeptiert hat, dass ich so tat, als sei es normal, was mir passiert war.

Was ich in der Analyse gelernt habe: Wie sehr meine Kindheitserlebnisse mich bis heute prägen.

Ich habe zum Beispiel einen Ordnungszwang. Ich kann es nicht ausstehen, wenn mein Zimmer unordentlich aussieht, mein Bett nicht gemacht ist, meine Schuhe nicht akkurat nebeneinanderstehen. Das hat sicher etwas mit dem Bedürfnis zu tun, jederzeit Kontrolle über mein Leben zu haben. Es mag damit zusammenhängen, dass man im Krieg diese Kontrolle nicht hatte. Wenn man abends ins Bett ging, wusste man nicht, ob das Haus am nächsten Morgen noch stehen würde, ob man den nächsten Morgen noch erleben würde.

Außerdem habe ich Angst vor der Zukunft. Ich bin jetzt 85 Jahre alt. Ich habe keine Angst vor dem Tod, aber vor dem Weg dorthin. Wer wird mir beistehen?

Ich führe auch diese Angst auf meine Kindheit zurück. Sie sitzt mir tief in den Knochen. Mir fehlt das Urvertrauen. Wenn ein Kind existenziell bedroht ist – wenn es bei einem Bombenangriff beispielsweise das Gefühl hat, allein zu sein mit seiner Angst –, dann kann das zu einem lebenslangen Schaden führen. Umso mehr, wenn es darüber hinaus noch Angst hat vor dem Vater, demjenigen also, der es eigentlich beschützen soll.

So konnte sich bei mir dieses Urvertrauen nie entwickeln. Es sollte in der Kindheit entstehen; wenn es nicht entsteht, ist es ein lebenslanges Problem. Ich hoffe, ich konnte wenigstens meinen eigenen Kindern dieses Urvertrauen vermitteln. Ich habe mich

bemüht, aber es war nicht einfach. Ich hatte ja als Vorbild nur ein negatives Vatermodell, kein positives.

Das Verhältnis zu meiner Mutter war gut. Aber sie hat es mir nicht ermöglicht, mich als Mann zu bestätigen – indem sie mich immer wieder gebeten hat, mich meinem Vater nicht zu widersetzen. Denn wenn ich das tun würde, hätte sie darunter zu leiden. Eigentlich müsste ein Junge irgendwann mal zu seinem Vater sagen können: Hör auf. Schluss. Das hat sie bei mir verhindert. Diese Schwierigkeit, meinen Mann zu stehen, hat mich zeitlebens begleitet, und es war sehr schwer, sie zu überwinden.

Mein Vater und ich haben auch später nicht mehr zueinandergefunden. Als er 71 war, bin ich nach Amerika ausgewandert. Ich habe ihn dann nur noch einmal wiedergesehen, bei einem Deutschlandbesuch. 1979 war das, er lag im Krankenhaus. Es war ein kurzes Zusammentreffen, es dauerte vielleicht eine Viertelstunde. Während dieser Viertelstunde hat er sich im Wesentlichen beklagt: über seine Behandlung, über sein Bett, über das Essen. Das war alles. Er konnte nur über seine eigenen Beschwerden sprechen. Was ich fühlte, interessierte ihn nicht.

Ich bin dann aus dem Zimmer gegangen, es gab weder einen Handschlag noch eine Umarmung, da war keine emotionale Verbindung.

Als er kurz darauf starb, war ich erleichtert. Ich brauchte mich nicht mehr mit ihm zu befassen. Aber obwohl er weg war, blieb bei mir das Bedürfnis, ihn zu verstehen. Um mich auch selbst besser verstehen zu können.

Dass ich sein Leben und sein Verhalten studierte, hat mir dabei geholfen. Es hat es mir ermöglicht, ihm zu vergeben. Er konnte nicht anders, das weiß ich heute. Man sucht sich solche traumatischen Erfahrungen nicht aus. Sie überfallen einen.

Vor etwa einem Jahr habe ich ihm einen Liebesbrief geschrieben. Ich wollte ausdrücken, dass ich verstehe, warum er so war, wie er war. Ich wollte mit der Erinnerung an ihn in Frieden leben.

Den Brief habe ich nur für mich geschrieben, er liegt jetzt bei meinen Akten. Er brachte mir Seelenruhe, es war der Versuch, eine Art Abschluss zu finden. Erledigt ist es damit nicht. Die Dinge sind nie erledigt. Alles lebt weiter.

Rainer Maria Kohler, Jahrgang 1938 (Auburndale, Massachusetts)

»Ich kann mich nicht erinnern, dass mein Vater mich je gelobt hätte«

Friedrich Wilhelm Huckenbeck weiß nicht, was sein Vater im Krieg erlebt hat, wo er überall war – und auch nicht, woher er sein geliebtes Schachspiel hatte. Heute hadert er damit, ihn nie nach seinen Kriegserlebnissen gefragt zu haben. Vielleicht, sagt er, hätte er manches dann besser verstanden.

Opa's
Schachspiel
hat den
2. Weltkrieg
überdauert (komplett)!

Dieses Schachspiel gehörte meinem Vater. Als ich sieben oder acht Jahre alt war, hat er mir damit das Schachspielen beigebracht.

Mein Verhältnis zu ihm war nie eng. Eher geschäftsmäßig. Er war eben mein Vater. Aber: Er war nicht der Papa oder Papi.

Er hat mir erzählt, dass er als Soldat in Polen war, in Russland und in Frankreich. Und dass er diese Schachfiguren den ganzen Krieg über mit sich rumgeschleppt hat.

Ich weiß nicht, wie sie in seinen Besitz kamen. Hat er sie irgendwo mitgehen lassen? Oder jemandem abgenommen? Und wie haben sie gespielt, ohne Brett? Haben sie die Schachfelder mit einem Stock in den Boden geritzt?

Mein Vater war zwei Jahre lang in der Hitlerjugend gewesen, bevor er 1939 in den Krieg ziehen musste. Er war in der Instandhaltung, so hat er es mir erzählt. Nach einer Schlacht musste er die getroffenen Panzer zurückziehen und reparieren. Ob da noch verletzte oder getötete Kameraden drin lagen, weiß ich nicht.

Bei uns in der Familie war es so wie in vielen anderen Familien auch: Mein Vater hat immer nur Dönekes erzählt aus dem Krieg, Abenteuergeschichten. Dass er dem Spieß einen Generator ausgeschaltet hat, so dass der keinen Strom mehr hatte. Dass sie sich in Russland Wodka gebrannt hätten – und den nur trinken konnten, wenn sie sich vorher nasses Brot in die Nase gestopft haben.

Was mein Vater tatsächlich im Krieg erlebt hat, weiß ich nicht. Meine Mutter erzählte mir später, dass er nachts oft Alpträume hatte. Dann erschienen ihm furchtbare Bilder, von Soldaten im

Vom Krieg gezeichnet: der Vater Wilhelm Arnold Huckenbeck. Die Bilder entstanden 1939 bzw. 1944

Schützengraben, die jemandem ein Bein absägen. Heute frage ich mich: Hat er das wirklich erlebt?

Es gibt zwei Fotos meines Vaters aus dieser Zeit. Eines zeigt ihn 1939, zu Kriegsbeginn, das andere gegen Kriegsende. Wenn man die beiden Bilder vergleicht, kann man sich ungefähr vorstellen, was er in den sechs Jahren mitgemacht hat.

Nach seinem Tod habe ich mich ans Bundesarchiv gewandt. Ich wollte wissen, wo genau er in den Kriegsjahren stationiert war, und was er dort erlebt hat. Aber ich konnte nicht viel herausfinden.

Soldbuch des Vaters

Hier, in dem Brief vom Bundesarchiv steht: Schützenersatzkompanie. Nachrichtenkorps. Fernsprechlehrkompanie. Komischerweise immer in Halle an der Saale. 42 in Halle, 43 in Halle – zu den Jahren 44 und 45 ist auch im Wehrpass nichts zu finden. Bis auf das hier: Urlaub bis 14.5.44 in Hagen in Westfalen. Und hier: 44 hatte er Diphterie, da ist er beinahe gestorben. Er hat sechs oder acht Wochen lang im Krankenhaus gelegen.

War er überhaupt an der Front? Die Einträge in seinem Soldbuch decken sich nicht mit seinen Erzählungen. Und auch nicht mit den Fotos, die er unterwegs gemacht hat. Es gibt ein Bild, da steht er in Frankreich vor einer Bäckerei. Ich habe im Internet gesucht, habe aber nicht herausgefunden, wo das gewesen sein könnte. Das ist alles rätselhaft.

Für mich stellt sich heute die Frage: Was stimmt überhaupt von dem, was mein Vater über seine Kriegszeit erzählt hat?

Er hatte sein Leben lang – wenigstens mir gegenüber – eine Art Kokon um sich herum, konnte keine Gefühle zeigen. Er erzählte zum Beispiel, dass den Vätern früher im Krankenhaus nach der Geburt das Neugeborene durch eine Scheibe gezeigt wurde. Und dass er bei meiner Geburt gesagt hat: Ihr braucht mir das Kind nicht zu zeigen, die Babys sehen sowieso alle gleich aus.

Er hat dann mit Fleiß und Ausdauer die Firma aufgebaut, die ich später von ihm übernommen habe. Nach dem Krieg hat er

sich zusätzlich einen Restbauernhof gekauft. Er wollte sich selbst versorgen können. Unabhängig sein. Diese Angst, die da in ihm drin steckte. Und während der Kubakrise 1962 fing er an, Waschpulver in großen Mengen zu kaufen. Und Schnaps. Es ging immer um Sachen. Immer um Geld. Nie um Gefühle.

Ich kann mich nicht erinnern, dass er mich je gelobt hätte. Oder gezeigt hätte, dass er stolz auf mich war. Normalerweise sind Eltern doch stolz, wenn ihre Kinder mehr können als sie selbst. Mein Vater konnte es schwer ertragen, wenn ich etwas besser konnte als er. Das habe ich nie verstanden.

Natürlich hätte ich gern ein besseres Verhältnis zu ihm gehabt, aber irgendwann habe ich mich auch abgeschottet. Heute hadere ich damit, dass ich ihm nicht mehr Fragen gestellt habe, zum Krieg, zu seinen Erlebnissen. Vielleicht hätte ich dann manches besser verstehen können. Man hat ja Fragen an den Vater, Erwartungen. Mich interessiert dabei gar nicht so sehr, ob er ein

Feigling war oder ein Held. Ich würde nur gern wissen: Wer war dieser Mann überhaupt?

So bleibt mein Vater in vielerlei Hinsicht ein Unbekannter für mich. Das hat mich lange verunsichert. Aber ich habe für mich einen Weg gefunden, damit fertig zu werden.

Im Jahr 2000 starb er, mit achtzig Jahren.

Was bleibt, sind ein Haufen Fotos und dieses Schachspiel. Und jede Menge Fragen.

Friedrich Wilhelm Huckenbeck, Jahrgang 1952 (Ennepetal)

»Eines wusste ich ganz sicher: Wenn ich einmal Kinder haben würde, dann wollte ich auf keinen Fall so werden wie mein Vater«

Darüber, was der Zweite Weltkrieg angerichtet hat, werde in deutschen Familien kaum je gesprochen, heißt es oft. Die Generation der Kriegskinder, der zwischen 1928 und 1946 Geborenen, würde nichts erzählen, die Generation der Kriegsenkel würde nicht fragen, sich für die Erlebnisse und Geschichten ihrer Eltern nicht interessieren.

Grund genug, drei Generationen für ein Gespräch über den Krieg und seine Auswirkungen zusammenzubringen: Paul Maar, Jahrgang 1937, Schriftsteller, berühmt geworden mit seinen »Sams«-Büchern, von denen im vergangenen Jahr das elfte erschienen ist. 2020 veröffentlichte er mit »Wie alles kam« den Roman seiner Kindheit.

Michael Maar, Jahrgang 1960, Schriftsteller und Literaturkritiker, der unter anderem über Thomas Mann, Marcel Proust, Vladimir Nabokov und Harry Potter geschrieben hat. Seine Stilkunde »Die Schlange im Wolfspelz«, erschienen 2020, wurde ein Bestseller.

Und Bruno Maar, Jahrgang 2000, Michaels Sohn, der in Berlin Illustration und Design studiert und die künstlerische Tradition seines Großvaters fortsetzt.

Wie hat Paul Maar als Kind den Krieg erlebt? Wie hat er später seinen Sohn erzogen? Und was hat der Enkel aus dem Kindheitsbuch seines Großvaters gelernt?

Herr Maar, Ihre Familie lebte während des Krieges in Schweinfurt. Wie haben Sie diese Zeit in Erinnerung?

Paul: Schweinfurt war eine der am meisten bombardierten deutschen Städte, weil dort drei kriegswichtige Firmen ihren Sitz hatten, die Kugellager herstellten. Die brauchte man für Fahrzeuge, Geräte und Kanonen.

Paul Maar, 1938

Ich habe damals immer angezogen geschlafen. Wenn die Sirenen ertönten, stürzte meine Mutter ins Zimmer: »Paul! Schnell raus aus dem Bett! Mäntelchen anziehen, Schuhe anziehen!«

Durch die nachtdunklen Straßen haben wir uns Richtung Brauhauskeller getastet. Auf dem Weg waren überall Bombentrichter. Deswegen sind wir am Tag immer die Strecke von unserem Haus zum Brauhauskeller abgegangen und haben innerlich notiert: Bombentrichter nach 30 Metern in der Mitte, Bombentrichter nach 60 Metern am linken Rand, so dass wir ungefähr wussten, wie wir unseren Schlängelweg finden konnten, ohne dass die Oma in den Bombentrichter gestürzt wäre.

Durften Sie etwas mitnehmen in den Keller?

Paul: Es gibt ein rotes Köfferchen, das ich immer getragen habe. Meine Großmutter war störrisch, sie hat nicht eingesehen, dass sie in den Luftschutzkeller sollte, meine Mutter musste sich deshalb um sie kümmern. Also lag es an mir, dieses Köfferchen mitzunehmen. Darin waren unsere Ausweise und alle wichtigen Dokumente. Und eine fünfseitige Liste, in der meine Mutter sämtliche Gegenstände der Wohnung notiert hatte: Vorhänge, Besteck, Tischdecken, alle Möbel. Denn wir wussten ja nie, ob unser Haus noch da sein würde, wenn wir zurückkommen.

Paul Maar als Kind

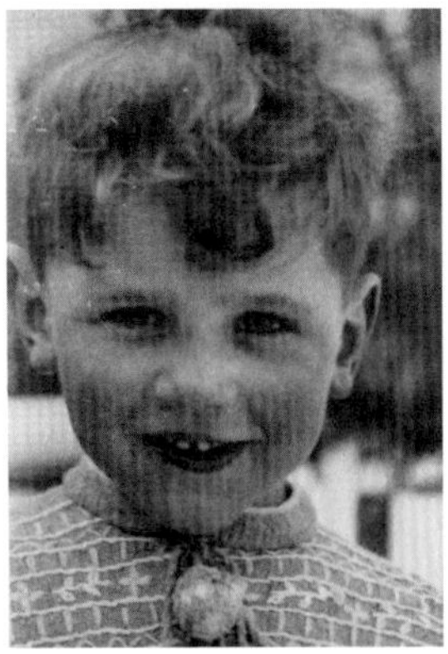

Wie war die Atmosphäre im Keller?

Paul: Es herrschte banges, gespanntes Schweigen. Ich saß zwischen meiner Großmutter und meiner Mutter, an die Wand gelehnt, zwischen den beiden Erwachsenen fühlte ich mich eigentlich ziemlich wohl. Bis zu dem Zeitpunkt, als das Licht ausfiel, weil wahrscheinlich eine Bombe die Stromleitung getroffen hatte. Meine Mutter hatte vorgesorgt und eine Kerze und Streichhölzer dabei. Als ich sah, wie sie das Streichholz anriss und den Docht der Kerze nicht fand, weil sie so zitterte, hat sich ihre Angst auf mich übertragen.

Wo war Ihr Vater?

Paul: Er war 1939 zur Marine eingezogen worden, später kam er nach Cherbourg in die Schreibstube, als Assistent des Hafenkommandanten. Er zeichnete Pläne der Hafenanlagen und markierte rot, wo Wasserminen versteckt waren.

Als die Angriffe auf Schweinfurt zunahmen, flüchtete Ihre Mutter mit Ihnen aufs Land, zu ihren Eltern.

Paul: Sie hatten eine Gastwirtschaft, unmittelbar an der Bahnlinie von Schweinfurt nach Haßfurt. Einmal habe ich erlebt, wie der Zug von Tieffliegern angegriffen wurde. Es gab etliche Tote und Verletzte. Man hat die Gaststube mit Stroh ausgeschüttet und die Verletzten reingetragen. Die lagen dann bei uns in der Gastwirtschaft, bis irgendwann ein Arzt kam.

Paul Maar mit seinem Bruder

Sie waren zehn Jahre alt, als Ihr Vater aus der Gefangenschaft heimkehrte. Acht Jahre lang war er weg gewesen.

Paul: Er kam vom Bahnhof her, ein Mann in einem abgetragenen Armeemantel. Meine Mutter sagte zu mir: »Das ist dein Papa, geh mal hin und begrüß ihn. Gib ihm einen Kuss.« Ich habe ihren Rat natürlich befolgt, aber ich habe meinen Vater nicht erkannt. Es war ein mir unbekannter Mann.

Durch seine Rückkehr änderte sich einiges. Bis dahin schlief ich bei meiner Mutter im Schlafzimmer. Sie hatte das Doppelbett auseinandergeschoben und ein Nachtschränkchen dazwischen gestellt. Abends, wenn sie von unten aus der Wirtschaft kam, wo sie bedient hat, haben wir uns oft noch lange unterhalten.

Als der Vater zurückkam, schob er das Ehebett wieder zusammen. Und ich kam in ein Kämmerchen, in dem die leeren Bierkästen deponiert waren. Ich wurde gewissermaßen ausquartiert.

Bruno: Die Vorstellung, dass der Vater jahrelang weg ist und man ihn erst mit zehn Jahren kennenlernt, ist schon gruselig. Und wenn er dann auch noch ein wenig grantig ist...

Paul: Ich war nicht erfreut über diesen Vater, der da kam. Ich habe ihn als Eindringling empfunden. Er hat aber auch nichts getan, um diese schwierige Situation zu erklären. Er war einfach da und hat das Sagen übernommen.

Das war auch für meine Mutter schwierig. Viele Frauen, deren Männer lange im Krieg gewesen sind, hatten eine gewisse Selbstständigkeit entwickelt. Sie waren nicht mehr die braven Ehefrauen, die machten, was die Männer befahlen, sondern sie hatten gelernt, die Ärmel hochzukrempeln und die Familie durchzubringen.

Und dann kommt plötzlich der Mann zurück und fordert seinen alten Platz ein.

Paul Maar mit Vater und Großvater

Ihr Vater, haben Sie geschrieben, sei völlig verändert aus dem Krieg zurückgekommen. Er hat Sie oft verprügelt.

Paul: Mein Vater hatte in Schweinfurt ein Maler- und Verputzergeschäft. Nach dem Frühstück fuhr er die einzelnen Baustellen ab. Und wenn es nicht gut gelaufen war, wenn jemand zum Beispiel die falsche Farbe verwendet hatte – dann musste man aufpassen. Ich sah's an seinem Gesichtsausdruck: Da gab es sehr schnell, schon bei Kleinigkeiten, eine Ohrfeige. Oder Prügel.

Das hat mir, nun ja, geschadet. Ich habe gelernt, die Stimmung zu lesen und mich anzupassen, sobald mein Vater das Haus betrat. Mich unsichtbar zu machen, unauffällig mit der Tapete zu verschmelzen, in irgendeiner Ecke. Ich habe Jahre gebraucht, um das wieder loszuwerden: zurückhaltend zu sein, mich nicht in Gespräche einzumischen; mich unsichtbar zu machen. Ich konnte lange nicht auf andere Menschen zugehen.

Besonders brutal war, dass mein Vater nicht nur hart zuschlug, sondern mich manchmal auch auf seine Bestrafung hat warten lassen.

Nehmen wir einen konkreten Fall: Bei mir in der Klasse gab es einen Jungen, der ein Jahr älter war als wir anderen, und deswegen auch stärker. Wir hatten denselben Heimweg. Ich trug eine Pudelmütze mit einem Bommel obendrauf, die hat er mir dann über den Kopf gezogen und hinten zugeknotet, so dass ich kaum Luft bekam.

Und dann hat er mich wie sein Pferdchen geführt, nach rechts, nach links. So ging das vielleicht vier, fünf Minuten lang. Plötzlich ließ er die Mütze los und rannte weg. Ich nahm einen Erdklumpen – »du Schwein, du Schuft!« – und warf ihn hinter dem Jungen her.

Dann erst habe ich gesehen, warum er mich losgelassen hatte: weil auf der anderen Straßenseite gerade mein Vater auf seinem Motorrad vorbeifuhr.

Ich empfand ein Gefühl der Dankbarkeit, mein Vater hatte mich gerettet. Doch dann kam er zu mir herüber und sagte: »Ich habe gesehen, dass du mit Steinen geworfen hast. Du weißt genau, was passiert, wenn du mit Steinen wirfst. Geh schon mal vor in die Waschküche und hol den Schlauch raus.«

Mein Vater hatte sich den extra angefertigt, er hatte einen alten Gartenschlauch genommen und ein Stück abgeschnitten. »Ich komm nach dem Mittagessen«, sagte er, »dann wirst du sehen, was es für Folgen hat, wenn man mit Steinen wirft.«

Es war nicht die Regel, dass er erst essen wollte. Es kam auch vor, dass er mich am Kragen packte und direkt runterschleppte in die Waschküche. Und die beiden Türen schloss, damit die Nachbarn meine Schreie nicht hörten, da legte er schon Wert drauf.

Bruno: Dass du als Kind von deinem Vater verprügelt worden bist, wusste ich nicht. Das habe ich erst aus deinem Buch erfahren.

Ich ahnte immer dunkel, dass es mit diesem Opa schwer gewesen sein muss. Aber was das genau hieß, war mir nicht klar.

Paul: Ich war so feige, dass ich, selbst wenn es nicht so ganz arg weh getan hat, besonders laut geschrien habe, weil ich hoffte, dann würde er aufhören. Ein bisschen habe ich mich dafür verachtet, weil ich in dem Moment die Verachtung meines Vaters gespürt habe, der sicherlich gedacht hat: Was habe ich da für einen Schwächling herangezogen, der so rumbrüllt, nur weil ich ihm ein bisschen den Hintern verhaue.

Hat Ihre Mutter Ihnen beigestanden?

Paul: Manchmal, wenn ich weinend aus dem Keller hochkam, hatte sie verweinte Augen, dann wusste ich: Sie hatte meine Schreie von unten gehört. Aber sie hat sich nie gegen meinen Vater aufgelehnt. Ich habe ihr manchmal, ohne dass ich das ausgesprochen hätte, übelgenommen, dass sie nie zu ihm gesagt hat: Du kannst, du darfst den Paul doch nicht so hauen!

Michael: Sie war konfliktscheu. Sie wollte Frieden halten und hat alles vermieden, was ihn zum Aufflammen hätte bringen können. Aber es wäre für sie nie in Frage gekommen, sich von ihm zu trennen, sich scheiden zu lassen. Das war jenseits ihres Horizonts. Die Vorstellung allein war undenkbar.

Paul: Vor allem war sie sehr katholisch. Es gibt ein Bibelzitat: Wer sein Kind liebt, der züchtigt es. Das hat der Pfarrer auf der Kanzel erzählt: Die Mütter seien zu weich, sie sollten härter durchgreifen.

Ich weiß nicht, ob ich das Prügeln damals überhaupt als Unrecht empfunden habe. Es war selbstverständlich, dass man geschlagen wurde.

Michael: Ich finde, du hast genau recht. Kinder haben keinen Vergleich. Die wachsen so auf, wie sie aufwachsen, und denken: Das ist halt so. Das war die Zeit.

Dabei hatten Sie anfangs ein durchaus liebevolles Verhältnis zu Ihrem Vater.

Paul: Das ist eine Erinnerung, die belegt ist durch Fotos. Es gibt Bilder, auf denen ich neben meinem Vater an einem Badesee sitze und ein sehr glückliches Gesicht mache. Ich glaube mich zu erinnern, dass wir damals, bevor er in den Krieg musste, ein tolles Verhältnis hatten.

Schriftsteller Paul Maar

Michael: Der Großvater ist als Kind von seinem Vater selbst geschlagen worden. Das hat sich eins zu eins fortgepflanzt.

Paul: Sein Vater hatte ein Maurergeschäft, mit 16 oder 17 hat mein Vater als Lehrling bei ihm angefangen. Einmal gab ihm sein Vater irgendeine Anweisung, die er nicht ausführte, weil er sie für unsinnig hielt. Da wurde sein Vater so wütend, dass er ihm einen Ziegelstein auf den Kopf geschlagen hat, so heftig, dass er ohnmächtig vom Gerüst fiel. Sein Vater hat ihn dort einfach liegen lassen, hat sich nicht weiter gekümmert. Abends ist er nach Hause gegangen, und als die Oma fragte: »Wo bleibt denn der Edmund?«, hat er geantwortet: »Na, der wird schon noch kommen.«

Mir hat er das nie erzählt, ich weiß es von meiner Schwester. Als er darüber sprach, sagte sie, habe er wie ein Kind geweint.

Hat Ihr Vater jemals erzählt, was er im Krieg erlebt hat?

Paul: Nach dem dritten Schoppen Frankenwein am Abend wurde mein Vater mitunter gesprächig, manchmal auch ein bisschen weinerlich. Einmal, erzählte er, seien sie auf einen Aussichtsturm gestiegen, der eine Glaskuppel hatte.

Auf der Treppe zog ihm plötzlich einer seiner Kameraden die Beine weg, so dass er stürzte. Mein Vater war wütend, bis er den Grund erkannte: Ein Tiefflieger nahm sie ins Visier und zerschoss die Kuppel. Der Kamerad hatte ihm das Leben gerettet.

Michael: Als Zwölf- oder Dreizehnjähriger hatte auch ich solche Gespräche mit ihm. Weißt du, ob er in Dünkirchen dabei war?

Paul: Ich weiß es nicht. Er hat später die Landung der Alliierten in der Normandie erlebt, da wurde er auch gefangen genommen.

Michael: Mir hat er damals erzählt, man hätte die englischen Truppen bei Dünkirchen vernichten können. Dass sie über den Ärmelkanal entkommen konnten, sei Verrat gewesen.

Paul: Das Wort »Verrat« kam oft bei ihm vor.

Michael: Es ging in die Richtung, dass Verräter auch füsiliert wurden. Ob er daran selbst beteiligt war, hat er nicht gesagt, aber im Nachhinein würde ich seine Andeutungen so interpretieren.

Paul: Ich auch.

Michael: Ich habe ihn nie direkt gefragt, ob er an Erschießungen beteiligt war. So waren diese Enkel-Großvater-Gespräche nicht. Man hat zugehört. Meist schaute man abends zusammen fern, und er hat »simuliert«, das ist das fränkische Wort für sinnieren. Er saß da und brütete, und dann hat er halt was erzählt, ich saß zufällig dabei. Es war eine Art von erweitertem Selbstgespräch.

Paul: Was er gern erzählt hat, sind Anekdoten aus seiner Kriegsgefangenschaft in Amerika. Zum Beispiel, dass die deutschen Kriegsgefangenen beauftragt waren, die *barracks* weiß zu streichen. Es gab dort viele Schildkröten, und sie haben die Farbe dann dazu benutzt, auf alle Schildkrötenpanzer ein Hakenkreuz zu malen. Am Schluss liefen da an die 200, 300 Schildkröten mit Hakenkreuzen durch die Gegend.

Acht Jahre Krieg und Gefangenschaft – und all das schnurrt zusammen auf eine Anekdote.

Paul: Ein Gespräch, wie wir es heute führen, war nicht denkbar. Das Vater-Sohn-Verhältnis war so schwierig, dass ich ihm von mir aus nie eine Frage hätte stellen können. Oder wollen. Ich habe ihn nie irgendetwas gefragt.

Michael: Das war nicht möglich.

Paul: Nein. Ich glaube auch, dass meine Eltern untereinander nicht über den Krieg gesprochen haben, über das, was mein Vater erlebt hat. Niemals.

Bruno: Auch Oma hat sich nie getraut mal nachzufragen, in einem guten Moment?

Paul: Nein, das glaube ich nicht. Sie wollte es auch gar nicht wissen.

Michael, wie haben Sie Ihren Großvater erlebt?

Michael: Ich habe ihn so gekannt wie mein Vater ihn beschrieben hat. Und ich habe natürlich auch deren Verhältnis mitbekommen. Wenn wir meine Großeltern in Schweinfurt besucht haben, hat sich mein Vater erst mal mit der Zeitung auf dem Klo eingeschlossen, weil er keine Lust hatte auf die Konflikte, die dort herrschten. Als Kind kriegt man das natürlich mit. Man kriegt ja als Kind sehr viel mit.

Michael Maar

Auch ich habe mit meinem Großvater gestritten. Manchmal habe ich ihm Kontra gegeben, dann haben wir uns verkracht. Er war reizbar, man musste ihn zu nehmen wissen. Wenn er abends in guter Stimmung war, dann hat er mir allerdings auch schon mal einen Zehn-Mark-Schein in die Hand gedrückt.

Bruno: Ich kann mir das alles kaum vorstellen, was mein Opa durchgemacht hat. Ich selbst bin ja sehr behütet aufgewachsen. Für mich klingt das richtig nach Vergangenheit. Das ist alles sehr weit weg für mich.

Michael: Der Großvater konnte furchtbar unerträglich sein, da wollen wir gar nicht drum herumreden. Ich habe viele Situationen erlebt, in denen ich mich für ihn geschämt habe. Er war schon auch ideologisch geprägt, bis ins Alter. »Antisemit« wäre zu viel gesagt, aber auch nur ein ganz kleines bisschen zu viel. Er hat sich davon nie frei machen können, auch die Schuld der Deutschen hat er nie anerkannt. Nicht nur die eigene, auch die generelle nicht. »Den Juden wurde kein Haar gekrümmt«, hat er dann gesagt. »Da gibt's Bücher drüber. Das hat der Pfarrer mir erst bestätigt.«

Paul, Sie haben selbst drei Kinder. Wie kann man ein guter Vater sein, wenn man kein Vorbild hat?

Paul: Eines wusste ich ganz sicher: Wenn ich einmal Kinder haben würde, dann wollte ich auf keinen Fall so werden wie mein Vater.

(zu Michael gewandt): Ich habe dir nur einmal ein Backblech auf den Kopf gehauen.

Michael: Du nimmst meine Anekdote vorweg. Es ist so, wie der Paul sagt: Es war die komplett antiautoritäre Erziehung, eine Art Gegenreaktion sozusagen. Es gab nie irgendetwas, was auch nur in Richtung einer Strafandrohung ging. Wir hatten deshalb auch nie einen klassischen Vater-Sohn-Konflikt oder eine Rebellion, es gab nie Streit. Er hat mich immer machen lassen, hat mich immer unterstützt und gefördert.

Eben deshalb habe ich mir diese eine Sache gemerkt: Als ich etwa zehn Jahre alt war, habe ich eine Brötchentüte aufgeblasen und zerplatzen lassen. Mein Vater stand gerade hinter mir und ist so erschrocken, dass er mir ein Ofenblech auf den Kopf gehauen hat. Später, als ich als Kriegsdienstverweigerer vor Gericht ein Statement abgeben musste, habe ich diese Geschichte als Beispiel angeführt, dass ich Gewalt hasse.

Paul: Ich habe mich immer als der Freund meiner Kinder verstanden. Manchmal hätte ich vielleicht ein bisschen deutlicher sagen müssen, was ich von euch verlange. Was ich will. Ich habe alles ein bisschen schleifen lassen.

Michael: Das kann ich so nicht nachvollziehen. »Schleifen lassen« ist die negative Art zu sagen: Er hat mir die Zügel gelassen. Ich habe das als angenehm empfunden, dass mir keiner reinredet. Ich könnte meine Bücher nicht schreiben, wenn er mich nicht seit meiner Jugend unterstützt hätte.

Bruno: Durch dein Buch, Opa, habe ich verstanden, dass du es als Kind ganz schön schwer hattest, dass du dich gegen deinen Vater nicht wehren konntest. Ich habe sehr großen Respekt davor, dass du selbst kein prügelnder Vater geworden bist. Du warst immer der liebste Opa.

Michael: Wir Kinder haben nicht bemerkt, dass aus seiner Vergangenheit etwas nachgewirkt hätte. Er war das Gegenteil seines eigenen Vaters.

Paul war zwar nicht so oft zu Hause, er hat studiert und musste die Familie ernähren. Aber wenn er da war, dann hat er für mich Häuschen aus Papier gebastelt, liebevoll und akkurat, sogar den Rauch aus dem Schornstein hat er mit etwas Watte nachempfunden. Solche Details vergisst man nicht.

Ich habe früh angefangen zu lesen. Eines meiner ersten Kinderbücher war »Jim Knopf«. Da meine Eltern damals nicht viel Geld hatten, mussten wir die Bücher aus der Leihbibliothek holen. Drei Bücher waren das Kontingent pro Woche, die waren immer sehr schnell weggelesen. Eines Abends saß ich da und las zum dritten Mal »Jim Knopf«. Ich ging aufs Klo, kam zurück, das Buch lag immer noch aufgeschlagen an seinem Platz. Ich las weiter, die Figuren kannte ich, aber die Handlung… Und dann begriff ich: Es war der zweite Band, von dessen Existenz ich gar nichts wusste. Mein Vater hatte ihn gekauft und in dem Moment, wo ich weg war, hingelegt. Das war für mich das größte Glück.

Bruno: Auch ich kann mich an viele wunderbare Momente mit meinem Opa erinnern.

Paul: Du warst ja oft bei mir, wir haben dann immer zusammen gemalt. Ich habe heute noch diese großen Blätter. Auf der Vorderseite ist dein Bild, und auf die Rückseite habe ich die Geschichte geschrieben, die du dazu erzählt hast.

Michael: Was man dazusagen muss: Bruno studiert Kunst. Das Talent hat sich direkt, unter Umgehung meiner Person, vom Großvater auf den Enkel fortgepflanzt.

Bruno: Die Besuche bei meinem Opa waren ganz toll für mich. Jetzt, wo ich erwachsen bin, spüre ich, dass ein bisschen Distanz da ist. Dass man ein bisschen braucht, bis die Nähe da ist.

Michael: Das stimmt. Mein körperliches Verhältnis zu meinem Sohn ist ein anderes als das meines Vaters zu mir. Da ist er schon noch gehemmt aus seiner Zeit.

Paul: Wir haben jetzt sehr die unschönen Aspekte meiner Kindheit betont. Was man gleichzeitig erzählen muss: Als ich dann Erfolg hatte, war mein Vater wahnsinnig stolz auf seinen Sohn. Mit meinem ersten Buch »Der tätowierte Hund« ging er in Schweinfurt durch die Fußgängerzone, und wenn er einen Kollegen aus dem Ruderclub traf, dann sagte er: »Ah, ich habe da zufällig das Buch von meinem Sohn unter dem Arm, er hat sogar schon einen Preis dafür bekommen. Stellen Sie sich vor: das erste Buch und schon gleich einen Preis.« Dabei weiß ich nicht mal, ob er den »Tätowierten Hund« jemals gelesen hat.

Michael: Die Momente des Stolzes haben sich dann sehr gehäuft.

Paul: Als sich der Erfolg abzeichnete, ist mein Vater öfter angesprochen worden auf den Sohn: »Ich habe das Buch Ihres Sohnes gelesen. Könnte ich, wenn er mal wieder nach Schweinfurt kommt, ein Autogramm ins Buch bekommen?« Das hat meinem Vater gezeigt, welche Wertschätzung andere Menschen mir als Autor entgegenbringen.

Dabei hatte er, als ich die 10. Klasse wiederholen musste, noch zu mir gesagt: »Aus dir wird nichts. Aus dir wird nur ein Straßenkehrer.«

Bruno: Ich finde es bewundernswert, dass mein Großvater es geschafft hat, trotz alldem ein tolles Leben zu haben, eine eigene Familie zu gründen und allen so viel Gutes mitzugeben. Wie positiv Opa immer war!

Bruno Maar

Paul: Das Schreiben und der Erfolg als Autor haben mir geholfen. Dadurch habe ich so viel Selbstbewusstsein bekommen, dass sich auch das Verhältnis zu meinem Vater verändert hat. Ich hatte das Gefühl, dass ich in mir ruhe, dass ich etwas erreicht habe. Dadurch habe ich ihm sein Verhalten nicht mehr so übelgenommen. Ich denke, solche Kinkerlitzchen aus der Kindheit hat wahrscheinlich jeder. Bei mir war es halt ein bisschen stärker.

Dazu kommt: Ich habe Erfolg gehabt mit etwas, das nur mir gehörte. Wenn ich mich darauf eingelassen hätte, in die Firma meines Vaters zu gehen, als Maler beispielsweise, dann wäre ich ein provinzieller Künstler geworden, der in Schweinfurt einen gewissen Ruf hat, weil man sagt: Der hat hier beim Kunstanbau über den Eingang noch ein hübsches kleines Schaf gemalt. Das wäre mein Schicksal gewesen, wenn ich der Linie meines Vaters gefolgt wäre. Zu einem gelungenen Leben gab es für mich nur einen Weg, der deutlich wegführte von dem, was mein Vater machte.

Je weiter Sie sich von ihm entfernten, desto besser wurde Ihr Verhältnis?

Paul: Sagen wir mal so: Ein fast inniges, gutes Verhältnis zu meinem Vater habe ich in dem Moment bekommen, als er im Alter dement wurde. Da konnte ich ihm die Arme um die Schultern legen und sagen: Setz dich mal hin, Papa, das Essen kommt gleich. Da war er wie ein Kind, und ich habe ihn auch behandelt wie ein Kind.

Michael: Aber Paul, du hast auch erzählt, dass er kurz vor seinem Tod, beim Abschied im Krankenhaus, wieder der Alte, Ruppige war.

Paul: Auch das, ja. Das ging hin und her. Dass er sich weigerte, sich von mir beim Gang zur Toilette stützen zu lassen, das war nicht Abneigung, glaube ich, das war Stolz: Du hältst mich wohl für einen uralten Mann, der nichts mehr kann.

Michael: Er wurde auf jeden Fall altersmilde.

Paul: Aber auch im Alter habe ich nie den Dialog mit ihm gesucht. Ich habe nie gesagt: »Was hast du gemacht, als ich klein war? Ich habe darunter gelitten. Tut dir das leid?«

Ich bereue bis heute, dass ich das nicht geschafft habe, dass ich es aufgeschoben habe. Und dann war er plötzlich tot.

Als er starb, habe ich geweint. Vielleicht, weil ich erst in dem Moment, als ich meine Hand auf seine Stirn gelegt und die Eiseskälte gespürt habe, begriff, was das bedeutet: Er ist tot. All die Gespräche, die man immer aufgeschoben hat, sind nun nicht mehr möglich.

Warum haben Sie vorher nie mit ihm gesprochen?

Paul: Weiß ich nicht. Kann ich nicht definieren.

Michael: Verpasste Gelegenheiten, kein dringender Anlass – und dann schiebt man so etwas vor sich her, denke ich. Und der Leidensdruck war nicht mehr hoch. Ich kann's verstehen.

Paul: Ich hätte mich gern noch mit ihm über meine Kindheit und über die Schläge unterhalten. Und ihm erzählt, dass mir das schon damals sehr weh getan hat. Und dass das unser Verhältnis vielleicht sogar ein bisschen eingetrübt hat.

Was, glauben Sie, hätte Ihr Vater dazu gesagt?

Paul: Wenn ich ihn gefragt hätte: Warum hast du mich geschlagen?, dann hätte er wahrscheinlich geantwortet: Das war halt so. Das haben alle gemacht.

Michael: Der Satz ist einerseits banal und andererseits natürlich wahr. Auf dem Land und bei den einfachen Leuten war es tatsächlich so.

Paul: Darin liegt auch ein Trost, wenn nicht nur ich, sondern auch alle anderen geschlagen wurden.

Haben Sie jemals gedacht: Es wäre besser gewesen, wenn mein Vater im Krieg geblieben wäre?

Paul: So etwas wagt man gar nicht zu denken. Genauso habe ich auch nie darüber nachgedacht, den Kontakt zu ihm abzubrechen.

Michael: Das ist eine andere Generation. Das sind Nichtdenkbarkeiten – so wie auch eine Scheidung damals nicht denkbar war.

War der Tod Ihres Vaters für Sie auch eine Befreiung?

Paul: Wie stark sein Schatten war, auch über seinen Tod hinaus, kann man an einer Geschichte ablesen, die in Moskau spielt. Ich war nach Russland eingeladen worden und sollte eine Lesung in der Puschkin-Bibliothek halten.

Morgens im Hotel hatte ich keine Lust zu duschen und wusch mich stattdessen nur am Waschbecken. Weil ich aber unbedingt den Schein wahren und artig sein wollte, öffnete ich die Duschkabine und betätigte die Brause von draußen, ohne zu duschen. Damit das Zimmermädchen die nasse Duschwanne und das angefeuchtete Handtuch sieht und nicht denkt, diese Westler duschen sich nicht und stinken alle. Ich wollte bloß keinen Fehler machen. Erst als ich beim Frühstück saß, habe ich gedacht: Was hast du da eigentlich gemacht? Hast du das nötig?

Auch später tauchte mein Vater untergründig immer wieder auf, selbst in meinen Träumen. Ich habe ihn dann, quasi als Voodoo-Maßnahme, gemalt, nach einer Fotografie. Ich dachte, damit könnte ich ihn bannen. Aus seinen hängenden Mundwinkeln habe ich ein Lächeln gemacht, indem ich sie ein kleines bisschen nach oben gebogen habe. Damit er nicht so böse schaut.

Bruno: Wann hast du das gemalt?

Paul: Vor zehn Jahren, vielleicht ist es auch länger her. Nach seinem Tod jedenfalls. Ich legte das Bild in meinen Zeichenschrank, in dem ich meine Illustrationen aufbewahre und vergaß es. Ich erinnere mich genau an den Moment, als ich die Schublade ein halbes Jahr später aufzog – und mein Vater guckte mich an.

Bruno: O Gott.

Paul: Ich warf die Schublade zu. Es war eine heftige körperliche Reaktion, nicht kopfgesteuert. Ein Instinkt.

Bruno: Was ist mit dem Porträt passiert?

Paul: Das gibt's noch.

Michael: Das gibt's natürlich noch.

Paul: Das ist noch in der Schublade.

Haben Sie Ihrem Vater verziehen?

Paul: Im Grunde genommen ja. In dem Moment, in dem ich das Buch über meine Kindheit geschrieben habe, meine Erlebnisse also verschriftlicht habe, sind sie ein Teil meines Romans geworden.

Ein schöner Gedanke: dass man Dinge von sich wegrückt, indem man sie aufschreibt.

Michael: Das ist der Ur-Impuls aller Literatur.

Bruno: Ich habe Opas Buch vor allem als biografisches Zeugnis gelesen. In erster Linie hat mich natürlich seine Kindheit interessiert. Aber es war auch interessant zu lesen, wie das Leben damals war.

Ich hatte meinen Opa nie nach seiner Kindheit gefragt. Als junger Mensch interessiert man sich schon dafür, in welcher Zeit die Eltern, die Großeltern gelebt haben, aber man fragt dann doch nicht. Deshalb habe ich mich so auf das Buch gefreut. Ich hab's an einem Tag gelesen, ich habe es in mich hineingeschlungen. Und war sehr happy darüber. Geredet haben wir allerdings auch hinterher nicht darüber.

Vielleicht, weil das Buch auch eine Art Abschluss ist. Man schreibt es auf, um nicht mehr drüber reden zu müssen.

Paul: Am glücklichsten bin ich, wenn ich an meinem Schreibtisch sitze, wenn ich zeichnen und schreiben kann.

Michael: Du hast dich ja schon früh in Phantasiewelten gerettet.

Paul: Als Kind habe ich mich auf eine Art Insel zurückgezogen. Lange Zeit war »Robinson Crusoe« meine Insel. In gewisser Hinsicht sind später die »Sams«-Bücher meine Insel geworden. Herr Taschenbier, das war ich als Kind, schüchtern und duldsam. Ein wenig steckt auch Herr Wenner in dieser Figur, ein Angestellter, den mein Vater sehr schroff behandelte. Das hat mir vor Augen geführt: Wenn ich mich nicht von meinem Vater befreie, dann ende ich wie Herr Wenner.

Paul Maar mit Sohn Michael und Enkel Bruno, Berlin 2023

Bruno: Das Sams ist phantastisch. Das ist doch der Traum eines jeden Kindes, oder? So ein Ding zu haben, das Wünsche erfüllt. Und gleichzeitig: Was für ein Loser dieser Taschenbier ist. Das muss man leider sagen.

Michael: Das Faszinierende am Sams und an seinem Erfolg ist doch, dass sich inzwischen vier Generationen darin wiederfinden. Das ist sehr selten. Immer, wenn ich irgendwo öffentlich auftrete, kommt eine Dame mittleren Alters mit großen Augen auf mich zu:

»Sind Sie der Sohn von…«

»Ja, ich bin der Sohn von…«

»Darf ich Sie umarmen?«

Paul, wie haben Sie es geschafft, Ihrem Vater gegenüber nicht bitter zu werden?

Paul: Mir hat sehr geholfen, dass ich irgendwann nach seinem Tod die Briefe gefunden habe, die er aus dem Krieg an meine Mutter geschrieben hat. Weil er sich darin als ganz liebevoller Vater zeigt.

Das geht so weit, dass er schreibt: Falls er aus dem Krieg nicht zurückkomme, solle sie den Onkel Bruno heiraten, seinen Bruder. Weil der ein guter Mensch sei. Und weil der sich um Paul, also um mich, gut kümmern würde. Wörtlich heißt es: »Mach dir aber deswegen keine unnötigen Gedanken, ich schrieb nur dieses, weil ich dich und Paul so lieb habe.«

Haben Sie eine Erklärung dafür, wie aus diesem liebenden Vater ein solcher Schreckensmann werden konnte? Am Ende Ihres Buches schreiben Sie: »Auch ich habe dazu beigetragen.«

Paul: Daran, dass er mich geschlagen hat, habe ich überhaupt keinen Anteil. Aber mein Anteil war, dass ich ihn nicht umarmt habe, als er aus der Kriegsgefangenschaft zurückkam. Dass ich nicht gesagt habe: Toll, du bist mein Papa und bist wieder hier. Sondern, dass ich grummelig war: Was will der denn jetzt hier?

Bruno: Ich würde dich da eher ein bisschen verteidigen. Wenn ich mir vorstelle: Da kommt dieser Mann, der dein Vater ist, aber du kennst ihn gar nicht. Er war jahrelang weg und hat einiges erlebt, aber man weiß nichts darüber. Ich denke, es ist nicht die Aufgabe eines Kindes, zu diesem Mann ein Verhältnis aufzubauen. Das hätte auf jeden Fall vom Vater kommen müssen. Deswegen finde ich es ein bisschen hart, wenn du dir da die Schuld gibst.

Paul: Ich wollte mir gegenüber ehrlich sein. Ich gebe mir nicht die Schuld für sein Verhalten. Aber ein bisschen hätte ich vielleicht tun können, damit sich das Ganze abgemildert hätte.

Mit welchem Gefühl denken Sie heute an Ihren Vater?

Paul: (lange Pause) Sagen wir so: Ich denke nicht mehr an ihn. Oder nur noch ganz, ganz selten. Es ist irgendwie ein abgeschlossenes Kapitel.

Das Gespräch wurde im September 2023 geführt.

»Dieses Messer trug meine Mutter immer in ihrer Rockfalte«

Die Mutter von Andrea Dickel war 16, als sie Ende des Krieges in ein dänisches Flüchtlingslager kam – eine junge Frau unter lauter Soldaten. Darüber, was sie dort erlebt hat, wollte sie mit ihrer Tochter nie sprechen.

Ich fand dieses Messer 2004 wieder, als meine Mutter gerade an Parkinson gestorben war und ich ihren Haushalt auflösen musste. In der Besteckschublade fiel es mir sofort auf, weil es nicht zu den anderen Messern passte. »Rostfrei, Solingen« ist eingraviert, es schimmert blass, ist verkerbt und wirkt wie ein gewöhnliches Buttermesser aus Aluminium. Man sieht das nicht, aber es ist so scharf, dass man damit Papier schneiden kann.

Mit diesem Messer bin ich aufgewachsen. Meine Mutter hat damit alles geschnitten, Obst, Gemüse, selbst den Fisch hat sie damit geputzt. Mein Vater hat das Messer mehrmals geschliffen, es war ihr heilig. Ich habe es als Kind nicht angerührt, es gehörte ihr. Sie sagte, es sei ihr Flüchtlingsmesser.

Meine Mutter kommt aus Scharsow in Pommern. Sie lebte dort mit ihren Eltern und sechs Geschwistern. Ihr Vater war Schlosser, die Familie war arm. Trotzdem, so hat sie es erzählt, hatte sie eine schöne Kindheit.

Andrea Dickel, 1963

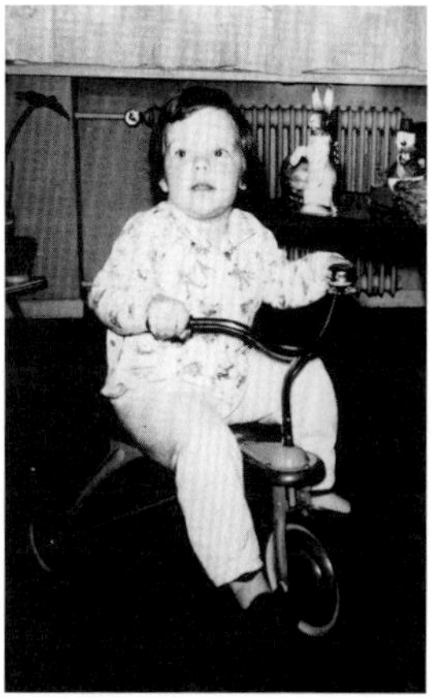

Ihr Vater und ihr ältester Bruder wurden dann eingezogen, sie kamen aus dem Krieg nicht zurück, galten als verschollen. Meine Großmutter hat noch jahrelang gehofft und immer wieder Suchaufträge über das Rote Kreuz rausgegeben.

Im Frühjahr 1945, als in Pommern die Front bereits zu hören war, flüchtete meine Mutter mit ihrer Mutter und den drei kleinen Geschwistern vor der Roten Armee. Sie mussten alles zurücklassen. Lediglich ein paar Fotos und Dokumente konnte meine Großmutter mitnehmen.

Als sie losliefen, gab sie meiner Mutter dieses Messer. Wahrscheinlich aus einer Ahnung heraus, dass sie sich würde verteidigen müssen. Meine Mutter Irmgard war damals 16.

Zu Fuß liefen sie nach Gotenhafen bei Danzig, dem heutigen Gdynia. Von dort aus gingen die letzten Schiffe nach Westen, in Sicherheit. Im Hafen muss die Hölle los gewesen sein. In dem Getümmel wurde die Familie auseinandergerissen. Meine Großmutter schaffte es mit ihrer jüngsten Tochter auf ein U-Boot, meine Mutter wurde mit ihren beiden Brüdern Helmut, 8, und Rudi, 10, aufs Lazarettschiff »Monte Rosa« gestopft, das sie nach Kopenhagen bringen sollte.

Andrea Dickel mit ihrer Mutter, Lübeck 1961

An Bord waren etwa 7000 Flüchtlinge. Wahrscheinlich hatten sie die ganze Zeit Angst, auf dem Wasser bombardiert zu werden.

Am 22. März 1945 kam die »Monte Rosa« in Kopenhagen an. Viele Menschen waren unterwegs gestorben, an Hunger, an Typhus, an sonst was. Die Zustände an Bord müssen katastrophal gewesen sein.

Meine Mutter lebte dann vier Jahre lang mit ihren beiden kleinen Brüdern in verschiedenen dänischen Flüchtlingslagern. Dänemark war 1940 von der deutschen Wehrmacht besetzt worden. Die Versorgungslage der dänischen Bevölkerung war den Krieg über ohnehin schon angespannt, und der Unmut wuchs noch, als die Deutschen anfingen, Krankenhäuser, Schulen und Privathäuser zu beschlagnahmen, um Verwundete und Flüchtlinge darin unterzubringen.

Im Mai 1945 kamen auf vier Millionen Dänen rund 250 000 deutsche Flüchtlinge, vor allem Frauen und Kinder – viele Dänen müssen das als eine zweite Besatzung empfunden haben. Der dänische Ärzteverband weigerte sich, die Flüchtlinge medizinisch zu versorgen. Rund 10 000 deutsche Kinder unter fünf Jahren starben in den Lagern, an Hunger, Darminfektionen oder Lungenentzündung.

Die Lager wurden streng bewacht, ich weiß nicht, was meine Mutter dort alles erlebt hat. Sie hat es mir nie erzählt, sie wollte darüber nicht reden. Sie hat nur gesagt, das Messer habe sie immer in der Rockfalte getragen.

Erst 1949 wurde sie mit ihren beiden Brüdern aus dem Lager entlassen. Das Rote Kreuz hatte meine Großmutter ausfindig gemacht, in Lübeck, wo sie als Flüchtling untergekommen war. Zusammen mit der kleinsten Tochter lebte sie in einem Zimmer unter dem Dach, das ihnen zugeteilt worden war. Nachdem meine Mutter und die zwei Brüder dazugekommen waren, wohnten sie jahrelang zu fünft in dem einen Zimmer.

Ende der Fünfzigerjahre heiratete meine Mutter dann meinen Vater. Ich bin ihr einziges Kind.

Meine Mutter war zeit ihres Lebens ein vorsichtiger Mensch, sie hat niemandem getraut. Unter ihrem Bett hatte sie immer einen kleinen gepackten Koffer, mit Seife, frischer Unterwäsche und Kleidung, »falls man mal ins Krankenhaus muss«, hat sie gesagt. Im Keller hatte sie große Mengen an Lebensmitteln gelagert, »falls mal was passiert«.

Meine Mutter maßregelte und kritisierte mich oft, zum Beispiel, wenn ich beim Frühstück die Leberwurst nicht ordentlich in der Pelle hinterließ, »rumpolken« nannte sie das. Alles musste immer ganz ordentlich sein, perfekt. Ich musste funktionieren, gut in der Schule sein, bloß nicht auffallen, das war ihr sehr wichtig. Sie wollte immer die Kontrolle behalten. Meine Mutter war oft krank, sie litt unter Migräne und Alpträumen, aber sie ging deswegen nicht zum Arzt – der könne eh nicht helfen.

Mein Verhältnis zu ihr war nie herzlich. Selten hat sie mich einfach mal so in den Arm genommen. Oder mir gesagt, dass sie mich lieb hat. Für mich war das natürlich schmerzhaft.

Über Gefühle hat sie nie gesprochen. »Ich kann nicht aus meiner Haut«: Diesen Satz hörte ich oft. Überhaupt wurde in unserer Familie nie offen miteinander geredet. Probleme wurden ausgeblendet. Wenn es schwierig wurde, hieß es: Da spricht man nicht drüber. Auch die Geschwister konnten später nicht viel miteinander anfangen. Selbst der Kontakt zu den beiden jüngeren Brüdern, mit denen meine Mutter auf dem Schiff und im Lager gewesen war, blieb oberflächlich. Das finde ich unglaublich traurig.

Über den Krieg sprach meine Mutter kaum mit mir. Anfangs sagte sie: »Dafür bist du noch zu klein«, später hieß es: »Sei froh, dass du das nicht erlebt hast.« Manchmal sagte sie, sie habe schon so viele Tote gesehen, das könnten wir uns gar nicht vorstellen. Sie sagte das ohne Emotionen, so, als würde sie es aus der Zeitung vorlesen.

Was meiner Mutter auf der Flucht passiert ist, weiß ich nicht. Sie hat jedes Gespräch über ihre Kriegserlebnisse abgeblockt. Ich vermute aber, dass sie Schlimmes erlebt hat. Vielleicht hätte ich sie besser verstehen können, wenn ich gewusst hätte, was sie durchgemacht hat.

Als Kind überhäufte sie mich mit ihrer Angst. Ständig hatte sie Sorge, mir könnte etwas passieren. Vielleicht wollte sie verhindern, dass mir dasselbe zustieß, was auch ihr zugestoßen war. Ihre Vorsicht hat sie auf mich übertragen. Ich war ein ängstliches Mädchen und eine ängstliche Frau. Als ich schon ausgezogen und längst erwachsen war, hatte ich immer noch die Stimme meiner Mutter im Ohr: »Dieses Kleid ist zu kurz!«, oder: »Was sollen die Nachbarn denken?«

Als ich dreizehn war, hatte ich zum ersten Mal in meinem Leben einen Freund. Ich habe seinen Namen mit Herzchen versehen auf ein Blatt Papier geschrieben und das Blatt in ein Buch gesteckt. Meine Mutter hat es gefunden. Als ich aus der Schule kam, lag der Zettel anklagend mitten auf meinem Schreibtisch. Sie hat nichts gesagt. Ich habe nichts gesagt. Auf diese Weise wurde mir ständig ein schlechtes Gewissen eingeimpft.

Ich erinnere mich, dass meine Mutter oft alte Lieder sang, während sie in der Küche arbeitete: »Maikäfer, flieg. Der Vater ist

im Krieg. Die Mutter ist im Pommerland. Pommerland ist abgebrannt.«

Sie hat ihrer Kindheit und ihrer Heimat ihr Leben lang nachgetrauert. Sie ist nie wieder dort gewesen.

Im Alter hat meine Mutter sehr geklammert. Als ich den Gedanken äußerte, von Lübeck nach Hannover ziehen zu wollen, klagte sie, das könne ich ihr nicht antun. Also blieb ich. Wegen jeder Kleinigkeit rief sie mich an. Ständig machte sie mir Vorwürfe, dass ich Dinge nicht richtig mache und mich nicht genug um sie kümmere. Da habe ich sie oft angemotzt. Heute habe ich deswegen ein schlechtes Gewissen. Ich hätte etwas liebevoller zu ihr sein müssen. Aber jetzt ist es zu spät.

Das Messer habe ich lange aufbewahrt. Es lag in meiner Besteckschublade, inzwischen befindet es sich als Ausstellungsstück in einem Museum.

Es schmerzt, das zu sagen, aber erst seit dem Tod meiner Mutter fühle ich mich wirklich befreit und erwachsen.

Andrea Dickel, Jahrgang 1960 (Bad Schwartau)

»Ich suche noch heute nach der Liebe meines Vaters. Obwohl ich ihn zutiefst verachte«

Der Journalist und Buchautor Niklas Frank ist der Sohn des NS-Verbrechers Hans Frank, der als »Generalgouverneur« von Polen an zahlreichen Kriegsverbrechen beteiligt war. Wegen seiner Ausrottungspolitik wurde er der »Schlächter von Polen« genannt und in Nürnberg zum Tode verurteilt und gehängt. Wie lebt es sich mit einem solchen Erbe?

Niklas Frank mit seinem Vater, ca. 1940

Vor etwa zehn Jahren bekam ich eine Mail von einer Dame aus Amerika. Sie stamme von jenem Lieutenant ab, der meinen Vater 1945 verhaftet hätte, schrieb sie. Ihre Tante besitze den Mantel meines Vaters. »Wollen Sie den haben?«

Ich sagte, den nehme ich, und überwies ihr die 500 Dollar, die sie dafür verlangte. Ich habe den Mantel dann in meinem Garten als Vogelscheuche aufgestellt. Er ist aus Hirschleder. Es gibt Fotos, auf denen mein Vater in diesem Mantel zu sehen ist.

Mein Vater wurde 1900 geboren und wuchs in einem, von den Menschenrechten mal abgesehen, glänzenden Kaiserreich auf. Vor dem Ersten Weltkrieg war Deutschland in fast allen Bereichen führend gewesen – und dann, nach der Niederlage – war plötzlich nichts mehr da: Gebiete abgetrennt, der Kaiser weg, jeden Tag Straßenschlachten. Dieser Verlust hinterließ bei vielen Menschen eine tiefe Wunde, auch bei meinem Vater. Da kann ich ihn verstehen, da kann ich auch mitfühlen.

Er schrieb in sein Jugendtagebuch: »Wir müssen einen starken Mann haben, der die Ehre Deutschlands wiederherstellt.« Und: »Vielleicht bin es sogar ich.«

Mein Vater liebte Hitler. Meine älteste Schwester schrieb mal in einem Brief an unsere Mutter: »Der Vati liebt Hitler mehr als die eigene Familie.« Er war Hitler wirklich verfallen. Für ihn hat er sich aufgegeben.

Hitler sprach einfach und direkt und hatte für alles Lösungen. Als die SA kam, marschierten endlich mal wieder ordentlich gekleidete Männer im Gleichschritt durch die Städte. Das hat bei den Menschen einen enormen Eindruck gemacht, das darf man nicht unterschätzen.

Niklas Frank mit seinen Eltern auf der Krakauer Wawelburg, 1942

Mein Vater wollte vor allem Karriere machen. Ihm ging es darum, oben dazuzugehören, wer zu sein. Als Generalgouverneur besaß er später 110 Uniformen. Es war ihm wichtig, Eindruck zu machen. Er war wohl immer schon ein ziemlicher Angeber gewesen. Wahrscheinlich mangelte es ihm an Selbstbewusstsein.

Als er einen neuen, gepanzerten Mercedes bekam, freute er sich wie ein Kind darüber, dass die Abblendscheinwerfer dasselbe orangefarbene Licht von sich gaben wie Hitlers Mercedes.

Ich wurde 1939 geboren und hatte bis zum Kriegsende eine luxuriöse Kindheit, mit Diener, Köchinnen und Chauffeuren. Wir lebten im Wechsel in Krakau auf der Burg Wawel und am Schliersee – im Schoberhof, einem umgebauten Bauernhof. Ich hatte ein Kindermädchen, Hilde, ein lustiges, bayerisches Mädel, das immer bei uns war, mehr als meine Mutter – die hat ihr Leben als »Königin von Polen« genossen.

Als Kind merkte ich schnell, dass ich einen mächtigen Vater hatte und mir alles erlauben konnte. Das fand ich lustig. Ich sehe mich noch mit meinem Bruder im Krakauer Dom zwischen den Gräbern polnischer Bischöfe Versteck spielen, bewacht von der SS.

Wir Kinder bekamen jede Menge Spielsachen geschenkt, die haben wir immer sofort kaputt gemacht. Ich glaube, das schlechte Gewissen der Deutschen, die genau wussten, dass sie in Polen nichts verloren hatten, hat sich auf uns Kinder übertragen. Wir spürten das und fingen auch an, alles zu zerstören.

Zu meiner Mutter hatte ich keine enge Beziehung. Wenn ich Kummer hatte, bin ich zu Hilde gegangen. Einmal sollte sie einen freien Tag haben, aber schon zwanzig Minuten später rief meine Mutter sie völlig geschafft über das Haustelefon an: »Nein, Hilde, die Kinder machen mich zu nervös, das halte ich nicht aus, ich muss hier raus.« So war das Verhältnis der Mutter zu uns: Sie hatte kein Interesse, war dauernd weg.

Erst nach dem Tod meines Vaters erfuhr ich so langsam, wie schlecht die Ehe unserer Eltern gewesen war. Mein Vater war ein Weiberheld, und auch meine Mutter hatte einige Liebschaften. Jemand sagte mal zu mir, sie hätte sich von all ihren Liebhabern mit ihrem Ehemann den absolut schwächsten Charakter ausgesucht. Sie wollte immer dominant sein.

Als 1942 die Jugendfreundin meines Vaters auftauchte, wollte er sich scheiden lassen. Meine Mutter schickte dem Hitler dann ein Foto von sich mit uns fünf Kindern und schrieb dazu: »Können Sie sich vorstellen, dass ein Mann eine so wunderbare deutsche Familie verlassen will?« Und was machte Hitler? Der kannte den Charakter meines Vaters und ließ ihm ausrichten: Er gestatte ihm die Scheidung nur, wenn er auf sein Amt als Generalgouverneur verzichte. Und Hitler hatte recht: Mein Vater wählte den Luxus und wurde zum Massenmörder.

Niklas Frank vor Schloss Kressendorf bei Krakau, 1942

Ich habe nur eine einzige innige Erinnerung an meinen Vater. Auf der Burg in Krakau bin ich einmal in sein Badezimmer gedackelt, er stand vor dem Spiegel und rasierte sich. Als er mich sah, tupfte er mir etwas von seinem Rasierschaum auf die Nasenspitze. Dass sich mir diese Szene eingebrannt hat, zeigt, wie sehr ich mich nach seiner Liebe gesehnt habe.

Die zweite Szene, die sich mir eingebrannt hat, war für mein Leben entscheidend: Ich stolpere mit ausgestreckten Ärmchen heulend um den großen runden Tisch im Warschauer Schloss Belvedere, immer hinter meinem Vater her, will in seine Arme. Doch er bleibt stets drei Schritte entfernt und sagt mit grinsendem Gesicht: »Ja, was willst du denn, du gehörst doch gar nicht zur Familie, du bist doch ein Fremdi!« Und ich war so verzweifelt. Ich wollte doch nur in seine Arme.

Als mein Vater im Januar 1945 vor der Roten Armee aus Krakau floh, kam er zu uns an den Schliersee. Alle erwarteten ihn sehnlichst. Ich aber hatte die Zurückweisung nicht vergessen, die Enttäuschung, für ihn nur ein »Fremdi« zu sein. Ich nahm seine Lesebrille von der Truhe und brach die Bügel ab, dabei blickte ich ihm ruhig in die Augen. Noch heute sehe ich sein entsetztes Gesicht über mir. Seine Watschen habe ich triumphierend akzeptiert.

Erst viel später fand ich heraus, dass mein Vater glaubte, ich sei nicht sein Sohn, sondern der seines besten Freundes. Durch so eine Zurückweisung kann man entweder zum psychischen Wrack werden – oder man baut unbewusst eine gesunde Distanz auf. Mich hat diese Distanz gerettet. Meine älteren Geschwister haben viel mehr gelitten als ich. Mein elf Jahre älterer Bruder Norman zum Beispiel sagte lebenslang: »Ich weiß, dass unser Vater ein Verbrecher ist, aber ich liebe ihn.«

Meine älteren Geschwister erzählten auch, dass bei uns zu Hause viel gelacht wurde. Mein Vater konnte sehr lustig sein. Auf der anderen Seite: Er wusste über alles Bescheid, was in den Vernichtungslagern vor sich ging. Als Generalgouverneur war er ja politisch für jedes Verbrechen in seinem »Reich« verantwortlich. Und dennoch schreibt er in seinem letzten Brief an meine Mutter, kurz vor seiner Hinrichtung: »Ich war nie ein Verbrecher. Eines Tages wird die Wahrheit herauskommen.« Er hat nichts eingesehen.

Ich habe mir alle Reden meines Vaters vom deutschen Rundfunkarchiv gekauft und angehört, zehn CDs! Es ist irre, wenn man die hört, widerlich. Ein hochgebildeter Mann – und dann so ein Scheißdreck, so eine Hetze.

Am 4. Mai 1945 wurde mein Vater von den Amerikanern am Schliersee verhaftet. Im Herbst erschienen die ersten Zeitungen mit Bildern von KZ-Opfern. Darunter waren auch Kinder meines Alters. Das waren meine ersten Schockbilder. Ich sehe sie bis heute vor mir. Wie konnte mein Vater da mitmachen?

Er wurde dann in Nürnberg als Hauptkriegsverbrecher vor Gericht gestellt. Im Sommer 1946 sagte sein Anwalt zu meiner

Mutter, die Beweise gegen ihn seien so stark, sie müsse mit dem Todesurteil rechnen. Seitdem wussten auch wir Kinder, dass unser Vater sterben würde.

Wann immer meine Mutter in der »Wochenschau« sah, dass mein Vater in Nürnberg in der ersten Reihe saß, war sie stolz. Einmal schrieb sie ihm anschließend ins Gefängnis: »Du sahst am besten aus!« Das muss man sich mal vorstellen!

Vor der Urteilsverkündung durften wir unseren Vater noch einmal sehen. Er saß hinter einer Glasscheibe. Ich wusste genau, dass dies mein letzter Besuch bei ihm ist. Doch was macht mein Vater? Er lacht mich an und sagt, bald feiern wir wieder lustig Weihnachten. Das hat mich wahnsinnig enttäuscht. Ich saß auf dem Schoß meiner Mutter und dachte: Warum lügt der? Warum sagt er nicht die Wahrheit, zum Beispiel: »Junge, ich bin schuldig, ich werde hingerichtet, ich habe es verdient.«

Wenn mein Vater zugegeben hätte, dass er schuldig war – ich glaube, ich hätte kein einziges Buch geschrieben. Es gab diese Flut an Beweisen, die ihm im Prozess vorgelegt wurden. Dass er danach weiterhin von sich selbst als unschuldig sprach, hat mich mein Leben lang beschäftigt, diese Uneinsichtigkeit hat mich empört.

Mit meiner Mutter habe ich später nie über die Vergangenheit gesprochen. Ich gehöre zu der feigen Schweig-Bub!-Generation, wie ich uns nenne: Wir wussten ganz genau, wenn du da nachfragst, kriegst du am Ende kein Abendessen.

Wir fünf Kinder fürchteten alle unsere Mutter. Unser Vater auch. Der Pater, der ihn in Nürnberg katholisch getauft hatte, erzählte mir: »Niklas, dein Vater hatte noch im Gefängnis Angst vor deiner Mutter!« Sie hatte eine unglaublich autoritäre Ausstrahlung. Aber sie hat sich auch für uns fünf nach dem Krieg total aufgearbeitet. Das rechne ich ihr hoch an. Wir waren ja plötzlich bettelarm. Mit 63 ist sie völlig ausgebrannt gestorben.

In den Fünfzigerjahren hat sie mal in einem Brief an eine Freun-

Adolf Hitler mit Hans Frank, der den Diktator glühend verehrte – und bis in die Haltung der Hände hinein kopierte

din geschrieben: »Wenn ich an früher denke – wir waren grausam.« Das ist immerhin ein ehrlicher Satz. Wenn der Vater so was hinterlassen hätte, wäre das nicht schlecht.

Ich habe später versucht, alles über meinen Vater zu erfahren. Ich wollte wissen, ob er auch irgendetwas Gutes getan hatte. Ob er wenigstens einen Moment mal menschlich war. Ich war bereit, als Sohn Gnade vor Recht ergehen zu lassen. Aber je mehr ich über ihn erfuhr, desto verhasster wurde er mir. Was bleibt, ist totale Verachtung.

Hans Frank beim Nürnberger Kriegsverbrecher-Prozess, 1946

Nur einen Augenblick gab es, Jahrzehnte später, in dem ich mich ihm eng verbunden fühlte. Für eine BBC-Doku wurde ich in einer Zelle des Nürnberger Gefängnisses interviewt, die der meines Vaters exakt glich. Als er in der Nacht zum 16. Oktober 1946 zur Hinrichtung geholt wurde, hatte er in seiner Zelle gekniet und zum Pater gesagt: »Meine Mutter hat mir jeden Morgen, bevor ich zur Schule ging, ein Kreuz auf die Stirn gemacht. Bitte, Pater, machen Sie das auch.«

Während des Interviews kniete ich mich spontan auch hin, so wie damals mein Vater – und war ihm plötzlich unendlich nah. Und voller Mitleid, das war ein kurzer, inniger Moment. Weil ich diese unendliche Sehnsucht in ihm erkannte, noch mal von vorn anzufangen – *unschuldig* von vorn anzufangen. Aber dann kam auch gleich wieder eine Mordswut in mir auf: »Warum hast du mitgemacht?«

Der Vater ist mir immer gegenwärtig. Den kriegst du nicht los. Ich bleibe ja sein Kind. Ich bin an ihn gekettet. Ich kann keinen Abschluss finden.

Unter uns fünf Geschwistern habe ich wohl den größten Panzer um mich gelegt. Weil ich eben stark verwundet bin. Das geht mir erst jetzt im Alter so langsam auf. Dass ich da was in mir verschlossen habe. Wovor mich der Panzer schützt? Vor dem Schmerz um den Verlust eines Vaters, dessen Liebe ich nie erlebt habe.

Vor Jahren habe ich mal einen Traum gehabt: Ich gehe neben meinem Vater, ich das Kind, er groß gewachsen, in diesem Ledermantel, der jetzt draußen als Vogelscheuche hängt. Ich spüre, wie sauer mein Vater ist, weil ich das Buch über ihn geschrieben habe. Als ich aufwachte, war ich wütend, dass ich so etwas träume. Denn küchenpsychologisch ist ja offensichtlich: Ich suche noch heute nach der Liebe meines Vaters. Obwohl ich ihn zutiefst verachte.

Brigitte Frank

Wann immer wir Geschwister uns trafen, haben wir nach einem kurzen »Grüß Gott« sofort über den Vater diskutiert. Wir haben uns schwerst gestritten, aber wir haben bis zum Schluss zusammengehalten. Ich glaube, ein gehängter Vater schweißt die Familie auf eine besondere Art zusammen.

Wenn ich heute aus meinem Fenster blicke und im Garten den Mantel meines Vaters sehe, dann habe ich eine diebische Freude daran, dass er nur noch eine Vogelscheuche ist. Das ist der kindliche Trotz. Ich mache ihn damit lächerlich, das ist meine Rache.

Inzwischen bin ich 84 Jahre alt. Im April 2022 ist meine Frau gestorben, nach über sechzig gemeinsamen Jahren, in denen ich ihr auch viel Leid zugefügt habe. Sie war die Einzige, die ich geliebt habe, die durch meinen Panzer durchgekommen ist.

In der Innentasche meines Sakkos trage ich einen Liebesbrief von ihr, den sie mir, schon schwer an Krebs erkrankt, geschrieben hat. Dazu Bilder unserer Tochter und unserer Enkelkinder. Seit vierzig Jahren gehört auch ein Foto dazu, das meinen gehängten Vater zeigt. Manchmal schaue ich mir das Foto an, um sicher zu sein, dass er wirklich tot ist.

Ich möchte am Schliersee beerdigt werden. Dort habe ich meine Frau kennengelernt, dort ist sie begraben. Ich habe große Sehnsucht nach dem Grab. Hannelores Liebesbrief und die Fotos werde ich in meiner Totenjacke mit mir nehmen, denn ich lass mich nicht verbrennen. Ihre Urne soll mir auf die Brust in meine

Arme gelegt werden. Das habe ich mit meiner Tochter ausgemacht. Dann sind Hannelore und ich wieder zusammen – im Nichts.

Nur das Foto meines gehängten Vaters nehme ich nicht mit. Wenn ich tot bin, bleibt er endgültig draußen.

Niklas Frank, Jahrgang 1939 (Ecklak)

»Für Schwäche hatte mein Vater wenig übrig«

Wie tief können wir Gefühle in uns verschließen? Das weiß wohl kaum jemand besser als dieser Teddy, den der Vater von Maren Hoffmann liebte, bis kaum noch etwas vom Plüsch übrig war. Siebzig Jahre lang hob er ihn auf. Seine Tochter hat ihn geerbt.

Dieter Hoffmann mit seinem Vater, ca. 1939

Das hier ist der »kalte Gekochte«, so haben wir diesen Teddy in der Familie genannt. Er gehörte meinem Vater; als kleiner Junge hatte er ihn über viele Jahre so sehr geliebt, dass das Plüschtier irgendwann auseinanderfiel. Mehrmals.

Es waren die Kriegsjahre, mein Vater Dieter war Jahrgang 1937. Es gab natürlich keinen neuen Teddy. Meine Großmutter besserte ihn immer wieder aus, nähte, stopfte und flickte. Der Plüsch nutzte sich ab, der Teddy wurde kahl, dann verlor er ein Bein und zwei Arme, schließlich auch noch seinen Leib, der war unrettbar durchgewetzt. Aber die Liebe meines kleinen Vaters ließ es nicht zu, das unansehnliche Ding zu entsorgen. Meine Großmutter nähte beherzt das verbliebene, auch schon geflickte Stummelbein an den löchrigen Kopf.

Dieter Hoffmann mit seiner Mutter

»An irgendeinem Tage warf ich wohl mit dem Teddy, bzw. was davon übrig war, in der Gegend herum, wobei er in den stets auf dem Herd stehenden Kessel mit heißem Wasser fiel«, schrieb mein Vater in seinen Erinnerungen. »Da ich ihn trotz Geschrei, weil er sehr heiß war, nicht sofort wiederhaben konnte, musste ich warten, bis er abgekühlt war. Seitdem hieß er in der Familie allgemein ›der kalte Gekochte‹.«

Der Teddy war immer dabei. »An wolkenlosen Tagen konnten wir riesige Schwärme von Flugzeugen sehen und hören, die ostwärts Richtung Berlin flogen«, schrieb mein Vater. Als Kriegskind wusste er: Flugzeuge bedeuteten Gefahr. »Einen Fall erinnere ich besonders, als nämlich zwei davon die Straße entlangflogen, stieß ich zuerst meinen Teddy und dann meinen Bruder unter die Gartenhecke und sprang selbst hinterher.«

Dieter Hoffmann als Kind

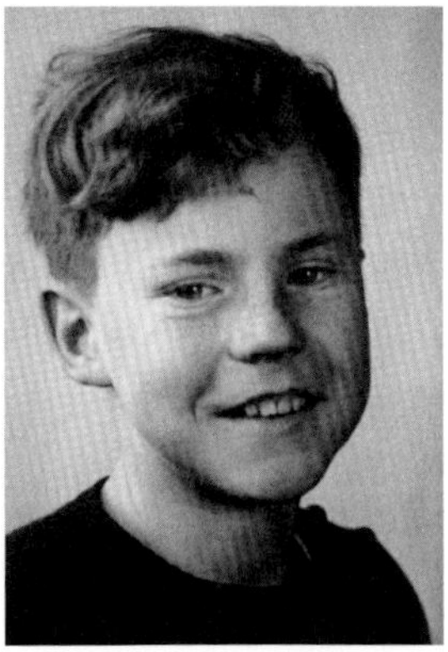

Zuerst den Teddy, dann den Bruder. Wie kindlich unschuldsvoll das war und zugleich wie ernst. Ich hatte diese Geschichte nicht gekannt, bis ich, selbst schon Anfang 30, meinen Vater bat, seine Kindheitserinnerungen aufzuschreiben – geredet hatte er darüber fast nie. Über seinen eigenen Vater schrieb er: »Er wurde bereits bei Kriegsbeginn 1939 eingezogen (ich war also erst zwei Jahre alt). Nur zwei Bilder meinen Vater betreffend tauchen aus meiner Erinnerung auf. Das eine Bild zeigt uns beide, wie er mir beibringen wollte, an einen Baum zu pinkeln, das andere, als er mit seiner Pistole nach einem Ziel an einem Baum schoss.«

Mit Gefühlen kam mein Vater nicht gut zurecht. In seiner Kindheit ging es eben immer eher nur ums allgemeine Klarkommen. Geld war nicht viel da: Mein Großvater war an der Ostfront gefallen, meine Großmutter besserte die Witwenrente und später ihr Sekretärinnengehalt mit dem Verleih von Büchern auf. Die »Leihbücherei Magdalene Hoffmann« berechnete für sieben Tage 25 Pfennig, für Bücher wie »Erblüht an einem Stamm«, einer »Erzählung für junge Mädchen«. Säumige Entleiher mussten Nachgebühr zahlen, zehn Pfennig für je drei Tage; neue Kunden mussten selbst ein Buch zum Bestand beitragen.

Dass seine Mutter nicht wieder heiratete, fand mein Vater später »zu ihrem Nachteil«. Er absolvierte nach der Realschule zwei Ausbildungen, eine kaufmännische, eine technische, und arbeitete sich hart und klug nach oben, bis er schließlich auf einer Managementposition war, auf die andere meist erst nach Abitur und Studium kamen.

Für Schwäche hatte er wenig übrig, für Unredlichkeit noch weniger. Bei Familienausflügen und Spaziergängen preschte er immer voran. Wir Kinder mussten mithalten, er nahm wenig Rücksicht auf unser Tempo.

Er wusste genau, welche Knöpfe er drücken musste, um mich zur Weißglut zu bringen (umgekehrt war es genauso): »Ich hätte lieber ein Atomkraftwerk als einen Kinderspielplatz hinterm Haus«, teilte er mir mit, als ich in den Achtzigerjahren mit einem »Atomkraft-nein-danke«-Button auf dem Träger meiner Latzhose nach Hause kam. »Das ist leiser, und es gibt weniger Unfälle.« Dann schaute er amüsiert zu, wie ich mich an seiner kalkulierten Provokation abarbeitete. Ich zahlte es ihm zurück, indem ich aus seiner Sicht fragwürdige Freunde zum Familienabendessen mitbrachte – einer lebte aus Überzeugung von Sozialhilfe und wollte keinen Job, was mein Vater verachtete. Er warf dem jungen Mann vor, dass er mit seiner Arbeit dessen laues Leben finanziere, worauf der mit den Worten »selbst schuld« in unseren Brotkorb griff.

In meinen Studienjahren, da war ich schon längst ausgezogen, stritten wir über irgendetwas mittlerweile längst Vergessenes so erbittert, dass wir monatelang keinen Kontakt hatten. Irgendwann stand er mit seiner abgewetzten Werkzeugtasche vor meiner Wohnungstür: »Ich wollte mal schauen, ob es hier was zu reparieren gibt.« Ich fiel ihm um den Hals und sagte »Ich dich auch, Papa«, aber seine Hand auf meinem Rücken hatte eher etwas Beschwichtigendes als etwas Erwiderndes. Viele Jahre später, als meine erste Ehe endete und ich in Tränen aufgelöst bei ihm saß, sagte er den bemerkenswerten Satz, so eine Trennung müsse man doch »ganz emotionslos« sehen.

Doch der Teddy strafte all das Lügen. Als mein Vater vor einigen Jahren starb, fanden meine Schwester und ich in irgendeiner Schublade den kalten Gekochten. Mein Vater hatte ihn aufbewahrt, mehr als siebzig Jahre lang, und ich nahm ihn mit. Ich brachte es nicht übers Herz, den alten, stummen Gefährten wegzuwerfen. Auch, weil in seinem geschundenen Stoffkörper so viele gespeicherte Gefühle steckten, die mein Vater später wohl nie mehr so offen gezeigt hat. Er war ein guter Mann, dem ich

Maren Hoffmann
mit ihrem Vater

vieles verdanke. Ich habe ihn geliebt. Er mich auch, das weiß ich mittlerweile, aber er hatte es nicht leicht mit sich selbst, weil er sich nichts im Leben leicht machen konnte.

Maren Hoffmann, Jahrgang 1968 (Ahrensburg)

»Ich sah, wie Menschen Tote auf Schubkarren wegtransportierten«

Helmut Scherb war zwölf, als seine Heimatstadt Freiburg durch einen Bombenangriff zerstört wurde. Den Winter danach verbrachte er im Ferienhaus der Familie im Schwarzwald. Was er bis heute nicht vergessen hat: die Kälte, Unmengen von Schnee – und, trotz des Krieges, ein Gefühl von Geborgenheit.

Diese Wärmflasche stammt noch von meinen Großeltern. Wir hatten mehrere davon. Diese ist aus Weißblech, einige waren auch aus Kupfer, aber Weißblech hielt die Wärme besser. Die Wärmflaschen lagen in unserem Ferienhaus in Falkau im Schwarzwald, am Fuße des Feldbergs. Unsere Familie musste ein halbes Jahr lang dort oben verbringen, den ganzen kalten Winter 1944/45, nach der Bombardierung Freiburgs.

Am Tag des Luftangriffs, dem 27. November 1944, ging ich nach der Schule noch in die Stadt, um Passbilder abzuholen. Um sieben kam ich heim, um zwanzig nach sieben ging der Fliegeralarm los. Wir liefen auf den Balkon. Überall am Himmel waren Christbäume zu sehen, so nannte man die Markierungen für die nachfolgenden Bomber. Alles war hell. Uns war klar, dass wir so schnell wie möglich in den Keller mussten. Und dann hat es auch schon gekracht.

Als wir nach der Entwarnung nach draußen gingen, sahen wir über Freiburg einen hellen Feuerschein. Auch in unserer Nachbarschaft waren Häuser von Brandbomben getroffen worden. Mein Bruder und ich halfen beim Löschen. Wir haben eine Kette gebildet und Wassereimer weitergereicht. Alle halfen, das war selbstverständlich.

Die Innenstadt von Freiburg war zerstört, alles lag voller Trümmer. Wir hatten Verwandte auf der anderen Seite der Bahnlinie. Meine Mutter schickte mich am nächsten Tag los, ich sollte schauen, ob ihr Haus getroffen worden war. Ich fuhr mit dem

Helmut Scherb (links) mit seinem Bruder Karlheinz, 1940

Helmut Scherb (rechts) mit Bruder und Vater, 1940

Fahrrad. Alles war kaputt. Auch ihr Haus stand nicht mehr. Ich sah, wie Menschen Tote auf Schubkarren wegtransportierten. Die ganze Straße lag voll mit Pflastersteinen, alles war aufgerissen. Überall waren Bombentrichter, zum Teil hat es noch gebrannt. Von den Verwandten haben wir nie wieder etwas gehört.

Nach dem Luftangriff wurde unser Haus für Menschen gebraucht, die ausgebombt worden waren. Meine Mutter zog dann mit mir und meinen beiden Brüdern in unser Ferienhaus nach Falkau.

Mein Vater hatte kurz zuvor einen Hirnschlag erlitten, eine Folge seiner Kriegsverletzung, im Ersten Weltkrieg hatte er einen Splitter in den Kopf bekommen. Ich habe noch das Bild vor Augen, wie er abtransportiert wurde, ins Krankenhaus. Wie er zu uns Kindern sagte: Seid lieb zu eurer Mutter. Eine Woche nach dem Hirnschlag starb er. Die Trauerfeier fand im Krematorium statt. Vorn stand der Sarg, mit Blumen geschmückt. Langsam wurde er runtergelassen, bis man ihn nicht mehr sehen konnte. Das war furchtbar. Da war ich zwölf.

Nach dem Tod meines Vaters sagte mein älterer Bruder zu meiner Mutter: Wir wollen keinen neuen Vater. Tatsächlich hatte meine Mutter nie wieder eine Beziehung zu einem Mann. Ich glaube, sie wollte es selbst auch nicht. Sie wollte sich auf ihre drei Buben konzentrieren. Wir waren ihr Ein und Alles.

In Falkau gab es in jenem Winter 1944/45 unglaublich viel Schnee. Wir gruben Höhlen und Gänge, durch die wir kriechen konnten. Wenn ich abends runter ins Tal zur Milchzentrale musste, war mir das sehr unheimlich. Rechts und links türmten sich Schneeberge, in der Mitte war ein schmaler Weg freigeschaufelt. Es war dunkel, jeder Baum schien bedrohlich, und ich hatte nur eine kleine Taschenlampe dabei.

Mein Bruder und ich mussten abwechselnd Milch holen. Man bekam immer weniger, als man wollte. Wenn ich sagte, ich hätte gern zwei Liter, dann entgegnete die Frau: Ich kann dir nur eineinhalb geben. Es war auch nur fettarme Milch, der Rahm wurde vorher mit einer Zentrifuge entnommen.

Manchmal haben wir vom Bauern unerlaubt Milch bekommen. Dann schöpften wir die Rahmschicht ab und machten daraus am Wochenende Schlagsahne mit Himbeeren, das war Luxus für uns.

Helmut Scherb (links) mit seinen Brüdern, Kriegsweihnacht 1941

Das ganze Leben in Falkau spielte sich ansonsten in der Stube ab. Im Haus gab es zum Glück einen Ofen, den wir mit Holz heizten. Die Wärmflaschen haben wir gebraucht, weil die Schlafzimmer oben im Haus nicht geheizt werden konnten. Meine Mutter füllte abends heißes Wasser ein, wir legten sie uns ins Bett, die Zimmertemperatur betrug kaum mehr als fünf Grad. Am nächsten Morgen war das Wasser immer noch lauwarm. Wir haben uns dann damit gewaschen und die Zähne geputzt.

Im Januar 1945 sagte meine Mutter zu uns Kindern: So geht es nicht weiter, dass ihr hier nur rumsitzt. Unten im Tal gibt es eine Schule, da geht ihr jetzt hin! Wir fuhren dann jeden Morgen auf Skiern den Buckel runter bis zum Schulgebäude.

In dieser Schule musste ich im Frühjahr 1945 tatsächlich noch einen Aufsatz darüber schreiben, dass der Sieg unser sei. Dass der Führer in einer Rede gesagt habe, wir würden den Krieg gewinnen. Mir war klar, dass das Quatsch war. Trotzdem habe ich diesen Aufsatz geschrieben, einfach, weil es von mir erwartet wurde.

Das Ferienhaus der Familie in Falkau, 1938

Als die Franzosen einmarschierten, waren wir gerade oben auf dem Schuppenhörnle, das ist ein Aussichtspunkt mit Blick auf den Titisee. Wir sahen, wie an der Kirche in Titisee weiße Fahnen rausgehängt wurden. Dann hörten wir auch schon die Panzer, die auf der Straße nach Bärental rollten. Im Juni 1945 kehrten wir in unser Haus nach Freiburg zurück.

Inzwischen bin ich 91 Jahre alt. Vieles habe ich bereits verschenkt. Meine Gemälde, die Möbel, das Geschirr, das Silberbesteck, meine schönen Jugendstil-Weingläser. Alles, was etwas wertvoller ist, haben meine Kinder bekommen.

Die Wärmflasche habe ich behalten, sie liegt immer noch oben in unserem Ferienhaus. Sie ist eine Erinnerung an meine Kindheit – und an diesen besonderen Winter in Falkau, wo ich mich trotz des Krieges geborgen gefühlt habe.

Helmut Scherb, Jahrgang 1932 (Badenweiler)

Erstes Kapitel
Die Sonne gehört allen
1.
Aus den Mythen der verschiedensten Rassen und Völker erfahren
wir , daß die Sonne von einer Gegenmacht entführt und gefangen
oder gar umgebracht und verschlungen wird . Aber nie ist
diese Eklipse endgültig . Die Verschwundene entgeht
den Mächten der Finsternis und erscheint wieder in strahlendem
Glanz. Der Morgen folgt der Nacht, das Licht verdrängt das
Dunkel.
Das wirkliche Drama der Sonne in der Historie schildert keine
dieser Sagen. man in Wirklichkeit kann sie nicht
versuchen Mächtige die Ausstrahlung dieser lebensspendenden

»Mein Vater sagte: Man muss ihnen die Hand reichen, man muss vergeben können«

Der Schriftsteller Peter Stephan Jungk ist der Sohn des Bestsellerautors Robert Jungk, der die Zukunftsforschung begründete – und später einer der Väter der Friedensbewegung wurde. 1933 musste er als Jude vor den Nazis aus Deutschland fliehen. Kurz nach dem Krieg kaufte er diese alte Schreibmaschine. Sie wurde ihm zum Ersatz für seine verlorene Heimat.

Robert Jungk an seiner Schreibmaschine

»Feuer flackert in meine frühsten Erinnerungen. Wo es genau brannte, habe ich auch später nie erfahren können, obwohl ich beunruhigt immer wieder danach fragte. Denn der Schreck saß tief. (...) Es waren Schatten der Angst über mein Paradies gekommen, und ich würde sie nie mehr loswerden.«

Robert Jungk, »Trotzdem. Mein Leben für die Zukunft«, 1993

Wenn ich an meinen Vater denke, erinnere ich mich vor allem an Arbeit. An sein Arbeitszimmer, in dem er jeden Tag saß und manchmal auch in der Nacht. Und an seine Schreibmaschine, die in diesem Zimmer stand.

Ich erinnere mich an das berühmte Klingeln, wenn eine Zeile beendet war. Und an das laute Geklapper der Tastatur, das habe ich bis heute im Ohr.

Auf dieser Maschine ist alles entstanden, Bestseller wie »Die Zukunft hat schon begonnen« und »Heller als tausend Sonnen«.

Mein Vater schrieb mit zehn Fingern, das hat mich ungeheuer beeindruckt. Diese Maschine war ja wie ein Traktor – dass man da so schnell schreiben konnte!

Die Schreibmaschine ist das Einzige, was ich von meinem Vater geerbt habe. Sie steht heute in der Jungk-Bibliothek in Salzburg.

»Ich habe 1946 für dieses pechschwarze, viel zu schwere Ungetüm nur eine Stange amerikanischer Zigaretten bezahlen müssen und eigentlich schon gleich nach Verlassen des Geschäftes den Kauf bedauert. Aber wir sind zusammengeblieben über alle Pannen und Reparaturen hinweg, und wenn mir wieder einmal ein Mechaniker rät, das alte Ding doch wegzuwerfen, weil man ja nicht einmal mehr Ersatzteile dafür finde, sehe ich ihn nur empört an.«

Robert Jungk, »Trotzdem. Mein Leben für die Zukunft«, 1993

Außer dieser Schreibmaschine hat mein Vater nichts aus seiner Vergangenheit aufgehoben. Es ist alles weg. Er war jemand, der wirklich nur in die Zukunft gelebt hat. Der an nichts festgehalten hat.

Mit Freundschaften war es ähnlich, da gab es fast keine. Freundschaft hat ja mit Bewahren zu tun. Der Dramatiker Peter Weiss war lange sein engster Freund, nach ihm bin ich sogar benannt worden. Aber dann, nach dem Krieg, hat mein Vater ihn kaum je wieder getroffen. Das Fehlen von Freundschaften war sehr auffällig. Manchmal habe ich das angesprochen, aber er ist nie näher darauf eingegangen. Wenn mein Vater von einer Vortragsreise nach Hause kam, sagte er sehr oft den Satz: Ich habe da im Zug jemanden kennengelernt: so interessant. Und: Wir haben ein so wichtiges Gespräch geführt, der ist ein Freund fürs Leben. Und dann hat er den nie wiedergesehen, wir haben nie wieder von ihm gehört.

Peter Stephan Jungk mit seinem Vater

Mein Vater war ein sehr charismatischer Mensch mit einer spürbaren Präsenz und einer unerhörten Neugierde auf Menschen. Er ist komplett offen auf sie zugegangen. Als er später berühmt war, haben ihn ständig Fremde im Restaurant oder Café angesprochen. Das hat meine Mutter rasend gemacht. Sie hat dann gesagt: Du kannst doch nicht mit jedem reden!

Ich glaube, diese Menschenfreundlichkeit meines Vaters kommt aus seiner Jugend; das Bedürfnis, ein guter Mensch zu sein. Vielleicht dachte er, diese extreme Offenheit allen gegenüber gehöre sich ganz einfach.

Ich habe ihm manchmal vorgeworfen, er sei *zu* offen. Er hat dann gesagt: Das muss sein. Das bin *ich*. Früher hat mich seine Art oft genervt. Heute finde ich es sehr schön, dass er so war.

Peter Stephan Jungk mit seinen Eltern

Mein Vater war immer jemand, der den Zufall regieren ließ. Alles war für ihn eine Kette von Zufällen. Gottesgeschenk ist ein bisschen hoch gegriffen, aber es geht in diese Richtung: Er lebte, als würde eine höhere Macht über ihn wachen.

Dass er Deutschland verlassen musste, hat er deswegen weniger als Zumutung empfunden, er betrachtete es vielmehr als Abenteuer. Mein Vater war ein Abenteurer, sein Leben lang.

> *»Auf das immer wiederkehrende, immer größere Unheil, das für unsere Zeitläufe charakteristisch ist, reagiere ich nicht mit Resignation, sondern mit Wut und einem unbezähmbaren Veränderungswillen. Ich kann nicht am Boden liegen bleiben, sondern muss mich immer wieder hochrappeln, in Erwartung des nächsten Ereignisses, das mich wie so viele andere abermals umwerfen wird. Aufgeben darf ich auch dann nicht. So verlockend es wäre.«*
>
> *Robert Jungk, »Trotzdem. Mein Leben für die Zukunft«, 1993*

Mein Vater war ununterbrochen auf Achse. Als ich ungefähr zehn Jahre alt war, war er für eine sechsteilige Fernsehserie unterwegs, »Europa Richtung 2000«. Viele Monate lang kam er gar nicht nach Hause. Darunter habe ich sehr gelitten. In der Zeit war ich meiner Mutter allein ausgeliefert. Von ihm kamen lediglich Postkarten von allen Orten, an denen er war.

Im Leben meines Vaters herrschte eine große Rastlosigkeit. Jahrelang lebten wir nur in wechselnden, möblierten Mietwohnungen. Ständig zogen wir um. In meinen ersten fünf Lebensjahren wohnten wir in Los Angeles, wo ich geboren bin, und in

München, Paris und London. Dass es meinen Eltern nicht wichtig war, ein Heim zu haben! Die Sehnsucht nach einem Zuhause, das Gefühl, irgendwo hinzugehören – das gab es bei ihnen nicht.

Erst 1960 lebten wir zum ersten Mal in eigenen Möbeln, in einer schönen, hellen Wohnung im sechsten Stock, in Wien – erstmals hatte ich ein eigenes Bett, das fand ich aufregend: dass das mir gehörte!

Später zogen wir nach Berlin, schließlich dann nach Salzburg, wo meine Eltern die längste Zeit ihres Lebens an einem Ort beheimatet blieben und wo sie auch begraben sind. Salzburg als »Heimat« war natürlich absurd. Denn meine Eltern stellten schnell fest: Die Stadt hatte mehr Nazis als Einwohner. Tatsächlich war Salzburg in den Siebzigerjahren noch immer eine Nazistadt. Es gab zum Beispiel eine FPÖ-nahe Zeitung, das »Salzburger Volksblatt«, das mehrfach gegen meinen Vater hetzte.

Sein Judentum hat er nie verleugnet. Andererseits: Jüdische Feiertage gab es bei uns nicht. Wir haben stattdessen Weihnachten gefeiert. Erst als ich etwa zwölf war, wollte ich wissen, was das ist, das Judentum.

Mein Vater erzählte mir dann, dass er Verwandte in der Shoah verloren hat. Sein Vater war bereits 1937 gestorben, seine Mutter kam in ein KZ, aber mein Vater konnte sie retten.

Die Schreibmaschine war für ihn sein Ein und Alles. 1961 hat er sie mir geschenkt, zu meinem neunten Geburtstag. Ich war gerührt. Natürlich habe ich die Maschine als Kind geliebt, ich habe daran herumgespielt, und wenn wir auf Reisen waren, durfte ich sie tragen. Siebeneinhalb, acht Kilo, in einem Koffer.

Ein Jahr später dann kam mein Vater zu mir und sagte: Peter, es tut mir schrecklich leid, aber ich muss das Geschenk zurückhaben.

Ohne seine Schreibmaschine war er verloren, das habe ich damals begriffen, auch wenn ich erst zehn war.

Peter Stephan Jungk mit seinen Eltern

Fortan schrieb mein Vater seine Bücher wieder auf dieser Maschine. Seine Manuskripte hat er mir nie gezeigt. Ich habe zu seinen Lebzeiten nicht eines seiner Bücher gelesen. Aber ich sehe ihn vor mir, wie er mit meiner Mutter am Esstisch saß. Jeder Satz wurde durchgegangen. Sie war recht ungebildet, hatte aber ein wahnsinnig gutes Sprachgefühl. Sie sagte dann: Das geht so nicht. Das versteht kein Mensch. Oder: Das ist kitschig. Oder auch: Das hast du vor zehn Seiten ja schon gesagt.

Obwohl mein Vater sehr viele Affären hatte, war die Mutter absolut seine bessere Hälfte. Mit der Ehefrau und dem Sohn war sein Freundschaftsbedürfnis abgedeckt. Dabei soll ein Sohn ja eigentlich nicht Freund sein. Mein Vater hat mir Dinge anvertraut, die er mir eigentlich nicht hätte anvertrauen dürfen.

Seine Schreibmaschine benutzte er bis zum Schluss. Für ihn war sie geradezu wie ein Teil seines Körpers. Ich denke heute, er brauchte physisch keine Heimat, weil er so sehr in seiner Arbeit zu Hause war. Die Schreibmaschine hatte er sozusagen als tragbare Heimat bei sich.

Mein Vater war später nie verbittert darüber, dass die Nazis ihn aus seiner Heimat vertrieben hatten. Er sagte: Das sind Leute, die eingesehen haben, was sie falsch gemacht haben. Man muss ihnen die Hand reichen. Man muss vergeben können. Mir war er viel zu versöhnlich.

Peter Stephan Jungk, Jahrgang 1952 (Paris)

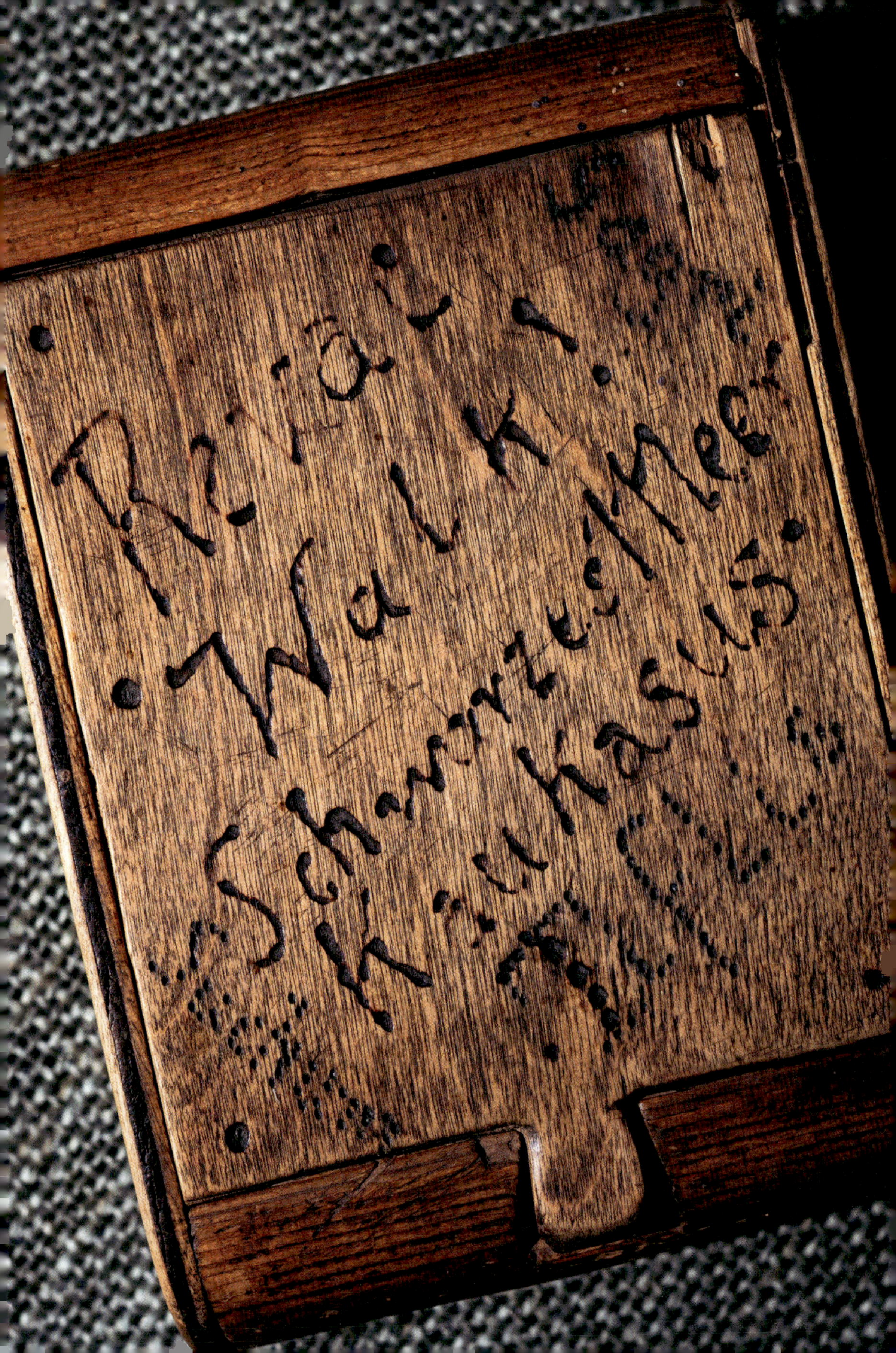
Kaukasus

»Ich kann nicht sagen, dass meine Mutter mir fehlt«

Der Großvater von Cordula Hill-Ebenau war jähzornig und trank, die Mutter war nie da, wenn ihre Tochter sie brauchte. Ein Holzkästchen hilft ihr heute, die beiden besser zu verstehen.

In den Deckel der Holzschachtel hatte der Großvater den Frontverlauf eingeritzt

Diese Holzschachtel hat mein Großvater in russischer Gefangenschaft geschnitzt, er bewahrte darin seine selbstgedrehten Zigaretten auf. In den Deckel hat er die Stationen seiner Gefangenschaft eingebrannt: Reval. Walk. Schwarzes Meer. Kaukasus. Tiflis. Sechs Worte für drei Jahre.

Cordula Hill-Ebenau mit ihren Großeltern

Mein Großvater kam aus Königsberg. Im Ersten Weltkrieg hatte er in Flandern gekämpft, da war er 17. Ihm wurde der rechte Zeigefinger weggeschossen, er kehrte mit Granatsplittern im Nacken heim. Ein großer Splitter wurde rausoperiert, die kleinen wanderten durch seinen Körper. Manchmal konnte mein Großvater einen unter der Haut ertasten. Er erzählte, wie er im Schützengraben gelegen hatte und die Gewehrkugeln über ihn hinwegpfiffen, im Dauerfeuer. Und dass sie vor Hunger sogar verreckte Pferde gegessen haben.

Im Zweiten Weltkrieg wurde er nicht mehr eingezogen, weil er schon über vierzig war. Doch gegen Kriegsende meldete er sich freiwillig. Er hatte Sorge, im Volkssturm neben all den unausgebildeten Männern nur Kanonenfutter zu sein. In der Wehrmacht, dachte er, seien die Überlebenschancen größer.

Vor Danzig, auf der Halbinsel Hela, wurde seine Einheit aufgerieben. Anfang Mai 1945, kurz vor der Kapitulation, geriet mein Großvater in russische Gefangenschaft. Später erzählte er von dieser Zeit: dass er ausgepeitscht wurde, dass er versucht hat zu fliehen, dass er nackt in einen Keller geworfen wurde, dass sie kaum etwas zu essen bekamen. Als er 1948 entlassen wurde, war er total ausgemergelt. Meine Großmutter hat ihn dann wieder aufgepäppelt.

Cordula Hill-Ebenau mit ihrer Mutter, 1961

Sie war die zweite Frau meines Großvaters. Meine leibliche Großmutter war gestorben, als meine Mutter vier Jahre alt war. Mein Großvater und seine zweite Frau haben meine Mutter dann großgezogen, und später auch mich. Weil meine Mutter unbedingt studieren wollte, in Berlin, gab sie mich zu ihren Eltern, da war ich ein halbes Jahr alt.

Dass ich meine Kindheit bei meinen Großeltern verbracht habe, hat mich geprägt. Der Krieg war dort immer gegenwärtig. Ich hörte all die Geschichten, die sich die Erwachsenen erzählten. Zum Beispiel die von Tante Paula, die in Ostpreußen gelebt hatte. Sie sei von den Russen überfallen und ans Scheunentor genagelt worden, hieß es. Das wurde bei uns zu Hause so sachlich erzählt, dass sich mir das Grauen gar nicht vermittelt hat; erst später habe ich begriffen, wie sehr solche Erlebnisse meine Großeltern verstört haben müssen.

Heiligabend war besonders schlimm. Wenn die Geschenke ausgepackt waren, saßen meine Großeltern am Tisch und fingen an zu heulen. Sie dachten an die verlorene Heimat; daran, wie schön es in Königsberg gewesen war. Dann hörten sie »Stille Nacht, heilige Nacht« und die Tränen liefen. Heulende Erwachsene, das hat mich als Kind zutiefst verunsichert.

Ich war immer froh, wenn meine Mutter Weihnachten zu Besuch kam. Es war dann so viel los, dass meine Großeltern nicht dazu kamen zu heulen, weil mein Großvater sich immer mit meiner Mutter gestritten hat. Wenn sie Widerworte gab oder nicht seiner Meinung war, bekam er regelrechte Tobsuchtsanfälle. Dann flog auch mal ein Teller durch die Gegend.

Mein Großvater war hart gegen sich – und gegen andere. Sein Leben lang blieb er ein Anhänger von Soldatentum, er verband damit ein bestimmtes Männlichkeitsbild: Tapferkeit, Stolz, Ehre. Wenn man ihn gefragt hätte, ob er vom Krieg traumatisiert worden sei, hätte er geantwortet: Ich doch nicht. Ein Mann, der steckt das alles weg.

Sowohl nach dem Ersten wie auch nach dem Zweiten Weltkrieg galt: Man musste sich zusammenreißen. Über das, was der Krieg mit einem gemacht hatte, sprach man nicht. Wer Schwäche zugab, wurde gesellschaftlich abgewertet.

Mein Großvater hatte schon nach dem Ersten Weltkrieg angefangen zu trinken. Oft wusste meine Großmutter nicht, wovon sie das Essen bezahlen sollte, weil er alles Geld für sich ausgab. Als kleines Mädchen musste ich sonntags manchmal in die Kneipe gehen und Bier für ihn holen. Wenn er getrunken hatte, konnte er gegen meine Großmutter gewalttätig werden. Dann hat er gewütet, rumgeschrien, war unberechenbar, das passierte aber auch, wenn er nüchtern war.

Er explodierte völlig grundlos. Dann fragte ich mich: Was hast du denn jetzt falsch gemacht? Egal, wie man es machte: Es war immer falsch. Wenn mein Großvater sauer auf mich war, sagte er manchmal: Benimm dich ordentlich, du bist hier nur geduldet.

Cordula Hill-Ebenau mit Mutter und Großmutter

Wenn er verbal über meine Großmutter herfiel, schloss sie schnell das Fenster, damit die Nachbarn nichts mitbekamen. Ich saß dann irgendwo in der Ecke und wollte bloß, dass es aufhört. Als Kind fand ich ihn in solchen Momenten schrecklich, er machte mir Angst. Meine Großmutter sagte nur: Er ist krank, er kann nichts dafür.

Nur wenn Besuch da war, benahm er sich vorbildlich. Er legte großen Wert auf Umgangsformen, konnte höchst zuvorkommend sein. Bildung war ihm wichtig, er wollte, dass ich Abitur und eine vernünftige Ausbildung machte. Er hatte ein großes Interesse an Politik und Geschichte, war neugierig auf alles Mögliche. Auch diese Seite gab es an ihm.

Als ich 13 war, starb mein Großvater. Ich lebte dann mit meiner Großmutter zusammen, bis ich heiratete. In all den Jahren habe ich meine Mutter, wenn sie mal da war, immer nur als Besucherin wahrgenommen.

Als sie mich weggab, hatte mein Großvater zu ihr gesagt: Solange du kein Geld verdienst und dich nicht vernünftig um dein Kind kümmern kannst, bekommst du es nicht wieder! Für meine Mutter war das kein Ansporn. Das habe ich nie verstanden. Warum hat sie sich keine Mühe gegeben? Wenn ich sie später danach fragte, sagte sie nur: Wieso, ich wusste doch, dass du es gut hast. Als ich selbst Mutter wurde, habe ich gedacht: Wie kann einem ein Studium so wichtig sein, dass man dafür auf sein Kind verzichtet?

Meine Mutter studierte erst Chemie und anschließend Geologie. Sie studierte noch immer, als ich selbst schon meine Ausbildung abgeschlossen hatte. Mit 55 war sie fertig – und arbeitslos. Später bekam sie eine ABM-Stelle in einer Bibliothek, wo sie Sachen katalogisierte.

Als Teenager fand ich cool, dass sie nicht so war wie andere Mütter. Sie war eher wie eine große Schwester für mich, erlaubte Sachen, die meine Großmutter mir nicht erlaubte. In Berlin brachte sie mir bei schwarz zu fahren, sie zeigte mir, wie man Fahrkarten fälscht.

Rational betrachtet war es wahrscheinlich gut, dass ich nicht bei ihr aufgewachsen bin. Ich hätte nicht die Wärme bekommen, die mir meine Großmutter gab. Meine Mutter hat mich nie umarmt oder mir einen Kuss gegeben. Oder mich gelobt. Oder mich gefragt, wie es mir geht.

Sie hat mich auch später immer wieder enttäuscht. Wenn ich sie brauchte, ließ sie mich hängen. Heute weiß ich, dass sie nicht böswillig gehandelt hat. Sie war einfach unfähig. Sie konnte nicht mitfühlen, war lange instabil, hat auch zwei Suizidversuche unternommen.

Lange Zeit habe ich mich gefragt, was mit meiner Mutter eigentlich los war. Ich wollte sie verstehen. War sie Autistin? Hatte

sie eine psychische Erkrankung? Ich habe später zwanzig Jahre lang in der Sozialpsychiatrie gearbeitet und viel mit traumatisierten Menschen zu tun gehabt. Dadurch weiß ich heute, dass meine Mutter traumatisiert war, so wie auch meine Großeltern.

Sie war vier, als ihre Mutter starb. Dann kam der Krieg, ihr Vater ging an die Front, ihre Heimatstadt Königsberg wurde bombardiert. Als Schülerin musste sie nach Luftangriffen aufräumen helfen, sah zerfetzte Leichen. Im Januar 1945 flüchtete sie mit ihrer Mutter aus Königsberg, in einem Viehwaggon. Und dann wuchs sie auch noch mit einem vom Krieg gezeichneten Vater auf.

Meine Mutter hat an meinem Leben nie Anteil genommen, auch später nicht. Wir haben nie zueinander gefunden. Wann immer ich vorsichtige Ansätze gemacht habe, über unser Verhältnis zu sprechen, bin ich auf pures Unverständnis gestoßen. Irgendwann habe ich aufgegeben. Ich habe akzeptiert, dass es so gelaufen ist, wie es gelaufen ist. Im Alter habe ich mich um meine Mutter gekümmert, weil es meine Pflicht war. Ich war heilfroh, als ich sie davon überzeugen konnte, ihre Wohnung aufzugeben und in ein Pflegeheim zu gehen.

Das Kästchen, das mein Großvater in Russland geschnitzt hat, steht heute in meinem Wohnzimmer. Es erzählt von dem Horror des Krieges, von all dem, was meinen Großvater zerstört und sprachlos gemacht hat. Manchmal habe ich das Gefühl, dass dieses Kästchen all die Antworten gibt, die mir mein Großvater und auch meine Mutter nicht geben konnten.

2021 starb meine Mutter, mit 91 Jahren. Ich kann nicht sagen, dass sie mir fehlt. Sie war ja sowieso nie da.

Cordula Hill-Ebenau, Jahrgang 1958 (Petershagen)

»Meine Großmutter sagte, das schaffen wir noch«

Ein Paar Handschuhe aus kratziger Jute erinnern Dirk Langner bis heute an eine Kindheit in Luftschutzkellern und an Schlittschuhlaufen auf Bombentrichtern. Er verbindet damit ein Gefühl von Freiheit und Abenteuer. Kann es sein, dass er den Schrecken verdrängt hat?

Dirk Langner mit seinen Jutehandschuhen, Hamburg 1947

Dieses Foto zeigt mich im Januar 1947, da bin ich acht Jahre alt. Mein Vater hatte kurz zuvor irgendwo einen ganzen Sack Zucker ergattern können, er war aus Jute. Meine Mutter ribbelte ihn dann auf und strickte mir daraus die Handschuhe, die ich auf dem Foto trage. Sie waren furchtbar kratzig. Bis heute erinnern sie mich an meine Kindheit.

Ich war knapp vier Jahre alt, als im Juli 1943 der schlimme Angriff auf Hamburg erfolgte, die »Operation Gomorrha«. In mehreren Wellen bombardierten teilweise mehr als 700 Flugzeuge der amerikanischen und britischen Air Force vor allem die Arbeiterstadtteile.

Die Angreifer warfen zuerst Sprengbomben auf die Häuser, um die Dächer zu öffnen. Dann fielen Brandbomben, damit sich alles entzündete. Es entwickelte sich eine unglaubliche Hitze, selbst der Asphalt fing an zu brennen. Menschen, die weglaufen wollten, blieben kleben und wurden vom Sog ins Feuer gerissen. Der Feuersturm soll Orkanstärke erreicht haben.

Am Morgen nach dem ersten Angriff sind meine Eltern mit mir zu meinen Großeltern nach Wandsbek geflüchtet. Mein Vater war Kaufmann, er arbeitete beim Vorläufer der Esso. Weil er dort für die Rohstoffversorgung zuständig war, galt er als unabkömmlich und wurde nicht zum Kriegsdienst eingezogen.

Ich erinnere mich an brennende Häuserschluchten und an Feuer, die noch überall loderten. Es war eigentlich strahlender Sonnenschein, aber man sah davon fast nichts, weil die Luft voller Asche war, die herabrieselte. Diese Flucht war unser Glück. In einer der folgenden Angriffswellen wurde die ganze Gegend um den Billwerder Steindamm, wo wir wohnten, zerbombt. Von den Bewohnern hat niemand überlebt. Wer im Keller saß und nicht vom Schutt begraben wurde, erstickte.

Meine Eltern haben nur einen kleinen Koffer mitgenommen, mit ein paar Dokumenten und dem Silberbesteck. Das war alles, was uns geblieben war.

Die Zerstörung war unglaublich. Ganze Straßenzüge fehlten, alles war kaputt und ausgebrannt. Ein erschütternder Anblick. Die Häuser wurden nach Toten durchsucht und anschließend markiert, damit nachfolgende Helfer wussten, dass hier schon gesucht worden war. Noch Jahre später, wenn wir mit der S-Bahn in die Innenstadt fuhren, war dort eine Trümmerwüste zu sehen, soweit das Auge reichte.

Meiner Erinnerung nach war ich als kleiner Junge fast jede Nacht im Luftschutzkeller. Vor Angriffen gab es verschiedene Warnsignale, je nachdem, wie nah die Bomber schon über Hamburg waren. Sobald die Sirenen ertönten, war es meine Aufgabe, die »Goebbelsschnauze«, so nannte man den Volksempfänger, zu packen und mit in den Keller zu nehmen. Das Radio war wichtig, weil wir so die Durchsagen verfolgen konnten. Der Sprecher, der die Menschen über die Angriffe informierte, hieß im Volksmund »Baldrian«, weil er so eine beruhigende Stimme hatte.

In unserem Keller gab es einen Luftschutzraum, in dem sich das ganze Haus versammelte. An den Wänden standen Bänke, auf denen wir saßen, viele noch im Bademantel. Es gab zwei massive Stahltüren, die mit Hebeln geschlossen wurden. Wenn in der Nähe eine Bombe einschlug, vibrierten die Türen heftig. Das war sehr beängstigend.

Im Keller war ich das einzige Kind. Die Erwachsenen bemühten sich, mich zu beschäftigen, wohl auch zur eigenen Ablenkung. Bombenalarme und Luftangriffe wurden für mich bald Alltag. Einmal war ich mit meiner Großmutter unterwegs, als die Sirenen losgingen. Wir waren noch einige hundert Meter von unserem Haus entfernt. Meine Großmutter sagte, das schaffen wir noch, aber da brummten die Flugzeuge bereits am Himmel. Ich erinnere mich an einen herrlichen Sonnentag, niemand war auf der Straße. Es war total still – man hörte nur dieses Brummen. Wir haben zugesehen, dass wir in unseren Keller kamen. Es gab damals an allen Häusern Markierungen, die anzeigten, wo der nächste Schutzraum war.

Britischer Bomber über Hamburg

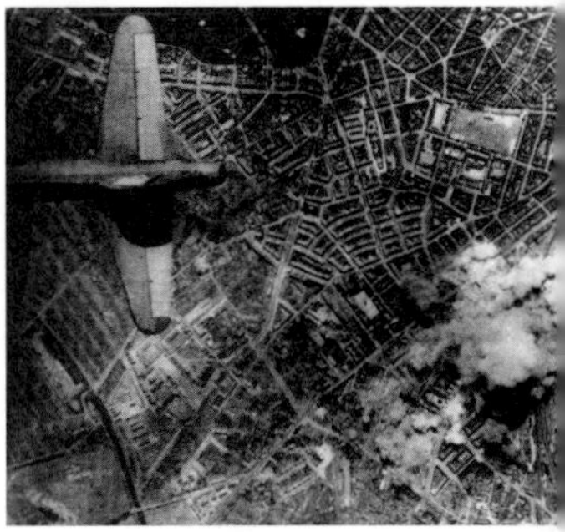

Nachdem der Angriff vorüber war, gingen wir hinauf in den Garten. Irgendwann kam der Aufklärer der feindlichen Luftwaffe, wir hörten dann ein sonores Summen und sahen eine Propellermaschine, die in großer Höhe flog und schaute, was bei dem Angriff zerstört worden war. Man wusste: Der Aufklärer ist ungefährlich, die Gefahr ist vorüber. Erst mal ist Ruhe.

Ende April 1945 standen die Briten kurz vor Hamburg. Am 3. Mai kapitulierte die Stadt kampflos.

Nach dem Krieg gab es wenig. Aber ich habe das nicht als Mangel empfunden, ich kannte es ja nicht anders. Meine Mutter hatte Schneiderin gelernt, so konnte sie uns aus alten Sachen Kleidung nähen, da war sie sehr erfinderisch. Nicht nur die Handschuhe, die ich auf dem Foto trage, auch den Mantel hatte sie selbst geschneidert, aus einer alten Wolldecke.

Zweimal bekam mein Vater über seine Firma ein Carepaket zugeteilt. Das mussten wir in der Stadt abholen. Es lag unglaublich viel Schnee, also nahmen wir den Schlitten und zogen das Paket darauf nach Hause. Darin waren alle möglichen Konserven, Dosen mit Corned Beef, Milchpulver und Kekse. Das war für uns wie eine Wundertüte.

In der Nachkriegszeit gab es kaum Spielzeug; wir hatten Stöcke, mit denen wir spielten. Für uns Kinder war es trotzdem eine tolle Zeit. Ich war immer draußen, immer unterwegs mit vielen Kindern, Mädchen und Jungs. Die ganze Gegend gehörte uns. Es gab kaum Autos auf den Straßen, die uns beim Spielen störten. Wir

rannten kreuz und quer durch die Häuserruinen, Trümmerlaufen über kippelnde Steine, das machte Spaß. Überall lagen noch Granatsplitter und in der Pflasterung steckten sechskantige Stabbrandbomben, die nicht losgegangen waren. Das alles haben wir gesammelt und getauscht.

Wir spielten »Räuber und Gendarm« oder »Um den Block«, wie wir es nannten, im Winter haben wir auf einem vollgelaufenen Bombentrichter Schlittschuhlaufen gelernt.

Bis zuletzt hatten die Menschen befürchtet, dass die Russen es womöglich bis Hamburg schaffen würden. Das war für alle eine schreckliche Vorstellung. In den letzten Kriegsmonaten waren deshalb durch die Gärten hindurch Schützengräben ausgehoben worden, um die Stadt im Notfall gegen die Russen verteidigen zu können.

Für uns Kinder waren diese Gräben eine tolle Sache. Wir konnten geduckt hindurchlaufen, auch durch Gärten von Leuten, die uns sonst immer angeschnauzt hatten.

Oft haben wir Fußball gespielt, zehn gegen zehn – so lange, bis wirklich der Letzte keine Lust mehr hatte. Und dann fiel uns wieder etwas Neues ein. Alle gehörten selbstverständlich dazu, es wurden keine Unterschiede gemacht, egal, ob jemand wohlhabende oder arme Eltern hatte. Auf der Straße waren alle gleich. Auch die Mädchen machten alles mit. Wir spielten, bis es dunkel wurde oder wir abends zum Essen reinmussten. Ich verbinde mit meiner Kindheit ein Gefühl von Freiheit und Abenteuer.

Die Handschuhe habe ich aufgehoben. So was schmeißt man doch nicht weg. Sie liegen in meiner Kommode.

Ich hatte trotz des Krieges eine glückliche Kindheit, das würde ich so sagen. Aber vielleicht erinnere ich das auch falsch. Vielleicht ist es so, dass man sich im Alter immer nur an das Positive erinnert – und alles andere verdrängt.

Dirk Langner, Jahrgang 1939 (Wiehl)

»Ich habe jahrelang auf meinen Vater gewartet«

Renate Bienzeisler war vier, als sie mit ihrer Familie vor der nahenden Front aus Schlesien fliehen musste. Unterwegs bekam sie einen Teddy geschenkt, er wurde ihr Gefährte auf dem Weg nach Westen. Gemeinsam hörten sie Bomben fallen, verbrachten Nächte in Scheunen und sahen tote Pferde am Straßenrand liegen. Heute lebt sie in Düsseldorf – und der Teddy ist immer noch bei ihr.

Dieser Teddy ist ungefähr so alt wie ich. Er sitzt heute hier bei mir im Haus, auf dem alten Kinderbett meines Enkels. Der Teddy hat mich mein Leben lang begleitet, er ist, wenn man so will, mein ältester Freund.

Renate Bienzeisler in Bunzlau/Schlesien, 1944

1941 wurde ich in Frankfurt an der Oder geboren. Mein Vater war Beamter bei der Bahn. 1943 wurde er zum Kriegsdienst eingezogen. Als unser Haus kurz darauf zerbombt wurde, zog meine Mutter mit mir zu ihrer Familie nach Bunzlau in Schlesien.

Bald rückte auch hier die Front näher. Der Himmel wurde rot und man hörte schon den Kanonendonner. Anfang Februar 1945 rafften wir ein paar Habseligkeiten zusammen und reihten uns ein in den großen Treck Richtung Westen. Das Bild, das ich erinnere: Hunderte Menschen in einer endlosen Schlange.

Es herrschte eisige Kälte. Wir hatten fast nichts zu essen und kaum warme Kleidung. Jede Nacht mussten wir uns eine neue Unterkunft suchen, das war nicht einfach. In den meisten Dörfern hingen Schilder mit der Aufschrift: »Flüchtlinge werden nicht aufgenommen« oder »Bei uns ist Typhus«. Niemand wollte Flüchtlinge in seiner Wohnung haben.

Einmal kamen wir bei einer wohlhabenden Familie unter. Die Tochter besaß viele Spielsachen, darunter eine spitzenbekleidete Puppe und einen großen, langhaarigen Teddy, der brummen konnte. Der gefiel mir besonders gut.

Am nächsten Tag musste auch diese Familie flüchten, und das Mädchen sollte sich für ein Spielzeug entscheiden: die Puppe oder den Teddy. Sie wollte ihre Puppe mitnehmen. Mir wurde der Teddy in die Hand gedrückt. Ich war überglücklich. Er war das schönste Geschenk meines Lebens.

Aber die Erwachsenen und auch meine Mutter waren gegen den Teddy. Er sei viel zu groß. Wo sollten wir den noch unterbringen? Da ich aber so jämmerlich weinte, bekamen sie irgendwann Mitleid. Ich durfte ihn mitnehmen, musste ihn aber selbst tragen. Mit einer Schnur wurden dem Teddy Arme und Beine zusammengebunden, so konnte ich ihn als Rucksack transportieren.

Renate Bienzeisler mit ihrem Dackel Droll in Sondershausen/Thüringen

Von da an war er immer an meiner Seite. Wir hörten Sirenen heulen und Bomben fallen, rannten in Luftschutzkeller und sahen tote Pferde am Straßenrand liegen.

Die Nächte verbrachten wir in Scheunen, Waschküchen oder anderen Notunterkünften. Wenn russische Soldaten kamen, auf der Suche nach Frauen, versteckten sich meine Mutter und meine Tante hinter Kaninchenställen oder unter dem Heu. Meine Oma blieb bei uns Kindern und erzählte den Soldaten, unsere Mütter seien tot.

Einmal haben sie meine Tante trotzdem gefunden. Die Rotarmisten zerrten sie in den Wald. Mit zerrissener Kleidung und blutverschmiert kam sie zurück.

Meine Mutter wurde zunehmend lebensmüde. Einmal mussten wir in einer völlig verkommenen Wohnung übernachten. Die Betten stanken fürchterlich nach Urin. In der Küche stand ein Gasherd. Meine Mutter wollte den Hahn aufdrehen und uns alle umbringen. Die anderen konnten sie mit Mühe davon abhalten.

Nach dem Krieg landeten meine Mutter und ich wieder in Frankfurt an der Oder. Uns wurde ein Zimmer bei einer älteren Dame zugeteilt. Wir besaßen nichts – nur meinen Teddy hatte ich noch.

Es herrschte Hungersnot. Einmal schickte meine Mutter mich mit den Lebensmittelmarken los, um Milch zu holen. Im Laden muss mir dann jemand die Marken, die für einen ganzen Monat reichen sollten, geklaut haben. Als ich ohne Marken und ohne Milch nach Hause kam, hat mich meine Mutter zum ersten (und zum letzten) Mal verhauen.

Am Ufer der Oder gab es einen Militärumschlagplatz. Jeden Tag lief meine Mutter mit mir dorthin und suchte unter den vielen Soldaten nach meinem Vater.

1944 hatte sie einen letzten Brief von ihm bekommen, aus der Ukraine. Seitdem galt er als vermisst. Ich habe jahrelang auf ihn gewartet.

1947 ließ meine Mutter ihn schließlich für tot erklären. Sie heiratete erneut, ich bekam einen Stiefvater. Er war bildungsbewusst und sorgte dafür, dass ich einen guten Schulabschluss machte. Aber er war auch streng katholisch. Ihm fehlte das Gefühl für mich als kleines Mädchen. Kinder wurden nicht geliebt, sie wurden erzogen.

Als ich sieben Jahre alt war, fragte man mich, ob ich meinen Namen behalten möchte – Miethmann, den Namen meines Vaters – oder ob mich mein neuer Vater adoptieren solle, dann bekäme ich seinen Namen.

Ich heiße Miethmann, sagte ich. Und ich bleibe Miethmann. Ich hoffte immer noch, dass mein leiblicher Vater zurückkäme. Anfang der Fünfzigerjahre hörte ich im Radio, dass es Bundeskanzler Adenauer gelungen war, eine große Anzahl Kriegsgefangener aus Russland nach Deutschland heimzuholen. Jeden Tag wurden ihre Namen im Radio verlesen. Ich schrieb mit, ganze Seiten voll. Ich dachte: Irgendwann kommt der Name Miethmann, irgendwann muss der Name meines Vaters kommen! Er kam nicht.

Ich denke schon, dass unsere Generation Schäden davongetragen hat. In meiner Schulklasse gab es einige Kinder mit psychischen Störungen. Ein Mädchen hat einfach nicht mehr gesprochen.

1958 mussten wir zum zweiten Mal flüchten, diesmal aus der DDR. Mein Stiefvater war aus politischen Gründen fristlos entlassen worden. Die Stasi war hinter ihm her. Ich war 17, hatte einen guten Ausbildungsplatz als Laborantin und viele Freundinnen und Freunde. Die Entscheidung zur Flucht war für mich eine Katastrophe. Ich habe damals viel geweint. Bei Nacht und Nebel verließen wir unser Zuhause und flüchteten nach Westberlin. Ein weiteres Mal mussten wir alles zurücklassen. Diesmal auch den Teddy.

Im Westen fingen wir wieder bei null an, ohne Besitz und ohne Geld. Tagsüber arbeitete ich als Laufmädchen für einen Architekten, abends ging ich zur Handelsschule.

Nach unserer Flucht aus der DDR hatte der Staat unsere Wohnung beschlagnahmt. Zum Glück konnte meine Tante vorher einige wichtige Dinge retten: Papiere, Fotos – und meinen Teddy.

Jahre später erhielt ich kurz vor Weihnachten ein Paket aus Thüringen, von ebendieser Tante. Ich dachte: Da ist bestimmt Stollen drin. Ich öffnete es, zum Vorschein kam mein Teddy. An seinem Arm hing ein Zettel: »Ich gehöre zu dir.«

Renate Bienzeisler, Jahrgang 1941 (Düsseldorf)

»Und dann kommt alles wieder hoch, dann gerate ich in Panik«

Gerhart Baum ist seit beinahe siebzig Jahren in der FDP, unter Helmut Schmidt war er Bundesinnenminister. Verantwortung zu übernehmen, lernte er schon als Zwölfjähriger – eine Zeichnung erinnert ihn an jene Monate, als er über Nacht erwachsen werden musste.

Unser Haus
Sonnenfeldweg 99

Meine Kindheit endete am 14. Februar 1945, mit dem Angriff auf meine Heimatstadt Dresden. An jenem Tag bin ich noch in die Schule gegangen, am Nachmittag habe ich meine Hausaufgaben gemacht. Ich freute mich auf Fasching, mein Kostüm hatte ich schon bereitgelegt.

Und dann saßen wir nachts verängstigt im Luftschutzkeller. Die Balken, die ihn stützen sollten, wankten – das Haus über uns stand in hellen Flammen. Innerhalb von Stunden war mein unbeschwertes Leben weg. Schockhaft.

Den Feuersturm in Dresden hat kein normaler Luftschutzkeller ausgehalten. Durch den Brand wurde der gesamte Sauerstoff verbraucht, viele Menschen sind in den Kellern erstickt. Die Mauern der Ruinen waren danach noch tagelang heiß.

Gerhart Baum (rechts) mit Geschwistern und seinem Vater Werner Baum während eines Fronturlaubs, Dresden 1943

Meine Mutter beschloss, die Stadt mit uns drei Kindern zu verlassen. Unser Haus war zerstört. Außerdem wusste sie, dass die Russen anrückten, da wollte sie einfach weg. Die Stadt bot keine Zuflucht mehr.

Meine Großmutter wollte nicht mit. Ihr Haus war heil geblieben, sie war in Dresden verwurzelt und etabliert.

Ich war damals zwölf Jahre alt. Ich weiß nicht, ob mir der Abschied schwerfiel, darüber habe ich nicht nachgedacht. Alles passierte so plötzlich, ich begriff gar nicht, was das bedeutete. Wie sehr es mein Leben verändern würde. Alles war seltsam unwirklich; manchmal hatte ich das Gefühl, das Ganze sei nur ein Schauspiel. Ich hatte noch nie zuvor einen Toten gesehen. Und plötzlich sah ich hunderte, tausende. Diese Eindrücke konnte ich als Kind gar nicht verarbeiten.

Wir hatten Mühe, aus Dresden rauszukommen. Überall waren Flüchtlingstrecks, die von Osten kamen, fast alle Verkehrsmittel waren zerstört. Irgendwie schaffte es meine Mutter trotzdem, mit mir und meinen sechsjährigen Zwillingsgeschwistern einen Platz auf einem Zug Richtung Süden zu ergattern. Während der Fahrt gab es einen Tieffliegerangriff. Alle stürzten ins Freie, unter einer Bahnunterführung haben wir uns in Sicherheit gebracht. Noch heute erschreckt mich jedes Feuerwerk. Dann kommt alles wieder hoch, dann gerate ich in Panik.

Gerhart Baum mit seinen Zwillingsgeschwistern Ursula und Peter, 1946

Über München gelangten wir an den Tegernsee. Eine Idylle: Alles war ruhig, alles blühte schon, nichts war zerstört. Man sah allerdings viele Kriegsversehrte, Männer mit Kopfverbänden oder lediglich einem Bein. Alle Hotels waren in Lazarette umgewandelt worden.

Durch einen Freund meiner Mutter kamen wir für einige Tage in einem Sommerhaus direkt am See unter. Danach ging es zunächst in ein Flüchtlingslager, anschließend wurden wir in verschiedene Privathäuser rund um den See einquartiert. Die Leute waren natürlich nicht erfreut, als es plötzlich hieß: Zu ihnen kommt jetzt eine Frau mit drei Kindern.

Schließlich landeten wir in dem Haus, das auf dem Bild zu sehen ist, das ich damals für meine Großmutter gezeichnet habe. Ich habe es ihr nach Dresden geschickt, damit sie wusste, wo wir untergekommen waren. Wir durften nicht das ganze Haus nutzen, die guten Räume waren abgeschlossen.

Das Haus war nicht isoliert, es gab keine Heizung – und kein Holz. Wir haben in den entsetzlich kalten Wintern jämmerlich gefroren.

Mitte 1945 erhielten wir die Nachricht, dass mein Vater nicht aus dem Krieg zurückkommen würde. Er war Rechtsanwalt gewesen. Als Schütze Baum war er an die Ostfront kommandiert worden, weil er sich geweigert hatte, Kriegsgerichtsrat zu werden und an Todesurteilen mitzuwirken. Ein Kamerad brachte uns sein Soldbuch und die Erkennungsmarke, die jeder Soldat um den Hals trug. Sie haben ihn irgendwo an einer Bahnstrecke begraben, ich weiß bis heute nicht wo. Für mich war das ein Schock, ich war tief getroffen. Ich hatte so sehr gehofft, dass er noch zu uns zurückkehren würde.

Gerhart Baum
auf dem Tegernsee, 1946

Das letzte Bild, das ich von ihm erinnere: Wie er nach einem Heimaturlaub in Dresden wieder in den Zug stieg. Danach habe ich ihn nie wiedergesehen. Erst viel später wurde mir klar, wie sehr ich meinen Vater vermisst habe. Es ist nicht schön, ohne Vater aufzuwachsen.

> *»Eben fällt mein Blick auf das mit Blumensträußen umgebene Bild des lieben guten Papas, der dies alles nicht mehr erleben konnte. So liebe Oma, nun will ich enden. Die Glocken läuten eben 6 Uhr und es dämmert langsam. Wir haben große Sehnsucht nach Dir. Viele liebe Grüße und Küsse, lass Dich umarmen von Deinem getreuen Gerhart.«*
>
> *Aus einem Brief, den Baum im April 1946 an seine Großmutter in Dresden schrieb*

Zum Trauern war kein Platz, es ging damals für uns ums nackte Überleben. Während meine Mutter schauen musste, wie sie die Familie ernährte, hatte ich meine kleinen Geschwister zu beaufsichtigen. Ich musste dafür sorgen, dass sie etwas zu essen bekamen und zur Schule gingen.

Unser Leben bestand aus Improvisation. Wir haben in den Bergen Himbeeren gesammelt, auf den Wiesen Löwenzahn und Brennnesseln, daraus wurde Salat gemacht. Aus weggeworfenen Orangenschalen kochten wir eine Art Marmelade. Lebertran und Schulspeisung der Amerikaner hielten uns bei Kräften.

Auf der Straße ging ich immer den Blick auf den Boden gerichtet. Die Amerikaner haben ihre Zigaretten nie zu Ende geraucht, aus den Tabakresten haben wir neue Zigaretten gedreht und gegen Lebensmittel getauscht.

Einmal die Woche bin ich auf die andere Seeseite gerudert, um Brot zu kaufen. Meine Mutter, die eine unglaublich energische Frau war, hatte einen Bäcker bezirzt, der uns für drei amerikanische Zigaretten drei Dreipfünder-Brote gab. Die holte ich in der Backstube ab. Die frischgebackenen Brote kamen in meinem Rucksack, bald wurde mein Rücken ganz warm. Und dann ruderte ich über den See zurück nach Hause, wo alle auf das Brot warteten.

Einmal kam meine Mutter mit einem Pferd nach Hause, das die deutschen Soldaten zurückgelassen hatten. Wir fragten sie, was willst du denn mit dem Pferd? Und sie sagte, das wird geschlachtet. Sie hat zwei Landser, die da heimatlos herumliefen, herbeigeholt, die haben das übernommen. Wochenlang aßen wir Sauerbraten.

Aber es gab Zeiten, in denen wir wirklich nichts hatten. Um nicht zu verhungern, haben wir sogar die Uhr meines Vaters weggegeben.

Meine Mutter hatte einen unglaublichen Lebenswillen, einen Lebenshunger. Meine Unterstützung hat sie immer sehr gewürdigt, das hat mein Selbstbewusstsein gestärkt. Toll, wie du für die Kinder da bist, hat sie gesagt.

In der Familie war ich ein stabilisierendes Element, für meine Geschwister war ich so etwas wie der Erziehungsberechtigte; ich übernahm gewissermaßen die Rolle meines Vaters. Aber eigentlich hatte ich damals eine unnatürliche Reife, zwangsläufig.

»Die Kinder gehen fleißig zur Schule und entwickeln sich schon langsam zu kleinen verständlichen Menschlein … er ist ein richtiger kleiner Schalk, der Peter. Die Ursula ist eine kleine Dame, sehr niedlich… So, meine liebe gute Oma, nun ist es gleich 8.30 und ich

muß noch Tagebuch schreiben, mich waschen, daß ich um 9.15 im Bett bin. Die Kinder waren eben da zum beten und liegen jetzt schon im Bett. Ja, ja, liebe Oma, ich denke oft mit Sehnsucht an Dich…«

Aus einem Brief von Baum an seine Großmutter, 28. März 1946

Ich habe diese Rolle einfach angenommen. Ich habe mein Leben angenommen, so wie es war. Was hatte ich für eine Alternative? Was hatten die Menschen überhaupt für eine Alternative? Wir waren in diese Situation geraten und mussten damit fertigwerden. Manche Menschen sind damit nicht fertiggeworden.

Aus der Rolle des Erziehers, des Dominierenden, kam ich wohl nicht mehr heraus. Für meinen Bruder war das ein Problem, bis zum Schluss. Ich war ihm zu dominant. Ich glaube, er fühlte sich mit mir nicht wohl. Erst wenige Jahre vor seinem Tod haben wir uns ein wenig angenähert.

Meine eigenen Kinder wollte ich später immer beschützen, jedes Leid von ihnen fernhalten. Ich dachte: Sie sollen nicht so viel aushalten müssen, wie ich als Kind aushalten musste. Ich wollte ihnen das ersparen, ihnen das Leben leicht machen. Vielleicht habe ich es ihnen zu leicht gemacht.

Wäre mein Leben ohne den Krieg anders verlaufen? Ich habe darüber nicht nachgedacht. Aber ich wundere mich manchmal, wie wir das alles durchgestanden haben. Heute würde man einem jungen Menschen nach all den traumatischen Erlebnissen wohl eine therapeutische Behandlung angedeihen lassen.

Das Problem ist, dass der Krieg in den Familien nicht verarbeitet wurde. Auch ich habe mit meiner Mutter später nicht über diese Zeit gesprochen.

Manches wirkt nach. Schlangestehen kann ich bis heute nicht. Wenn ich damals irgendwo nach Lebensmitteln anstand und endlich die Theke erreicht hatte, war häufig gerade alles ausverkauft. Das hat sich bei mir so eingeprägt, dass ich heute in jeder Schlange

ganz instinktiv nach vorne robbe. Auch am Flughafen, obwohl das Blödsinn ist, denn ich habe im Flugzeug ja einen festen Platz. Ich habe eine Technik entwickelt, mit dem Ziel, möglichst wenig aufzufallen. Ich mache dann einen Bogen und komme von der Seite. Nur nicht umdrehen, nur nicht in die Augen der anderen Leute gucken.

Meiner Frau ist das immer furchtbar peinlich.

Sie wirft mir auch vor, dass ich ständig Sachen einkaufe, die schon im Haus sind. Aber ich muss auf Vorrat kaufen. Alles muss doppelt da sein. Wenn meine Frau die Marmelade aufbraucht, gehe ich sofort los, um neue zu kaufen. Ich habe immer die Sorge, dass wir nicht genug haben. Meine Frau schimpft dann, wenn sie jeden Tag Unmengen Blaubeeren essen muss, weil ich zu viele eingekauft habe. Sie ist auch ein Kriegskind, das gehungert hat und als Folge davon heute nichts wegschmeißen kann.

Warum ich das Bild mit dem Haus am See aufgehoben habe? Wahrscheinlich, weil ich froh war, dass wir nach dem Angriff auf Dresden, nach den Schrecken und der Angst wieder eine Bleibe hatten.

Es ist hart, dass ich mit zwölf Jahren, praktisch über Nacht, erwachsen werden musste. Andererseits habe ich dadurch früh gelernt, mein Leben zu organisieren. Verantwortung zu übernehmen. Das hat mich letzten Endes in die Politik gebracht. Man muss handeln. Und kämpfen: gegen das Unrecht, für Werte, für die Freiheit.

Gerhart Baum, Jahrgang 1932 (Köln)

GERMAN
AND
GERMAN-ENGLISH
DICTIONARY
WITH
KRUMMACHER

»Es tut mir leid, dass ich kein besseres Bild von meinem Vater habe«

Der Krieg verschlug die Familie von Erhard Brüchert von Pommern nach Ostfriesland. Ein Flüchtlingskind zu sein, sagt er heute, war immer ein Makel. Er war sechs, als ihm sein Onkel ein englisches Wörterbuch schenkte. Es wurde eine Art Unterpfand für ein besseres Leben – und ein Ansporn, auf keinen Fall zu versagen.

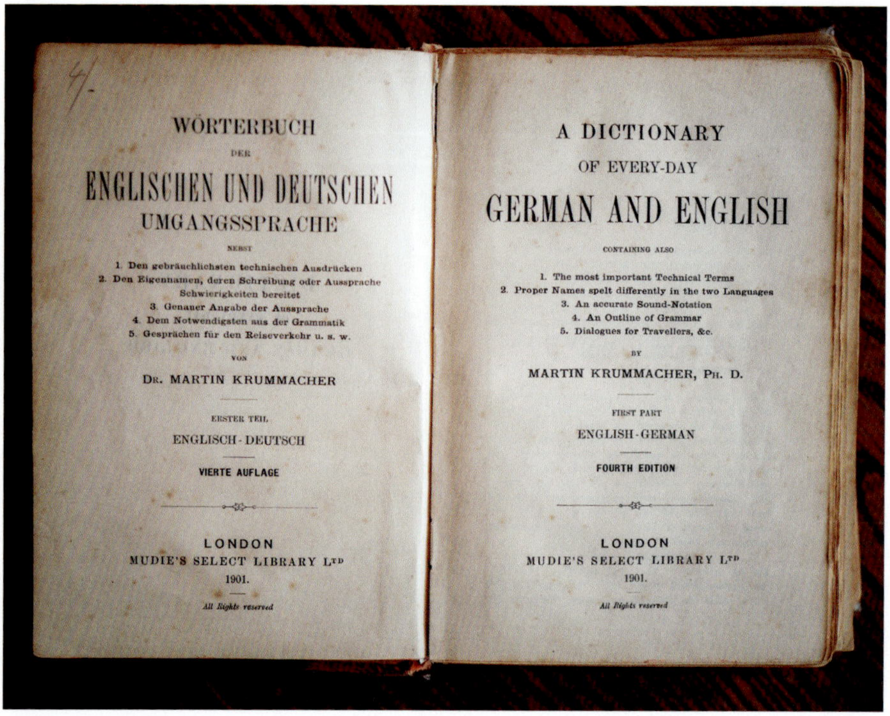
WÖRTERBUCH
DER
ENGLISCHEN UND DEUTSCHEN
UMGANGSSPRACHE
NEBST
1. Den gebräuchlichsten technischen Ausdrücken
2. Den Eigennamen, deren Schreibung oder Aussprache Schwierigkeiten bereitet
3. Genauer Angabe der Aussprache
4. Dem Notwendigsten aus der Grammatik
5. Gesprächen für den Reiseverkehr u. s. w.
VON
DR. MARTIN KRUMMACHER
ERSTER TEIL
ENGLISCH-DEUTSCH
VIERTE AUFLAGE
LONDON
MUDIE'S SELECT LIBRARY LTD
1901.
All Rights reserved
A DICTIONARY
OF EVERY-DAY
GERMAN AND ENGLISH
CONTAINING ALSO
1. The most important Technical Terms
2. Proper Names spelt differently in the two Languages
3. An accurate Sound-Notation
4. An Outline of Grammar
5. Dialogues for Travellers, &c.
BY
MARTIN KRUMMACHER, PH. D.
FIRST PART
ENGLISH-GERMAN
FOURTH EDITION
LONDON
MUDIE'S SELECT LIBRARY LTD
1901.
All Rights reserved

Dieses zerschlissene deutsch-englische »Dictionary« war mein allererstes Buch in der Volksschule in Ostfriesland. 1947 war das, ich ging in die erste Klasse. Zunächst konnte ich es weder lesen noch verstehen, aber ich hatte es jeden Tag in meinem Ranzen dabei. Die Schule hatte nur ein Klassenzimmer. Acht Altersstufen bekamen dort Schichtunterricht.

Mein Onkel Erich hatte das Wörterbuch 1946 aus der amerikanischen Kriegsgefangenschaft mitgebracht und mir überlassen. Er brauche es ja nun nicht mehr, meinte er, aber mir könne es vielleicht noch nützlich sein. Onkel Erich war der Lieblingsbruder meiner Mutter – und von da an auch mein Lieblingsonkel.

Nach dem Krieg hatte es uns als pommersche Flüchtlingsfamilie nach Ostfriesland verschlagen, in die Westermarsch: meine Mutter, meine Oma und uns drei kleinen Geschwister. Mein Vater kam erst später dazu, er war noch irgendwo in Ungarn in Kriegsgefangenschaft.

Wir lebten in einer kleinen Holzbaracke in der Ortschaft Utlandshörn, frei übersetzt: ziemlich weit draußen. Sieben Jahre lang wohnten wir dort in einem einzigen Raum. In der einen Ecke stand ein Doppelbett, darin schliefen meine Eltern, in der anderen gab es ein Etagenbett für meinen Bruder und mich. Meine ältere Schwester war ausquartiert worden, zur Oma.

Die Wände waren aus dünnem Holz, im Winter war es ziemlich kalt, wir hatten nur einen Kanonenofen, mit dem wir heizen konnten. Es gab keinen Fußboden, nur festgestampfte Erde, Kleie.

Zwanzig Meter entfernt, mitten auf der Wiese: ein Plumpsklo. Fließend Wasser gab es nicht, nur draußen eine Pumpe.

Bei den Einheimischen spürten wir lange eine gewisse Missachtung: Ihr seid ja nur Flüchtlinge! Flüchtlingskind zu sein, das war immer ein Makel. Für mich war es ein Antrieb, auf keinen Fall zu versagen. Dadurch habe ich mich immer extrem angestrengt.

Nach der Schule ging ich oft noch arbeiten. Für 50 Pfennig in der Stunde habe ich bei den Bauern Rüben gejätet, Kartoffeln gebuddelt oder bei der Ernte geholfen. Die Fremdarbeiter waren ja nicht mehr da, und die Bauern und Knechte waren entweder gefallen oder noch nicht aus der Kriegsgefangenschaft zurückgekehrt.

Erhard Brüchert (Mitte) mit seinen Eltern und den beiden Geschwistern, 1954

1952 kamen wir endlich aus der Baracke raus. Wir erhielten ein kleines Siedlungshaus, erbaut aus Mitteln des Lastenausgleichs. An den Umzug erinnere ich mich noch sehr genau. Ein Bauer lieh uns zwei Pferde und einen Ackerwagen, damit fuhren wir unsere Sachen aus der Baracke in unser neues Zuhause.

Später zog ich mit meiner Frau nach Oldenburg. Ich wollte weg aus Ostfriesland, die Barackenzeit hinter mir lassen. Ich wollte diese Zeit abstreifen.

Dass ich es aus dieser Baracke herausgeschafft habe, ist auch das Verdienst von Onkel Erich. Er war tüchtig und fleißig, dabei immer zu allen freundlich und charmant. Und er war großzügig – von ihm bekam ich meinen ersten, damals sehr modernen Anorak.

Onkel Erich wurde für mich zum Vaterersatz. Mein richtiger Vater kam 1946 schwer herzkrank aus der Gefangenschaft zurück. Er hat sich wenig um uns Kinder gekümmert. Er war Bauer gewesen, konnte jetzt aber nicht mehr arbeiten. Er hat nie die Initiative ergriffen, eine andere Arbeit zu finden. Es fehlte ihm der Antrieb.

Onkel Erich dagegen gelang es bald, im Weserbergland eine

große Bauernschaft zu pachten, in den Fünfzigerjahren brachte er es sogar zum Bürgermeister. Bei jedem Fest stand er auf und hielt eine Rede, fundiert, witzig und souverän. Das hat mir imponiert. Mein Vater konnte das nicht, er hat es auch gar nicht versucht.

Erhard Brüchert (zweiter von rechts) mit Großmutter und Geschwistern vor der Baracke

Onkel Erich war der Gegenpol zu meinem Vater. Der Welt zugewandt, stand er für Lebendigkeit und Leichtigkeit. Ein Macher. Mein Vater war in sich gekehrt, er war nur mit seiner Krankheit beschäftigt. Meine Mutter hat ihn geschützt, zu uns Kindern sagte sie: Ihr müsst Rücksicht auf ihn nehmen.

Für mich war er immer ein negatives Beispiel. Er war ein lieber Mensch, interessiert und intelligent, aber er lebte ganz zurückgezogen. Vom Krieg hat er nie etwas erzählt, ich weiß nicht, ob er Schlimmes erlebt hat. Mit uns Kindern war er sehr unbeholfen. Ich konnte nie eine richtige Beziehung zu ihm aufbauen.

Heute tut es mir leid, dass ich kein besseres Bild von meinem Vater habe.

Meine Mutter hat sich um alles gekümmert. Sie hat auch dafür gesorgt, dass ich aufs Gymnasium kam und Abitur machen konnte – für ein Flüchtlingskind war das etwas Besonderes.

Mit dem Wörterbuch von Onkel Erich habe ich meiner ersten Englischlehrerin in der fünften Klasse gleich imponiert. Sie hat lange darin geblättert und gesagt, das sei ja ein Schmuckstück! Onkel Erich hat sich darüber gefreut und mich weiter angespornt.

In den Sechzigerjahren studierte ich in Göttingen Germanistik und Geschichte, wurde später Oberstudienrat am Gymnasium. Ein Jahr lang konnte ich das Studium sogar mit einem Stipendium an der renommierten Universität Berkeley in Kalifornien fortsetzen. Auch dabei hat mir das Wörterbuch sehr geholfen, in Kalifornien trug ich es immer in der Tasche.

Es wurde zu meinem Talisman. Wenn ich es dabeihabe, dachte ich, kann mir nichts passieren. Für mich war es nach dem Krieg

ein Garant dafür, dass es gut mit mir weitergeht. Dass ich Erfolg habe. Es war quasi der Schlüssel für ein Leben jenseits der Baracke.

Als das Stipendium zu Ende war, besuchte mich meine Schulfreundin Hailke in Kalifornien. Wir reisten quer durch die USA bis nach New York und fuhren dann mit der »Bremen« nach Bremerhaven zurück.

Eineinhalb Jahre später heirateten wir. 1998 ist Hailke an Lymphdrüsenkrebs gestorben. Nach der Diagnose unternahmen wir noch eine zweite große USA-Reise. Von San Francisco ging es am Pazifik entlang bis nach Seattle. Wieder war das Lexikon dabei – aber wir brauchten es kaum noch. Als Talisman hat es dann nur noch zwei Jahre lang getaugt, bis zum Tod meiner Frau. Seitdem steht es bei mir im Schrank.

Wenn ich es heute meinen Enkelkindern zeige und erzähle, wie sehr mich Onkel Erich beeindruckt hat, dann spotten sie und sagen: Opa hat wieder sein Baracken- und Onkel-Syndrom! Dann stelle ich das Lexikon an seinen Ehrenplatz zurück und schweige. Oder lache manchmal eben mit.

Erhard Brüchert, Jahrgang 1941 (Oldenburg)

»Die geschmolzenen Löffel sind für mich ein Sinnbild für Krieg und Gewalt«

Wenn Anne-Katrin Hoestermann ihren Enkeln erklären will, was Krieg bedeutet, dann zeigt sie ihnen das Einzige, was ihre eigene Großmutter aus den Trümmern ihres Hauses rettete, nachdem ihre Heimatstadt Hamburg im Juli 1943 bombardiert worden war: zwei Löffel und zwei Gabeln, verformt durch die enorme Hitze.

Dies sind die Reste des Silberbestecks, die meine Großmutter mit bloßen Händen aus den Trümmern ihres Hauses gegraben hat: zwei Gabeln und zwei Esslöffel, die durch die Hitze des Feuers miteinander verschmolzen sind.

Meine Familie stammt aus Hamburg. Mein Großvater war 1910 als junger Kaufmann von dort nach Manila ausgewandert. Auf den Philippinen arbeitete er als Buchhalter für eine Pharmafirma.

Zur Brautschau kehrte er nach Deutschland zurück und heiratete 1926 meine Großmutter. Die beiden gingen dann gemeinsam nach Manila und bekamen zwei Kinder, meine Mutter Inge und ihren Bruder Jürgen. Meinen Großeltern ging es sehr gut auf den Philippinen, sie führten ein angenehmes Leben, hatten ein großes Haus, Personal und sogar ein eigenes Auto. Manila war damals eine elegante und reiche Stadt, sie wurde das »Paris des Ostens« genannt.

1940 starb mein Großvater völlig überraschend an einer Lungenembolie. Meine Großmutter stand allein mit ihren beiden kleinen Kindern da, fünf und sieben Jahre alt. Die Philippinen waren damals noch amerikanische Kolonie. 1940 bereiteten sich die Amerikaner darauf vor, in den Krieg gegen Deutschland einzutreten, damit wäre meine Großmutter als »feindliche Ausländerin« eingestuft worden. Weil sie Angst hatte, interniert zu werden, ging sie mit den Kindern zurück nach Deutschland. Später wurde dann tatsächlich ihr gesamtes Vermögen von den Amerikanern konfisziert, sie hat es nie zurückbekommen.

In Hamburg zog meine Großmutter wieder in ihr Elternhaus im Eppendorfer Weg. Das Haus gehörte ihr und ihrer Schwester. Es hatte mehrere Etagen, von den Mieteinnahmen konnten sie gut leben.

Elternhaus der Großmutter in Hamburg-Eppendorf

Meine Mutter war sieben, als sie in Deutschland ankam. Für sie war der Umzug nach Hamburg eine große Umstellung. Sie hat mir erzählt: Als im Schulunterricht gegen die Juden gehetzt wurde, habe sie gesagt, wir haben viele Freunde, die sind Juden, und das sind ganz normale Menschen, die sind nett. Die Lehrerin habe dann sehr streng zu ihr gesagt: Das will ich hier nicht noch einmal hören. Nach der Stunde habe diese Lehrerin meine Mutter zur Seite genommen: Inge, du darfst hier in Deutschland nie etwas Gutes über Juden sagen, niemals! Die Eindringlichkeit, mit der die Lehrerin das sagte, ist meiner Mutter sehr zu Herzen gegangen.

Bald begann die Zeit der Luftangriffe. Im Juli 1943, als Hamburg bei der »Operation Gomorrha« zerstört wurde, war meine Großmutter mit den Kindern zum Glück gerade bei Verwandten in der Lüneburger Heide. Von dort sahen sie in der Ferne die brennende Stadt. Als sie zurückkehrten, war ihr Haus zerstört. Sie standen vor einem riesigen Trümmerhaufen. Alles, was sie besessen hatten, war verloren.

Ich habe meine Großmutter später gefragt, ob sie geweint habe, als sie vor den Trümmern ihres Hauses stand. Für mich war es unvorstellbar, dass meine Großmutter jemals weinte. Natürlich habe ich geweint, sagte sie. Ich wusste ja gar nicht, wie das Leben weitergehen sollte.

Sie hatte damals verzweifelt versucht, in den Überresten des Hauses Dinge zu finden, die sich irgendwie noch verwenden ließen. Sie grub mit bloßen Händen, fand aber nur die Reste des Silberbestecks. Diese vier Teile waren alles, was übrig geblieben war.

Meine Großmutter hat die verschmolzenen Löffel und die beiden verbogenen Gabeln mitgenommen, obwohl sie zu nichts mehr zu gebrauchen waren. Warum? Ich weiß es nicht.

Zum zweiten Mal in kurzer Zeit hatte sie alles verloren. Sie stand allein mit ihren zwei kleinen Kindern da, ohne Hab und Gut. Es war eine harte Zeit, voller Hunger und Entbehrungen. Meine Großmutter bekam Sachen von Freunden und Verwandten geschenkt, oft Dinge, die sie ihnen in besseren Zeiten selbst geschenkt hatte und die sie nun in der Not zurückerhielt.

Anfangs kam sie bei Verwandten unter, später zog sie in eine kleine, bescheidene Wohnung. Sie hat nicht wieder geheiratet.

Familienbild aus Manila, November 1934

Eine Ausbildung hatte sie als junges Mädchen nicht machen dürfen. Sie war 16 gewesen, als ihre Mutter starb. Sie hatte dann die Schule verlassen und den Haushalt führen müssen. Bis zur Rente musste sie deshalb als Putzfrau arbeiten, um Geld zum Leben zu haben. Sie besaß nicht viel, war aber trotzdem bis zum Schluss stilvoll, liebte Kultur und Musik. Umgangsformen waren ihr wichtig. In meiner Erinnerung war sie ernst und zurückhaltend, sehr kontrolliert. Für mich der Inbegriff einer eleganten und vornehmen Hamburgerin.

Ich bin praktisch aufgewachsen mit den Geschichten aus Manila. Meine Großmutter und auch meine Mutter haben ihr Leben lang von diesem früheren Leben erzählt, von den schönen Erinnerungen. Meine Großmutter erzählte voller Sehnsucht, aber sie war dabei nie bitter. Obwohl sie zweimal alles verloren hat, habe ich sie nie jammern oder klagen hören. Dafür habe ich sie immer bewundert.

Die Reste ihres Silberbestecks hat meine Großmutter in einer Kiste im Schrank aufbewahrt. Manchmal, wenn sie vom Krieg erzählte, holte sie die Löffel und die beiden Gabeln heraus. Heute liegen sie in meiner Vitrine, neben anderen Sachen, die mir viel bedeuten.

Für mich sind sie ein Sinnbild für Krieg und Gewalt. Manchmal zeige ich sie meinen Enkelkindern. Wenn ich ihnen erzähle:

Es gab ein Haus, das ist kaputt gegangen, und nur das ist übrig geblieben, dann ist das auch für Kinder begreifbar. Eher, als wenn ich sage, sie haben alles verloren.

Anne-Katrin Hoestermann, Jahrgang 1960 (Unna)

»Den Panzer hat meine Mutter immer in Ehren gehalten«

Der Vater von Manfred B. Müller war begeisterter Soldat: Bei der Wehrmacht, fand er, da war man wer. Zur Hochzeit schenkte er seiner Braut einen Spielzeugpanzer, Symbol ihres gesellschaftlichen Aufstiegs. Kurz vor Kriegsende machten beide Pläne für ihre gemeinsame Zukunft. Doch dann musste er noch einmal an die Front.

Hochzeitsfoto der Eltern, 1939

Diesen Panzer hat mein Vater meiner Mutter zur Hochzeit geschenkt. Nicht als Spielzeug, sondern eher als Ausdruck seines Stolzes. Ich halte es für möglich, dass mein Vater ihn von seiner Kompanie als Auszeichnung bekommen hat. Oder es war ein Geburtstagsgeschenk. Der Panzer dokumentiert den Aufstieg meines Vaters: vom Sohn eines Lokführers zum Panzerkommandanten.

Von 1929 bis 1932 hat mein Vater zunächst eine Friseurlehre gemacht. Aber das war eigentlich nicht seine Sache. Mit 18 meldete er sich dann zur Wehrmacht, am 1. April 1933. Er ging zur Kraftfahrabteilung, schon immer hatte er eine Liebe zu Autos gehabt. Ein Auto zu fahren oder gar eines zu besitzen, war ja in der Weltwirtschaftskrise undenkbar. Er hätte zu den Rettungsdiensten gehen können, aber die waren nur rudimentär ausgestattet. Die Einzigen, die aus dem Vollen schöpfen konnten, waren die Militärs. Mein Vater hätte nicht zu den Panzern gehen müssen, aber er wollte das unbedingt, das weiß ich von meiner Mutter. Da war man wer.

Seine Vorgesetzten scheinen zufrieden mit ihm gewesen zu sein, zum Schluss war er Stabsfeldwebel, der Spieß der Kompanie. Stabsfeldwebel, das war der höchste Unteroffizier. Dieser Rang durfte Säbel tragen, das war sonst nur Offizieren gestattet.

Mein Vater war immer ein begeisterter Soldat. Sicher war er kein Nazi, aber Militarist schon. Er hätte zum Offizier aufsteigen können, das wollte er aber nicht. Er hat gesagt: lieber im Dorf der

Erste als in Rom der Zweite. Mein Vater hat gern recht gehabt und wenig geredet. Er kam aus einer Familie frommer Nationalisten, bigott und autoritätsgläubig. Mütterlicherseits stamme ich aus einer Familie von Augsburger Sozialdemokraten, katholisch, aber liberal. Wenn mein Vater den Krieg überlebt hätte, hätten wir mit Sicherheit gestritten.

Ich gehe davon aus, dass mein Vater beim Überfall auf Polen dabei war. Auf jeden Fall dabei war er beim Einmarsch in Frankreich, am 10. Mai 1940. Er bekam einen Streifschuss und wurde als Leichtverletzter nach Hause geschickt. Da hat er dann mich gezeugt. Später kam er nach Russland, an die Nordfront, oben am Peipussee.

Meine Eltern hatten sich beim Tanzen kennengelernt. Mein Vater hat gut ausgesehen, war groß, meiner Mutter hat er gleich gefallen. Später hat er erzählt, dass sie in der Ausbildung zu sechst nur einen Anzug besaßen. Wenn er also mit meiner Mutter ausgehen wollte, mussten die anderen fünf auf der Stube bleiben.

1939 haben meine Eltern geheiratet. Von da an hat sich meine Mutter um alles gekümmert. Mein Vater war technisch völlig unbegabt, während sie sehr praktisch veranlagt war, tüchtig und stabil. Wenn er meiner Mutter Karten geschickt hat, hat er unter die Briefmarke immer kleine Liebesbotschaften geschrieben.

Als er 1943 an der Ostfront war, haben wir ein paar Monate lang überhaupt nichts von ihm gehört. Meine Mutter hat sich natürlich große Sorgen gemacht. Und dann stand er Weihnachten plötzlich vor der Tür.

Müllers Vater Alfred auf einem Panzer, ca. 1942

Was er an der Front gesehen hat, was er erlebt hat, darüber hat er nie gesprochen. Anfang 1945 war er noch einmal kurz zu Hause. Da hatte er offenbar schon eine Ahnung, dass der Krieg für Deutschland bald verloren und damit seine Zeit als Stabsfeldwebel vorbei sein würde. Kurz darauf schickte er seine Personalakte nach Hause, vermutlich wollte er sie in Sicherheit bringen. Darin

waren seine Zeugnisse, der Führerschein, alle Qualifikationen – Unterlagen für ein Leben nach dem Krieg.

Mein Vater musste dann noch einmal an die Front. Am 15. April 1945 ist er in Göllersdorf bei Wien gefallen, drei Wochen vor Kriegsende. Dass er tot ist, haben wir erst 1946 erfahren. Bis dahin galt er als vermisst.

Als die Totenmesse gehalten wurde, war ich fünf Jahre alt. Daran kann ich mich schemenhaft erinnern: dass alle im Haus geweint haben, an die schwarzen Leute, an den Weihrauch, an das Geklingel.

Das österreichische Schwarze Kreuz hat etwa zehn Kilometer vor der tschechischen Grenze bei Retz einen wunderschönen Soldatenfriedhof angelegt. Dort liegt mein Vater, unter einem kleinen Kreuz. Der Pfarrer hat mir das Totenbuch gezeigt: Müller A., Müller Alfred, Todesursache: Schüsse im Unterleib und Splitter im Rücken.

Den Panzer hat meine Mutter immer in Ehren gehalten. Er stand bis zu ihrem Tod in ihrer Wohnung auf einem Teewagen, unter Glas. Sie ist später noch einmal eine Bindung eingegangen, aber der Panzer war immer dabei.

Er war, aus damaliger Sicht, für meine Eltern ein Symbol ihres Aufstiegs. Seht her: Ich bin der, der so was fährt. Und: Ich bin die Frau von dem, der so was fährt. Meine Mutter hat immer gern Fotos von meinem Vater in Uniform gezeigt und gesagt: Das ist der schönste Unteroffizier der Wehrmacht.

Manfred B. Müller, Jahrgang 1941 (Stötten a. A.)

»Der Becher erzählt all das, worüber mein Vater nicht reden wollte. Sein ganzes beschädigtes Leben ist in diesem Becher drin«

Günter Kern ließ sich in der DDR lieber von der Stasi schikanieren und bespitzeln, als in die SED einzutreten. Das hängt auch mit dem durchlöcherten Trinkbecher zusammen, der seinem Vater das Leben rettete.

Dies ist der Trinkbecher meines Vaters, er gehörte zu seiner Feldflasche. Mein Vater kämpfte als Soldat in der Wehrmacht. 1944 hatte sich seine Einheit in den Vogesen auf dem Rückzug vor den US-amerikanischen Truppen verschanzt, als plötzlich eine Granate explodierte. Viele seiner Kameraden wurden getötet. Ein Splitter des Geschosses durchschlug den Becher und traf dann meinen Vater. Er wurde schwer am Kopf verletzt und verlor sein rechtes Auge. Aber er überlebte.

Mein Vater wurde 1904 in Leipzig geboren. Sein Vater war Bahnhofsvorsteher gewesen, die Familie hatte eine Wohnung im Bahnhof. So sah mein Vater als Kind, wie die Truppen im Ersten Weltkrieg mit dem Zug an die Front geschickt wurden, wie man sie feierlich verabschiedete. Und wie sie nach dem verlorenen Krieg wieder zurückkamen, in Viehwaggons – abgemagerte Gestalten, die von den Leuten beschimpft und bespuckt wurden.

Johannes Kern als Schulleiter, Deutschbaselitz 1936

Diese Bilder haben meinen Vater geprägt. Wie gedemütigt die Soldaten zurückkehrten, darüber hat er sich wahnsinnig aufgeregt. Dass sie keinerlei Achtung mehr erfuhren. Er sagte immer, sie hätten doch nur für Deutschland gekämpft.

Später wurde mein Vater Lehrer für Deutsch und Geschichte. Auch weil er Karriere machen wollte, trat er 1933 in die NSDAP ein. In Deutschbaselitz, einem kleinen Dorf in Sachsen, wurde er gleich Ortsgruppenleiter der Nazipartei.

Anfangs war er sicherlich der nationalsozialistischen Idee verhaftet. Meine Eltern hatten sich nach Ordnung und Sicherheit gesehnt. So wie vor 1933, sagten sie, konnte es nicht weitergehen. Ob mein Vater mit voller Begeisterung dabei war, weiß ich nicht. Ich kann es mir nicht vorstellen. Er verehrte Goethe und Schiller, das waren für ihn Persönlichkeiten. Wie kann so ein Mensch Nazi sein?

Johannes Kern, 1943

1939 war er zum Wehrdienst eingezogen worden. In Frankreich hat mein Vater dann erlebt, wie SS-Einheiten die Franzosen geplündert haben und mit Koffern voller Schmuck abzogen, oft völlig besoffen.

Als er 1943 oder 1944 auf Heimaturlaub nach Hause kam, hat er das Hitlerbild, das bei uns an der Wand hing, runtergerissen und wie ein Verrückter darauf herumgetrampelt. Ich denke, da hatte bei ihm schon die Ernüchterung eingesetzt.

Am 19. November 1944 schrieb mein Vater an meine Mutter: *»Meine innigstgeliebte Lilo! (...) Wenn nur dieser schreckliche Krieg bald ein Ende hätte! Ich habe doch solche große Sehnsucht nach Euch. – Am 1.12. ist nun Dein Geburtstag. Ich sende Dir schon heut die herzlichsten Glück- und Segenswünsche. (...) Uns allen wünsche ich, und das wird bestimmt auch für Dich das schönste Geschenk, dass wir recht bald für immer wieder vereint sein können.«*

1945, nach der Kapitulation, kam mein Vater ins Gefängnis. Weil er als Nationalsozialist galt, sollte er nach Russland deportiert werden. Meine Mutter besuchte ihn mit uns Kindern im Gefängnis. Es gab eine Sichtblende am vergitterten Fenster, er winkte, das war das Einzige, was ich von ihm sah: seine Hand hinter der Blende am Fenster.

Er wurde dann doch nicht deportiert, weil ein Nachbar sich für ihn eingesetzt hatte: ein Kommunist, den wiederum mein Vater vorher vor den Nazis beschützt hatte.

Nach dem Krieg durfte mein Vater seinen Beruf als Lehrer zunächst nicht mehr ausüben. Er hob dann Schlammgräben aus, für 50 Pfennig die Stunde. Vor dem Krieg war er als Lehrer der Dorfschule eine geachtete und angesehene Persönlichkeit gewesen. Und plötzlich war er ganz unten. Wir waren wirklich arm in dieser Zeit. In unserem Dorf lagerte Fischfutter, für die Fische im Teich. Meine Mutter nahm etwas davon und breitete es abends auf dem Küchentisch aus. Wir drei Kinder haben die Linsen aussortiert, die darin waren, die haben wir dann gegessen.

Meinen Vater hat es unheimlich verletzt, dass er nicht für seine Familie sorgen konnte. Dass er keinerlei Anerkennung mehr bekam. Damit ist er sehr schlecht fertiggeworden. Aber er hat nie darüber gesprochen. Erst 1956 bekam er seine Wiederzulassung als Lehrer.

In der DDR war es dann mein Vater, der uns Kindern die Augen geöffnet hat. Der unbedingt wollte, dass wir uns eine eigene Meinung bilden. Dass wir uns nicht indoktrinieren lassen, so wie er damals, bei den Nazis. Er sagte zu mir: Lass dich nicht vereinnahmen! Bleib du selbst! Als die ersten kommunistischen Sprüche aufkamen, als es hieß, »ihr werdet leben wie im Paradies«, da hat er sich aufgeregt und gesagt, das seien alles Lügen.

Als ich zwölf war, bekamen wir unser erstes Radio. 1953 war das, im Jahr des Arbeiteraufstands in Ostberlin. Wir hörten RIAS, Westradio. Immer, wenn wir die Nachrichten verfolgten, legten wir uns eine Decke über den Kopf, damit das niemand mitbekam. Denn es gab Kommunisten, die durch die Straßen gingen und abends vor den Häusern kontrollierten, wer womöglich Westsender hörte. Man war in ständiger Angst.

Als ich einmal später als sonst aus der Schule nach Hause kam, wollte mein Vater wissen, wo ich gewesen sei. Wir hätten Schießsportunterricht gehabt, sagte ich, wir haben mit Luftgewehren geschossen. Daraufhin verpasste er mir eine Ohrfeige: Das machst du nie wieder!, sagte er. Er war schockiert, dass nun auch seine Kinder dazu gebracht werden sollten, für eine Ideologie zu kämpfen. Er wollte nicht, dass wir denselben Fehler machten wie er.

In der DDR hat mein Vater nach der Erfahrung mit den Nazis

Günter Kerns Vater vor und nach seiner Augenverletzung 1943 und 1946

vieles nicht mehr ernst genommen. Er wurde zynisch. Als er an einer Sonderschule für »lernbehinderte« Kinder unterrichtete, so hieß das in der DDR, sagte er: Ich arbeite jetzt an der Kaderschmiede der SED. Wenn alle Leute die rote Fahne raushängen sollten, nahm er die schwarz-rot-goldene. Das war sein kleiner Protest. In eine Partei ist er nie wieder eingetreten.

Hat er eine Mitschuld gespürt, eine Mitverantwortung für die Verbrechen der Nazis? Das bewegt mich bis heute. Ich habe ihn nie gefragt. Es war damals undenkbar, den Eltern unangenehme Fragen zu stellen, das hätte man als Kind nicht gemacht. Und welche Eltern haben denn damals über Gefühle gesprochen? Und hätte man als Jugendlicher die Wahrheit wirklich wissen wollen?

Zu einem offenen Gespräch kam es auch später nicht. Ich hätte ihn gern gefragt: Wie konntest du diesen Leuten folgen? Wie konntest du dich von so einer Horde mitziehen lassen? Vielleicht hatte er Angst gehabt, sich gegen die Nazis zu stellen. Er hat dafür gebüßt.

Günter Kerns Bruder Georg Baselitz vor seinem Bild »Versperrter Maler«

Der Granatsplitter, der den Trinkbecher durchschlagen hatte, war in seinem Kopf stecken geblieben. Er bekam ein Glasauge; ich erinnere mich, dass er es abends immer rausnahm und in ein Wasserglas legte. Bis zu seinem Tod litt mein Vater unter Kopfschmerzen. Mein Bruder Hans-Georg, der sich im Westen Georg Baselitz nannte und als Maler berühmt wurde, verarbeitete die Verletzungen und Demütigungen unseres Vaters in seinen bekannten Heldenbildern.

Das Thema Zerstörung findet sich in seinem ganzen Werk wieder, seit 1969 malt er seine Motive auf dem Kopf. »Ich bin in eine zerstörte Ordnung hineingeboren worden«, sagte er einmal, »in eine zerstörte Landschaft, in ein zerstörtes Volk, in eine zerstörte Gesellschaft. Und ich wollte keine neue Ordnung einführen. Ich hatte mehr als genug sogenannte Ordnungen gesehen. Ich war gezwungen, alles in Frage zu stellen.«

Auch für mich hat die Geschichte meines Vaters ganz wesentlich dazu beigetragen, jeder noch so überzeugenden Ideologie skeptisch gegenüberzustehen. Als ich 1963 studieren wollte, hieß es, ich müsse dafür Mitglied der SED werden. Ich weigerte mich; die Studienzulassung, die ich bereits hatte, wurde daraufhin wieder zurückgenommen, wegen »politisch-ideologischer Unreife«.

Ich blieb trotzdem kritisch. Deshalb wurde ich überwacht und bespitzelt, von meinem Rechtsanwalt, von meinem Chef und sogar von einem meiner ganz engen Freunde, das habe ich später in meiner Stasi-Akte gelesen.

Unsere Wohnung wurde von der Stasi heimlich verwanzt, 1983 wurden meine Frau und ich auf einer Urlaubsreise nach Budapest verhaftet. Wir wurden zum Verhör gebracht, mussten uns nackt ausziehen, wurden am ganzen Körper untersucht. Man warf uns vor, dass wir die Republik illegal verlassen wollten. Später haben wir erfahren, dass ein mitreisender Freund in Wahrheit »IM Müller« war – und die Stasi mit Informationen über unsere kritische Haltung versorgt hatte. Ein persönlicher Schock, der mir noch heute sehr nahegeht. Das Erschreckende war, dass man in der DDR nach der Nazierfahrung erneut Leute fand, die genau das fortsetzten, nur unter einer anderen Überschrift.

Heute bin ich froh, dass ich dem Druck standgehalten habe. Dass ich gerade geblieben bin. Aber das Thema Stasi kriegt man nicht raus aus dem Kopf, das beschäftigt meine Frau und mich heute noch sehr. Eine Psychologin hat mal gesagt: Das wird Sie nicht loslassen. Sie müssen lernen, damit zu leben. Ich kann es nicht abstreifen und in die Ecke stellen. Es ist ein Teil meines Lebens.

Den Trinkbecher bewahrte mein Vater bis zu seinem Tod auf. Er stand in seinem Arbeitszimmer auf dem Schreibtisch. Als er starb, habe ich ihn übernommen. Der Becher erzählt all das, worüber mein Vater nicht reden wollte. Sein ganzes beschädigtes Leben ist in diesem Becher drin.

Stasi-Auftrag zur Beobachtung und Verhaftung von Günter Kern, 1983

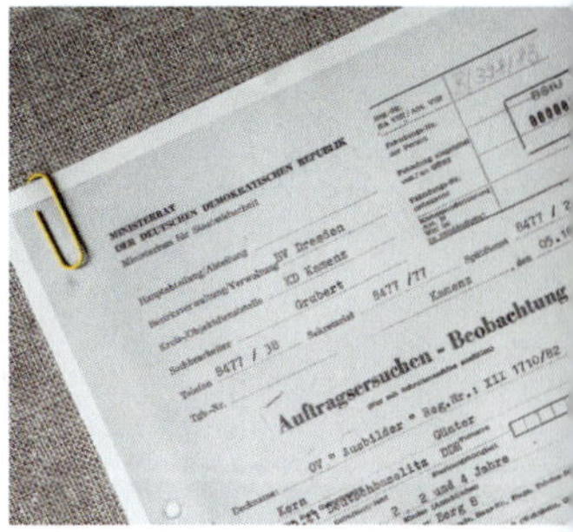

Und er steht für das, was mein Vater uns Kindern mitgegeben hat. »Haltet euch von den Ideologien fern, lasst euch nicht vereinnahmen.«

Mein Vater musste erst halbblind werden, damit er sehen konnte.

Günter Kern, Jahrgang 1941 (Kamenz)

»Es erinnerte meine Mutter an die Zeit, als alles noch möglich schien«

Die Mutter von Christel Platz war 16, als sie sich in ihren späteren Mann verliebte. Kurz darauf musste der an die Afrikafront. In der Kriegsgefangenschaft nähte er ihr ein Necessaire, wahrscheinlich träumte er von gemeinsamen Reisen nach dem Krieg. Sie hat es nie benutzt.

Mein Vater war zwanzig, als er im März 1941 zur Wehrmacht eingezogen wurde. Über Bordeaux und Neapel kam er nach Tunesien, an die Afrikafront, als Funker. 1943 geriet er in englische Gefangenschaft. Später hat er für uns Kinder aufgeschrieben, wie er diese Zeit erlebt hat.

> *Keine med. Versorgung, keine Registrierung, fast jede Nacht Fluchtversuche, MG-Garben peitschten über das Lager, gab es Verletzte? Tote? Wir merkten nur, wenn einer aus unmittelbarer Nähe fehlte. Ich erinnere mich an eine Tagesration »8 Kekse u. eine Hand getrockneter Bohnen« (…) Nach Wochen Verladung in Güterwagen, Luftklappen wurden vernagelt, keine Clo-Möglichkeit (…) Wir rissen Bohlen aus dem Waggonboden, ansonsten mußte wegen übervoller Besetzung in 2 Partien geruht werden – 1 Partie stehen, 1 Partie ruhen – die Tortur dauerte 3 Tage u. Nächte durch das Atlasgebirge nach Oran. Die Amerikaner übernahmen den Transport und waren entsetzt über den Zustand in den Waggons, viele Kranke, auch Tote, und aus einigen Waggons sind Landser durch den Boden geflüchtet und haben sich überrollen lassen.*

Im August 1943 traf mein Vater in Texas ein, dort blieb er bis Oktober 1945. In den amerikanischen Lagern mussten die Gefangenen Baumwolle und Früchte ernten. Es ging ihnen vergleichsweise gut. In ihrer Freizeit konnten sie verschiedene Kurse besuchen, zum Beispiel Englisch lernen oder Handwerkliches.

Albert Bähr, Juni 1941

Kurz bevor mein Vater eingezogen worden war, hatte er meine Mutter kennengelernt, da war sie 16. Sie waren miteinander befreundet, wahrscheinlich auch sehr verliebt. Er hoffte, nach Ende des Krieges heiraten und ein harmonisches Familienleben führen zu können. Diesen Wunsch teilte er sicherlich mit vielen jungen Soldaten, die in den Krieg ziehen mussten.

In dem Gefangenenlager hat mein Vater dieses Necessaire für meine Mutter gemacht. Halterungen für Döschen und Tuben sind darin, Platz für eine Zahnbürste, für Zahnpasta, sogar ein kleiner Spiegel. Er hatte ja in seiner Soldatenzeit viele Länder gesehen. Vielleicht hoffte er, mit meiner Mutter später Reisen zu unternehmen.

Ich war selbst Handarbeitslehrerin, Sport und Hauswirtschaft, ich bin jemand, der Handarbeiten ehrt. Welche Note ich dieser Arbeit geben würde? Eine Eins. Und ich habe die Eins selten vergeben. Das Necessaire ist so sorgfältig gemacht, als ob er eine Maschine gehabt hätte. Es ist zwiegenäht, eine besondere Art, dickes Material mit zwei Nadeln zu nähen. Später hat mein Vater mir mal vorgemacht, wie das Zwiefachnähen geht: mit besonderen Nadeln und zwei Fäden; es ist nicht einfach.

Christel Platz mit ihren Eltern, Ludwigshafen 1950

Und dann die Art des Stiches: die Sorgfältigkeit. Dass es überhaupt funktioniert, dass man das Necessaire zumachen kann. Sicherlich hat er alles genau berechnet: Der Reißverschluss ist so und so groß, also muss der Rest so und so groß sein.

Mein Vater hat ja im Grunde kein Material besessen. Ob er es irgendwo stibitzt hat? Vielleicht hat er auch eine Jacke auseinandergeschnitten. Ich weiß, dass er in Texas Baumwolle gepflückt hat. Es kann also auch sein, dass das mal ein Baumwollsack war. Zum Schluss hat mein Vater noch sein Monogramm aufgenäht: AB, Albert Bähr.

Im Oktober 1945 kam er zurück nach Deutschland. 1946 haben meine Eltern dann tatsächlich geheiratet. Zwei Jahre darauf wurde ich geboren. Viele Jahre später bekam ich noch eine Schwester.

Aber die Ehe meiner Eltern war nicht besonders gut, obwohl die beiden fünfzig Jahre lang zusammenblieben. Mein Vater war cholerisch, darunter haben meine Mutter und ich gelitten.

Reisen haben meine Eltern so gut wie keine unternommen. Sie haben gearbeitet, mein Vater hat ein Haus gebaut; die meisten Menschen hatten damals anderes im Sinn, als ihre Träume zu verwirklichen. Als Familie sind wir zwar mal nach Italien in den Urlaub gefahren, mit dem VW Käfer. Aber das Necessaire hat meine Mutter, soweit ich mich erinnere, nie dabeigehabt.

Zehn Jahre vor seinem Tod hat mein Vater begonnen, sein Leben aufzuschreiben: die Stationen seiner Soldatenzeit, die Gefangenschaft in Amerika, alles, was er erlebt hatte. Er hat das für uns gemacht. Vermutlich hätte er uns auch früher schon gern von seiner Kriegszeit erzählt. Aber wir haben ihn nicht gefragt.

2006 ist meine Mutter gestorben. Als ich ihr Haus ausgeräumt habe, fand ich im Keller das Necessaire. Ich glaube, sie hat es nie benutzt. Sie hat es nicht wertgeschätzt. Trotzdem hat sie es aufgehoben. Vielleicht weil es sie an die Zeit erinnert hat, als alles begann. Als ihr Leben noch vor ihnen lag. Als noch alles möglich schien.

Christel Platz, Jahrgang 1948 (Ladenburg)

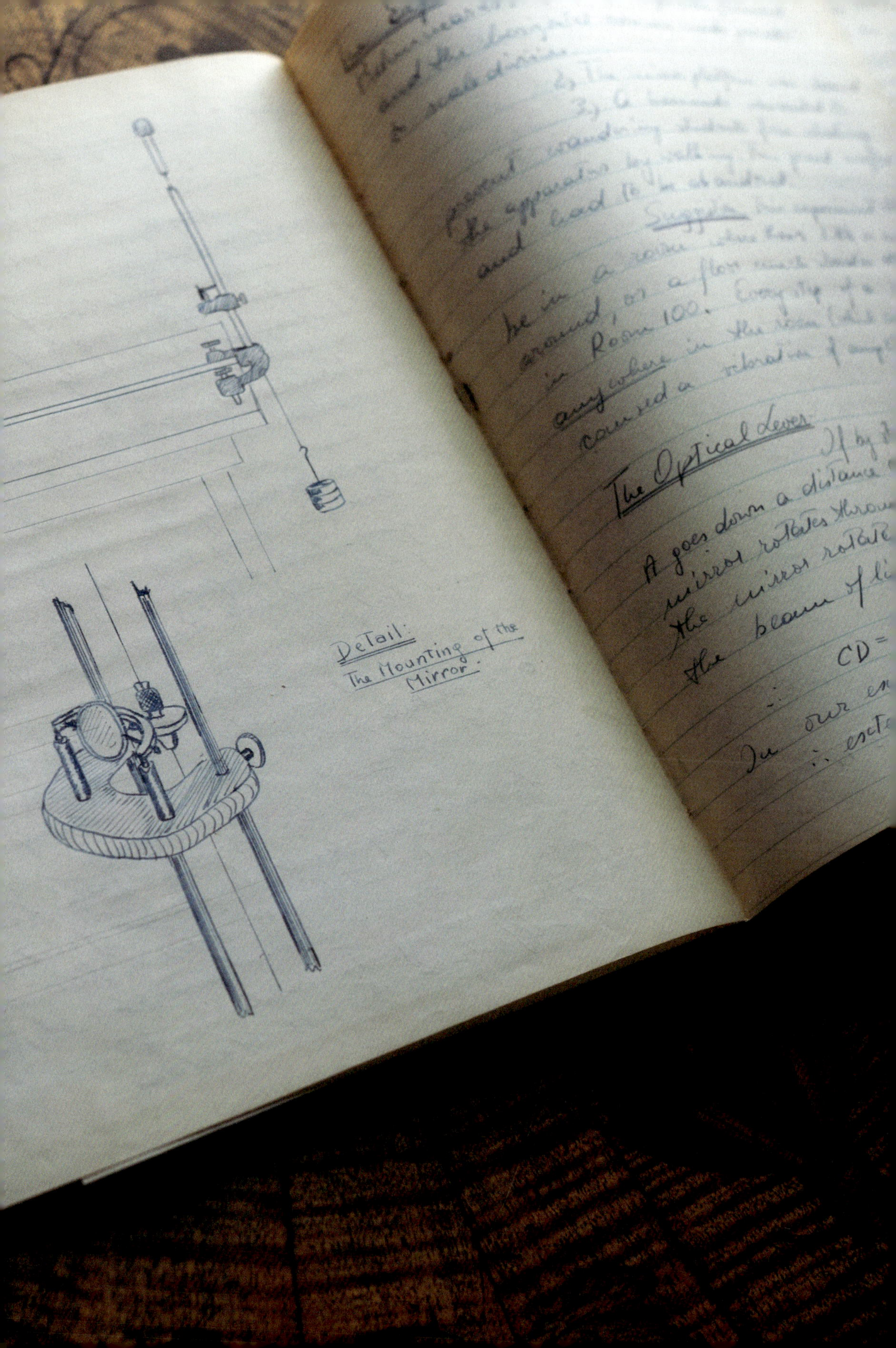

Detail: The Mounting of the Mirror.
Suggestion
be in a room
around, or a floor
in Room 100. Every step of a
anywhere in the room
caused a vibration of any
The Optical Lever
A goes down a distance
mirror rotates through
the mirror rotate
the beam of li
CD =

»Wir haben Hitler anfangs nicht ernst genommen. Wir haben dafür bezahlt«

Der Kernphysiker Josef Eisinger wuchs in Wien auf, als Sohn eines jüdischen Kaufmanns. 1939, nach dem »Anschluss« Österreichs an Deutschland, musste er seine Heimatstadt mit einem »Kindertransport« verlassen, ohne seine Eltern, ganz auf sich allein gestellt. Laborberichte aus der Nachkriegszeit erinnern ihn daran, wie seine Wissbegierde ihn rettete.

Josef Eisinger, England 1939

Ich war vierzehn Jahre alt, als mein Heimatland Österreich den »Anschluss« an das nationalsozialistische Deutschland bejubelte. Anfangs war ich neugierig: Was sollte mir passieren? Wir wussten zwar, dass Hitler Antisemit war. Wir wussten auch, dass in Deutschland schreckliche Sachen passierten. Aber inwiefern uns das betreffen würde, davon hatten wir keine Ahnung.

Konstruktionszeichnung von Josef Eisinger

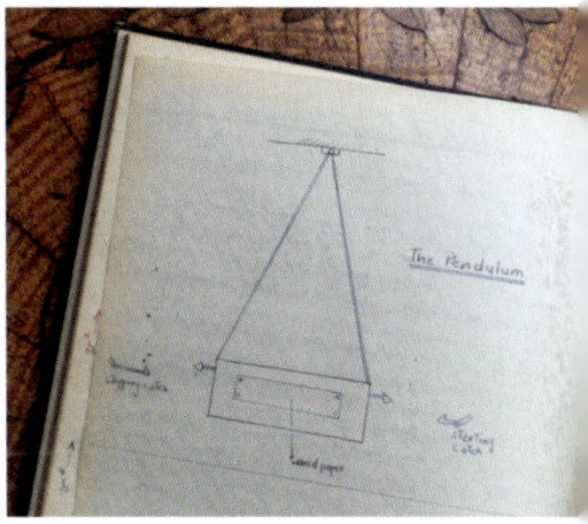

Als Hitler seine erste Rede in Österreich hielt, kam ich am *Hotel Imperial* vorbei, wo er gewohnt hat. Eine riesige Menge wartete darauf, dass er sich zeigte. Die Menschen sangen »Nach Hause, nach Hause, nach Hause gehen wir nicht«. Das hat mich sehr beeindruckt: die unglaubliche Macht, die von dieser Menschenmenge ausging. Das schien mir gefährlich. Alle sprachen plötzlich mit *einer* Stimme. Jede Individualität war verschwunden. Vielen Menschen gefällt das, sie fühlen sich sicherer, wenn sie mit anderen zusammen sind, wenn sie in der Masse aufgehen. Das hat mir einen so starken Eindruck gemacht, dass ich bis heute nicht an Massenveranstaltungen teilnehme. Selbst dann nicht, wenn es um eine gute Sache geht.

Bis dahin war Wien eine sozialdemokratische Stadt gewesen, weltoffen, kulturell vielfältig. Damit war nun Schluss. Politiker, Historiker, Schriftsteller, Journalisten wurden verhaftet. Die Nazis hatten lange Listen – da stand jeder drauf, der politisch aktiv war, Sozialisten, Kommunisten, Monarchisten.

Mein Vater war religiös, aber nicht fanatisch. Wir haben einen koscheren Haushalt gehabt. An den hohen Feiertagen ging er in

Josef Eisinger (links) mit seiner Schwester Ilse im Wiener Arenbergpark, 1930

den Tempel, manchmal auch an Sabbat. Mich hat das wenig interessiert. Später habe ich beschlossen, dass die Religion nur eine Erfindung ist.

Anfangs habe ich vom Antisemitismus wenig gemerkt. In der Grundschule gab es dann einen Jungen, der mich als »Saujud« beschimpfte, ich war sieben, vielleicht acht Jahre alt. Es war das erste Mal, dass ich Antisemitismus zu spüren bekam.

Bald war es Juden verboten, die Parks zu betreten. Oder ins Kino zu gehen. Oder in die Oper. Meine Eltern waren entsetzt, als sie herausfanden, dass ich ein Hakenkreuz angesteckt hatte, um mit einem Cousin zusammen ins Opernhaus gehen zu können. Es war ein wenig Abenteuerlust dabei. Ich konnte mir nicht vorstellen, was das alles mit mir zu tun haben sollte. Ich war nur ein Schuljunge. Es war eine Form von Trotz. Ich hasste Obrigkeiten. Ich hasse sie immer noch.

Dann wurden die ersten Juden festgenommen. Sie wurden geschlagen und gedemütigt. Schon drei Wochen nach dem »Anschluss« ging der erste Transport nach Dachau. Die Deutschen waren sehr effizient. Sehr schnell und gründlich. Und die Lage verschlimmerte sich rasch. Es gab viele Verhaftungen, viele Selbstmorde. Kabarettisten und Komiker wurden besonders schlecht behandelt, weil sie sich über die Nazis lustig gemacht hatten. Es kursierten in Wien hunderte Witze über Hitler. Wir haben ihn anfangs nicht ernst genommen. Wir haben dafür bezahlt.

Josef Eisinger als Goldgräber im nördlichen Québec, Sommer 1944

Mein Vater hatte ein Geschäft am Hohen Markt. Er handelte mit Schwämmen. Nach der »Kristallnacht« wurde es von einem Abwickler übernommen. Aber mein Vater wurde nicht verhaftet – ich glaube, weil er unterm Rock seine Medaille aus dem Ersten Weltkrieg getragen hat. Er war sieben Jahre lang beim Militär gewesen. Die SA-Leute haben gesagt: Schauen's, dass Sie weiterkommen.

Innerhalb weniger Monate wurde deutlich: Es gab keine Zukunft für Juden in Österreich und Deutschland. Meine Schwester Ilse hatte einen Job als Au-pair in England bekommen. Ihr Boss war ein sephardischer Jude. Sie überredete ihn, meinen Namen auf die Liste für einen Kindertransport zu schreiben. Nur eine Person durfte mich zum Bahnhof begleiten. Meine Mutter brachte mich. Von meinem Vater hatte ich mich vorher verabschiedet. Als er mir Lebewohl sagte, segnete er mich und sprach ein Abschiedsgebet. Das hatte er nie zuvor gemacht. Als wir zum Westbahnhof kamen, waren viele Offizielle dort, SA, SS, Polizei. Ein SS-Mann fand, es sei lustig, wenn wir etwas singen würden, wenn der Zug aus dem Bahnhof rollte. Und so sangen wir: »Muss i denn, muss i denn zum Städtele hinaus…«

Ich konnte lediglich einen Koffer mitnehmen. Ein Paar Stiefel war darin, Socken, ein Stopfholz, um die Löcher zu stopfen. Es gab damals ja noch keine Kunstfasern; man hatte ständig Löcher am Zeh und an der Ferse. Und Hemden. Und ein anständiger Anzug. Es ist immer wichtig, einen guten Anzug zu besitzen. Und ein Gebetbuch, das mir mein Vater gegeben hatte.

In London traf ich meine Schwester wieder. Der Mann, der meinen Namen auf die Liste gesetzt hatte, nahm mich beiseite und sagte: Joe, dies ist alles, was ich für dich tun konnte. Von jetzt an bist du auf dich selbst angewiesen. Ich dankte ihm und sagte: Das ist wunderbar. Ich hatte keine Ahnung, was das bedeutete: auf sich selbst angewiesen zu sein.

»Steuerliche Unbedenklichkeitsbescheinigung« von Josef Eisinger, 1939

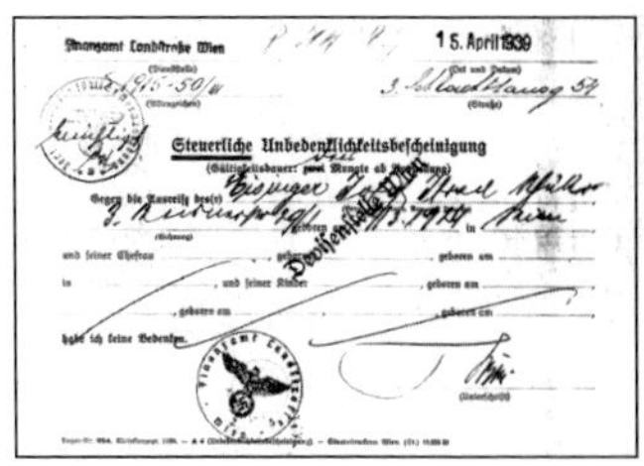
Finanzamt Landstraße Wien
15. April 1939
Steuerliche Unbedenklichkeitsbescheinigung

Ich war 15, allein in einem fremden Land. Und ich hatte keinen Rechtsstatus. Ich war ein Illegaler. Die Flüchtlingskomitees wollten mit mir nichts zu tun haben. Aber sie besorgten mir wenigstens ein paar Jobs.

Anfangs habe ich auf einer Farm gearbeitet. Später ging ich nach Brighton, ich wurde Abwäscher in einem Hotel. Von dort aus bin ich dann nach Kanada gekommen, im Juli 1940.

Anfangs war ich interniert, wie alle, die aus Deutschland oder Österreich geflohen waren. In den Lagern habe ich zum ersten Mal seit langer Zeit junge Leute kennengelernt, mit denen ich Deutsch sprechen konnte. Das war für mich eine Befreiung.

Schon eine Woche nach unserer Ankunft wurde eine informelle Lagerschule organisiert. Zusammen mit ungefähr zwanzig anderen besuchte ich Kurse in englischer Literatur, Latein, Mathematik und Physik.

Am 11. April 1941 schrieb ich in mein Tagebuch:

> *Ich verbringe gerade die beste Zeit meiner Internierung.*
> *Ich studiere den ganzen Tag, und soweit ich das beurteilen kann,*
> *macht es mich glücklich.*

Im Dezember 1941 wurde ich entlassen. Im Sommer 1942 belegte ich an der Universität Toronto den Leistungskurs für Mathematik und Physik, weil ich den Denkansatz schätzte, mit dem die Physik die Wirklichkeit erforscht.

Ich habe während des Studiums diese Laborberichte angefertigt: Zeichnungen, Tabellen, Experimente. Alles ohne Computer. Heute kann man sich all das aus dem Internet besorgen. Damals mussten wir uns das selbst erarbeiten.

Die Laborberichte habe ich aufgehoben, ich verwahre sie hier in unserer Wohnung in New York. Manchmal zeige ich sie meinen Enkeln.

Viele Menschen, die interniert waren, sind sehr bitter geworden. Für mich hat sich in dieser Zeit eine Welt eröffnet. Von Kanada ging ich nach Cambridge ans MIT, später habe ich in Kernphysik promoviert.

Meine Eltern habe ich erst acht Jahre nach meinem Abschied von Wien wiedergesehen. Sie hatten Österreich gerade noch rechtzeitig verlassen können. Ende 1939 waren sie zur Deportation vorgesehen, nach Polen. Mein Vater schaffte es, einen Aufschub zu erwirken, für zwei Wochen. In dieser Zeit gelang es meinen Eltern, Wien auf einem der illegalen Transporte über die Donau zu verlassen. Irgendwann gelangten sie dann nach Palästina.

Als wir uns in Haifa wiedersahen, haben wir uns natürlich gefreut. Aber es war auch eine Kluft spürbar. Sie hatten mich als Buben verabschiedet, jetzt stand ich als junger Mann vor ihnen.

Meine Eltern hatten damals keinen Zweifel gehabt, dass es das Beste wäre, wenn wir Kinder rauskämen aus Österreich. Sie haben uns losgeschickt, weil sie uns lieb hatten. Die meisten aus meiner Familie wurden ermordet. Onkel, Tanten, meine Großmutter, ein Cousin. Wir haben Glück gehabt.

Josef Eisinger, Jahrgang 1924 (New York)

»Natürlich sind aus der Kriegszeit Narben geblieben. Aber auch die Narben geben Kraft«

Rita Süssmuth, 1937 in Wuppertal geboren, war unter Kanzler Helmut Kohl Bundesministerin für Jugend, Familie und Gesundheit und von 1988 bis 1998 Präsidentin des Deutschen Bundestages. Als Politikerin kämpfte sie leidenschaftlich für die Gleichstellung der Frauen. Durch den Krieg, sagt sie, habe sie eine schwierige Kindheit gehabt. Manche Bilder verfolgten sie noch Jahre später in ihren Träumen.

Diese silberne Zigarrenspitze gehörte meinem Großvater. Wir Kinder hingen sehr an ihm. Er war ungemein großzügig, eine Seele von Mensch, sagte immer offen seine Meinung und ließ sich ungern was vorschreiben.

Oft saß er in seinem Sessel und rauchte Zigarre. Er genoss das Leben, war zufrieden. Kurz vor dem Phosphorangriff auf Wuppertal starb er. Er hat nicht mehr erlebt, dass sein Haus ausbrannte und auch das Geschäft.

Die existenziellen Erfahrungen von Krieg haben mich mein Leben lang begleitet. Ich erinnere zum einen tatsächlich Erlebtes und zum anderen lediglich Berichtetes. Manches hat man so oft erzählt bekommen, dass man irgendwann das Gefühl hatte, man hätte es selbst erlebt.

Wir hatten ja damals nicht viele Bilder, Fernsehen gab es zwar schon, aber nur für die Wohlhabenden. Dadurch prägten sich die Geschichten, die wir hörten, besonders ein. Sie verwandelten sich in Bilder, die wir zwar nur in unserer Phantasie entwickelten, die aber durchaus sehr nah bei der Wirklichkeit lagen.

Noch heute sehe ich verkohlte Leichen vor mir und brennende Menschen, die in die Wupper flüchten. Obwohl ich nicht dabei war, habe ich vor Augen, wie sie reinsprangen, um ihr Leben zu retten.

Die Bilder der Phosphornächte in Wuppertal 1943, als unser Haus wegbombardiert wurde, haben mich jahrzehntelang verfolgt. Der Tod meiner Patentante, die verbrannt im Treppenhaus lag. Die Erwachsenen hatten mir nur erzählt, sie sei verbrannt, daraus entstanden dann in meinem Kopf die Bilder. Ich sehe genau vor mir, wie sie dort auf der Treppe liegt, auf halber Etage, vor den Toiletten.

Das ist mir nicht aus dem Kopf gegangen, davon habe ich jahrelang geträumt. Wenn mir Leute heute sagen, ich sei so schreckhaft, dann sage ich, das stammt aus dieser Zeit. Da war alles schreckhaft.

Rita Süssmuth mit ihrer Mutter, 1937

Meine Kindheit war von den Schrecken des Krieges geprägt, und von der Angst. Mein Vater war gleich 1939 eingezogen worden, zum Polenfeldzug. Für uns war das ein Schock. Die Sorge, ob der Vater noch lebt, war immer da.

Während mein Vater im Krieg war, wurde meine Mutter schwer krank, sie lag mit Paratyphus im Krankenhaus. Wir drei Mädchen waren die Kriegszeit über im Wesentlichen allein.

Wir mussten uns um uns selbst kümmern. Jede hatte Aufgaben, jede wusste, was sie zu machen hatte. Natürlich kam auch mal ein Erwachsener aus der Nachbarschaft vorbei, aber die hatten ja mit sich selbst genug zu tun. Wir haben uns durchgewurschtelt.

Als mein Vater im Sommer 1945 aus dem Krieg zurückkam, nach sechs Jahren, lag sein fünf Monate alter Sohn, mein jüngerer Bruder, im Sterben. Auch er hatte Paratyphus bekommen. Mein Vater hat ihn dann mit Säften aus dem Obst aus unserem Garten genährt, so hat er ihn retten können.

Auch die unmittelbare Nachkriegszeit war nicht Befreiung, sondern auch wieder Angst. Nachts haben wir Mädchen uns im Garten versteckt, denn in der Nachbarschaft wohnten ehemalige Kriegsgefangene, Russen und Polen, die zur Zwangsarbeit verpflichtet worden waren. Die lebten nun ihren ganzen Unmut aus. Wir hatten Angst, dass sie uns etwas antun. Das gab es damals ja in vielen Familien, dass die Frauen und Töchter versteckt wurden.

Ich weiß noch, wie Russen zu uns ins Haus kamen und unseren Kristallleuchter zerschossen. Sie schütteten Suppe in den Flügel und beschmierten den Deckel mit einem farbigen Lack, einfach um ihn zu zerstören. Das habe ich nie vergessen. Der Flügel war für mich wie ein Heiligtum.

Über seine sechs Kriegsjahre hat mein Vater nie gesprochen. Ich habe ihn auch später nicht nach seinen Erlebnissen gefragt, das war ein Tabu. Ich weiß bis heute nicht: Was war in seinem Leben zwischen 1939 und 1945? Was hat ihn bewegt? Das ist eine unaufgearbeitete Geschichte, ein schwarzes Loch.

Auch meine Mutter ist nie damit fertiggeworden, dass 1945 ihre Welt zerstört wurde. Ihre Eltern besaßen ein Schmuckwarengeschäft, hatten sich hochgearbeitet und lebten in einer großzügigen Wohnung. Meine Mutter war eine sehr temperamentvolle Frau gewesen, aber dann kam ihre Krankheit, der Krieg, das Elternhaus brannte ab, das Geschäft war weg. Alles ist zerbombt worden.

Beide Eltern sind früh gestorben, mein Vater 1963, meine Mutter 1967.

Viele Menschen, die den Krieg erlebt haben, konnten später über ihre Erlebnisse nicht sprechen. Das muss man respektieren. Es war eine kriegsverschwiegene Generation. Das Erlebte wurde verdrängt. Und weil unsere Eltern nicht darüber sprechen konnten, können auch wir Kriegskinder nicht darüber sprechen. Was ich verstanden habe: Der Krieg war so entsetzlich, dass jedes Sprechen darüber die Menschen heftig auseinandergeworfen hätte.

Wir haben es dann zugeschüttet durch Tatkraft in anderen Bereichen, im Wiederaufbau. Genau das ist uns später von den 68ern sehr kritisch vorgeworfen worden. Der Vorwurf war: Ihr lasst uns nicht heran an das, was wirklich passiert ist. Die haben gebohrt: Habt ihr wirklich nichts gewusst? Warum habt ihr das alles geschehen lassen? Worum habt ihr euch eigentlich gekümmert? Das sind berechtigte Fragen. Aber die Antwort ist: Anders hätten wir gar nicht überleben können.

Großvater von Rita Süssmuth (in Wuppertal)

Man darf nicht vergessen, wie anspruchsvoll das Leben damals war. Das Alltägliche erforderte so viel Tatkraft, dass man gar nicht dazu kam, die Erlebnisse aufzuarbeiten. Wir mussten uns um die Nahrung für den Tag kümmern, das beherrschte alles. Im Herbst stand ich schon um vier Uhr morgens auf, um Fallobst zu sammeln, denn die Ersten bekamen natürlich das meiste Obst. Der Alltag war so rau, dass man immer froh war, wenn man an den Abend gekommen war.

Das Verdrängen entstand aus dem täglichen Existenzkampf. Doch das Verdrängte kehrt wieder, im Traum und in der Erinnerung. Die Erinnerung ist mitunter stärker als das, was wir zulassen wollen. Es *bedrängt* uns. Das merke ich auch bei mir.

Ich habe immer gesagt, ich habe eine schwierige Jugend gehabt, Kindheit und Jugend kannst du streichen. Aber als ich älter wurde, habe ich das uminterpretiert: Mensch, vielleicht war das gar nicht so schlecht, du hast ungeheuer viel Kraft aus dieser Zeit gewonnen, Widerstandskraft und Durchhaltevermögen. Das gilt bis heute: Ich gebe so schnell nicht auf.

Aber ich will auch nichts beschönigen. Als ich fünfzehn oder sechzehn war, habe ich gedacht: Aus dir wird nichts mehr. Ich verstand mehr von Haushalt als von Bildung. Ich hatte immer große Zweifel an mir, aber das ist gar nicht so schlecht, dann strengt man sich mehr an.

Weil meine Mutter so krank war, wollte ich von der Schule abgehen und Krankenschwester werden, aber mein Vater sagte: Mach doch wenigstens Abitur. Und da ich viel von meinem Vater hielt, habe ich das gemacht. Und als ich dann Abitur hatte, sagte er: Und nun studierst du Jura. Aber da habe ich gesagt: Jetzt ist Schluss. Ich mache jetzt, was ich möchte.

Er ließ nie locker, immer hieß es: Weitermachen! Noch auf dem Totenbett sagte er zu mir: Rita, versprich mir, dass du promovierst. Das war ihm unglaublich wichtig. Ich habe es dann tatsächlich gemacht, eben weil ich es ihm versprochen hatte.

Ich glaube, dass mein Vater nach 1945 kein zufriedenes Leben gehabt hat. Er hat nie zur Heiterkeit zurückgefunden. Er war ein sehr verschwiegener Mensch. Einmal sagte ich zu ihm: Wenn du nur endlich mal die Margarineschachtel nehmen und gegen die Tür knallen würdest, das täte dir gut. Wenn er doch einfach mal geplatzt wäre, zu seiner eigenen Befreiung! Ich glaube, er hätte es auch gerne gemacht, aber er konnte es offenbar nicht.

Ich bin in äußerster Sachlichkeit erzogen worden. Als ich Staatsexamen gemacht hatte, teilte ich meinem Vater meine Note mit, eine Eins, und er sagte: »Das hast du nicht verdient.« Den Satz habe ich nicht vergessen. Ich dachte, das hätte man wertschätzender sagen können. Wahrscheinlich hatte er gemeint, für eine Eins hätte man viel mehr arbeiten müssen.

Er hätte auch sagen können: Ich bin stolz auf dich. Aber das sagte er nicht. Er hat sich schon um seine Kinder gesorgt, aber er konnte es nicht in Worte fassen. Das konnte diese Generation nicht, das hatte sie nicht gelernt. Männer schon gar nicht. Man redete nur über Sachen, aber bitte nicht über Gefühle.

Zu mir sagte mein Vater immer: Rita, Contenance! Disziplin war ihm wichtig, Selbstkontrolle. Ich habe lange gebraucht, um dieses mich bedrängende Wort von der Contenance abzuwerfen. Da habe ich lange an mir gearbeitet.

Rita Süssmuth mit Heiner Geißler

Als ich mit der Politik in Berührung kam, hat mir ein Mensch geholfen, von dem ich nie gedacht hätte, dass er mich so stark führen würde, und das war Heiner Geißler. Das war ein Wilder, mitunter ging er in der Attacke auch zu weit, dann musste er sich hinterher entschuldigen, das hat er auch gemacht. Ich muss sagen, ich habe mich für ihn begeistert. Und er hat mich dann herausgeholt aus dieser Ecke: zurückhaltend sein, Contenance wahren. Er hat mir gesagt: Sie können mehr. Und: Nicht aufgeben!

Natürlich sind aus der Kriegszeit Narben geblieben, aber auch die Narben geben Kraft. Warum habe ich mich beispielsweise so für die Rechte der Frauen eingesetzt? Mir wurde immer wieder ge-

sagt, lass doch die Frauenfrage, so wichtig ist die nicht. Aber mir war sie wichtig, sie ist es immer geblieben. Vielleicht, weil mir bewusst geworden ist, was die Frauen im Krieg geleistet haben, wie viel Mut sie aufbringen mussten. Vielleicht bin ich deshalb immer auf Seiten der Benachteiligten geblieben, der Verfolgten.

Geholfen hat mir immer mein Glaube. Die Gewissheit, dass ich nicht allein bin. Das hat mir Kraft gegeben. Ich bin immer wieder überrascht, was alles in den Menschen steckt, an Ideen, an Tatkraft, an Hilfsbereitschaft.

Ich selbst bin eine Suchende. Ich stelle immer wieder Dinge in Frage: War alles sinnlos? Wenn ich heute erlebe, wie viele Menschen mir sagen, machen Sie bloß weiter, dann kann nicht alles sinnlos gewesen sein.

Krieg und Krankheit haben mich geprägt. Ich habe gelernt, meine Krankheit nicht wegzudrängen, sondern zuzulassen. Bei mir spielte das Wort »dennoch« eine große Rolle, im Sinne von: Das wollen wir doch mal sehen. Und so gehe ich auch gegen die Krankheit an; mal sehen, was daraus wird. Vielleicht muss ich eines Tages aufgeben, aber jetzt noch nicht. Manchmal schaffe ich Dinge, von denen ich selbst überrascht bin. Dieses »Dennoch« ist ein wichtiger Leitfaden in meinem Leben gewesen. Mal gucken, ob es nicht doch geht! Das spornt mich an.

Die Kriegserlebnisse habe ich nicht bewältigt. Warum muss man das alles bewältigen? Erlebt habe ich es. Und ich bin nicht darin untergegangen. Irgendwie bin ich durchs Leben gekommen, besser als ich je gedacht habe. Und das gibt mir Kraft, bis heute.

Rita Süssmuth, Jahrgang 1937 (Neuss)

20 30 40 50 60 70 80 90 100 110

»Ich musste im Heim bleiben, es durfte ja niemand erfahren, dass es mich gibt«

Ein jüdischer Großvater, sein altes Röhrenradio, eine komplizierte Familiengeschichte: Wolfgang Asser wurde als uneheliches Kind geboren, die ersten drei Jahre seines Lebens verbrachte er im Heim. Lange quälte ihn die Frage, warum für ihn in der Familie kein Platz war und das Verhältnis zu seinen Eltern ein Leben lang distanziert blieb. Heute ist ihm klar, dass seine Eltern traumatisierte Kriegskinder waren, die ihre Erlebnisse nie verarbeitet haben.

Rückseite des Röhrenradios

Dieses alte Siemens-Röhrenradio von 1929 gehörte meinem Großvater Herbert. Als Kind entdeckte ich es beim Stöbern in der Wohnküche meiner Großmutter, unter ihrem Nähzeug.

Mein Großvater war Jude. Weil meine Großmutter keine Jüdin war, galt ihre Ehe unter den Nazis als »Mischehe«, anfangs hat ihn das geschützt. Zur Meisterprüfung wurde er trotzdem nicht zugelassen, er musste weiterhin als Geselle arbeiten. Von 1938 an durfte er seinen Beruf gar nicht mehr ausüben, musste jahrelang Zwangsarbeit leisten.

Wolfgang Asser (rechts) im Säuglingsheim, ca. 1952

Mit Kriegsbeginn war das Hören ausländischer Radiosender in Deutschland streng verboten. Juden war es per Gesetz nicht einmal erlaubt, überhaupt Radiogeräte zu besitzen, die mussten abgegeben werden.

Mein Großvater behielt sein Radio, es wurde für ihn zur wichtigsten Informationsquelle. Er versteckte es im hintersten Winkel der Küche. Jeden Tag hörte er die Nachrichten auf BBC, mit Kopfhörern, damit nichts nach draußen drang. Die englischen Nachrichten hielten ihn aufrecht, sie gaben ihm Hoffnung, dass die Nazis irgendwann besiegt sein würden.

Mein Großvater überlebte das Naziregime, doch zwei Jahre nach Kriegsende trieben ihn seine Depressionen in den Suizid. Meine Großmutter blieb mit ihren beiden Kindern zurück, meiner Mutter und ihrer jüngeren Schwester.

Mit 18 lernte meine Mutter dann meinen Vater kennen, er stammte aus einer Familie, die wohl sehr nazitreu war. Sein Vater hatte als Architekt in der »Organisation Todt« gearbeitet, in Genua war er für den Bau von Hafen- und Brückenanlagen verantwortlich gewesen. Briefe an seine Frau unterschrieb er mit »Heil Hitler«. Für beide Familien war die Beziehung meiner Eltern unmöglich. Von der jüdischen Familie meiner Mutter waren 17 Verwandte ermordet worden. Meine Großmutter hat meiner noch nicht volljährigen Mutter die Erlaubnis zu dieser Hochzeit verweigert.

Eltern von Wolfgang Asser, ca. 1954

Als meine Mutter dann auch noch mit mir schwanger wurde, war das eine Katastrophe – zumal ein uneheliches Kind damals eine Schmach gewesen sein muss, die wir heute nicht mehr nachempfinden können. Als die Schwangerschaft immer sichtbarer wurde, hieß es offiziell, meine Mutter sei in Frankreich, bei einem Onkel. Tatsächlich lebte sie bei ihrem Großvater in Altona. Man glaubte, dort würde sie nicht erkannt.

Kurz vor meiner Geburt brachte der Großvater meine Mutter dann in einem Mütter- und Säuglingsheim im Hamburger Stadtteil Ottensen unter. Dort hat meine Mutter nach meiner Geburt etwa ein Jahr lang mit mir gelebt. Dann zog sie zurück in die Mietwohnung ihrer Mutter, ohne mich. Ich musste im Heim bleiben, es durfte ja niemand erfahren, dass ich da war. Ich war praktisch nicht existent, mich gab es einfach nicht.

Erst 1954, zwei Jahre nach meiner Geburt, heirateten meine Eltern. Bald darauf holten sie mich endlich nach Hause. Ich halte es für möglich, dass das Heim irgendwann zu ihnen gesagt hat: Der Junge kostet uns Geld. Entweder Sie nehmen ihn zu sich, oder wir müssen ihn zur Adoption freigeben.

Wolfgang Asser vor dem Säuglingsheim, Frühjahr 1953

Dass ich überhaupt im Heim war, haben mir meine Eltern nie erzählt. Ich habe es erst herausgefunden, als ich schon erwachsen war.

Das erste Jahr in diesem Mütter- und Säuglingsheim lässt sich noch erklären. Aber wo war ich danach, die zwei Jahre, bis ich nach Hause durfte? Da musste es noch ein anderes Heim gegeben haben.

Für mich blieb das lange ein Rätsel. 2011 war ich dann bei einem Freund zum Geburtstag eingeladen, er feierte im »Weißen Haus« auf dem Kösterberg in Hamburg-Blankenese. Ich betrat dieses Haus und dachte sofort: Das kenne ich! Den Eingangsbereich, den Raum, in dem früher die Waschbecken für die Kinder waren, den Bereich außen, wo damals die Schafe durchgetrieben wurden zum Stall: Ich hatte das Gefühl, hier schon einmal gewesen zu sein. Ich meinte, mich auch an den Speisenaufzug zu erinnern, den wir als Kinder so toll fanden, er ging von der Küche nach oben in den Speisesaal. Ich wusste sofort: Das ist ein Ort, an dem ich in meiner frühen Kindheit gewesen war.

Wolfgang Assers Vater, Mai 1945

Als ich meine Mutter einmal auf das »weiße Haus auf dem Berg« angesprochen habe, sagte sie nur: Wie kann es sein, dass du dich daran erinnerst?

Das hat mich mein Leben lang beschäftigt, es beschäftigt mich bis heute. Warum haben mir meine Eltern nichts davon erzählt? Warum haben sie meine ersten Lebensjahre totgeschwiegen?

Nach ihrer Hochzeit hatte mein Vater alles dafür getan, meine Vorgeschichte als uneheliches Kind auszulöschen. Ich besitze nicht einmal eine originale Geburtsurkunde – nur eine von 1955, mit dem Namen meines Vaters, obwohl ich bei der Geburt natürlich den Namen meiner Mutter bekommen hatte. Das trage ich meinem Vater bis heute nach: dass er alle Hinweise auf meine uneheliche Geburt vernichtet hat.

Das Verhältnis zu ihm war nie gut. Ich erinnere mich nicht, dass er mich jemals in den Arm genommen hätte. Ich habe ihm auch nie getraut. Einmal, da war ich vier oder fünf Jahre alt, waren wir an der Ostsee. Er setzte mich auf seine Schultern und ging mit mir ins Wasser. Er hatte mir versprochen, er würde mich festhalten. Als er dann brusttief im Wasser stand, hat er mich einfach reingeworfen. Ich fühle das bis heute: dieses ganze grüne Wasser um mich herum.

Ich habe danach versucht, nicht mehr mit ihm allein zu sein.

Auch das Verhältnis zu meiner Mutter war schwierig. Einmal war ich mit meinem Vater auf dem Hamburger Dom, ich war sechs oder sieben, das war einer der wenigen schönen Momente mit ihm. An einer Bude schoss er einen riesigen, rosafarbenen Teddy für mich. Als ich mit dem Ding nach Hause kam, fiel meine Mutter fast um. Sie fand den unmöglich. Der Teddy wurde dann ziemlich schnell entsorgt.

Meine Mutter hat sehr viel entsorgt. Einmal fand ich im Keller meiner Großmutter einen Wipproller mit Zahnradantrieb, den meine Mutter als Kind bekommen hatte. Mit dem fuhr ich dann stolz nach Hause. Als ich am nächsten Tag aus der Schule kam, war er weg, meine Mutter hatte ihn zum Sperrmüll gegeben. Sie sagte mir das aber nicht, stattdessen ließ sie mich suchen.

Heute erkläre ich mir ihr Verhalten so: Meine Eltern waren traumatisierte Kriegskinder, die ihre Erlebnisse nie verarbeitet haben.

Mein Vater war sehr strikt, sehr logisch in allem, was er tat, dabei aber völlig gefühlskalt. Die letzten Kriegswochen, erzählte er mir mal, habe er im Volkssturm verbracht, da war er noch nicht einmal 16 Jahre alt. Nach der Kapitulation war er mit dem Fahrrad von Königsberg nach Hamburg geflohen. Was er im Krieg gesehen, was er auf der Flucht erlebt hat, weiß ich nicht. Er hat nie darüber gesprochen.

Und meine Mutter war sicherlich durch die Angst um ihren Vater massiv beeinträchtigt. Diese ständige Bedrohung: Wenn ich mich verplappere, wenn die herausfinden, dass mein Vater Jude ist, dass er heimlich Radio hört, dann werden wir alle abgeholt.

Ob meine Eltern glücklich miteinander waren, weiß ich nicht. Über Gefühle wurde nicht gesprochen. Ihre Vergangenheit haben meine Eltern versteckt wie einen Buckel.

Wolfgang Asser als Sechsjähriger

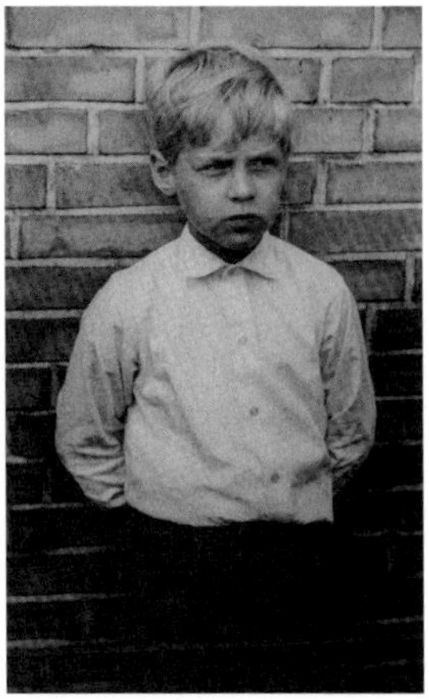

Als 1975 meine erste Tochter geboren wurde, da war ich 23, bin ich stolz zu meinem Vater gegangen. Ich dachte, jetzt holt er einen Schnaps raus und wir führen mal ein Gespräch unter Männern. Ich wollte wissen, wie das damals für ihn gewesen war, als ich geboren wurde. Als junger Vater ist man ja voller Gefühle, voller Liebe für sein Kind. Er hat mich dann so abgebügelt, so angeblafft, dass ich nach Hause gegangen bin: was mich das anginge, was ich überhaupt wolle. Danach habe ich nie wieder Fragen gestellt.

Auch die Vergangenheit der jüdischen Familie meiner Mutter war bei uns zu Hause nie ein Thema. Wenn mein Großonkel zu Besuch kam und von seiner Zeit im KZ erzählte, wurde er von meinen Eltern gebremst: Nun hör auf damit, das ist ja so grausig, das wollen die Kinder nicht hören, sagten sie dann.

Zu meinem 50. Geburtstag schenkte mir meine Mutter ein Album mit Fotos aus meiner Kindheit, darunter auch Bilder aus den ersten Jahren im Heim. Vielleicht wollte sie am Ende doch, dass ich Fragen stelle. Vielleicht war es ein Gesprächsangebot.

Aber ich habe mich nicht getraut, ich war durch mit dem Thema. Es war zu spät.

Das Dampfradio habe ich aufgehoben, ich konnte es vor meiner Mutter retten. Heute steht es neben meinem Bett, ich habe es reparieren lassen. Es funktioniert tatsächlich immer noch.

Die komplizierte Geschichte meiner Familie habe ich aufgeschrieben, auch für meine Kinder und Enkel. Zehn Jahre lang habe ich dafür recherchiert. Ich wollte eine Antwort finden auf die große Frage: Warum? Warum musste ich ins Heim? Warum haben meine Eltern, warum haben meine Großeltern nicht gesagt: Na dann, irgendwie packen wir das.

Eine Antwort habe ich bis heute nicht. Konventionen waren ihnen offenbar wichtiger als ich. Diesen Schmerz wird man nie ganz los. Irgendwann habe ich es dann hingenommen. Es ist so gewesen, ich habe mich da rausgestrampelt, ich bin froh, dass ich meinen eigenen Weg gehen konnte.

Ich habe sehr früh eine Familie gegründet, und ich bin Kinderarzt geworden. Ich habe versucht, aus meiner Erfahrung etwas Positives zu machen. Und immer einen Platz für andere zu haben: für meine Familie, meine Kinder, meine Enkel. Für mich ist das eine Erfüllung.

Ich bin mit meinem Leben zufrieden.

Wolfgang Asser, Jahrgang 1952 (Hamburg)

»Eine Kindheit, die ich nie hatte«

Wenn Jürgen Coprian an seine Kindheit denkt, erinnert er sich vor allem an die Angst, die er ständig hatte – und an den Hunger. Schokolade war damals eine Kostbarkeit. Vielleicht ist das der Grund dafür, dass ihn diese Blechdose seit 1945 begleitet.

Feurich-Keks
München

Diese Keksdose ist das Einzige, was ich aus meiner Kindheit gerettet habe. Die Bilder darauf zeigen eine ideale Kindheit: die Kindheit, die ich nicht hatte.

Bei Kriegsende lebte ich in einer Kleinstadt in Brandenburg. Geboren wurde ich in Berlin, aber als die Bombenangriffe begannen, brachte mich meine Mutter bei zwei Tanten in Blankenfelde unter.

Meine Eltern hatten 1937 geheiratet, ein Jahr später kam ich auf die Welt. Kaum war die Familie gegründet, wurde mein Vater 1941 eingezogen. Er war dann nur noch »im Felde«. Noch während des Krieges ließen sich meine Eltern scheiden.

Mein Vater kam nicht aus dem Krieg zurück. Als geschiedene Frau war meine Mutter keine Kriegerwitwe, sie bekam deshalb keine Rente. Also musste sie zusehen, wie sie Geld verdienen konnte. Sie wurde Nachrichtenhelferin, ging in den Westen und ließ mich allein bei den Tanten in Blankenfelde zurück.

Das waren die härtesten Jahre meines Lebens. Nicht nur wegen des Hungers, auch wegen der Angst. Als Kind hatte man eigentlich immer Angst. Anfang 1945 habe ich in der Schule noch die letzten Exzesse der Nazizeit erlebt. Ein Mitschüler hatte ein Stück Brot geklaut und unter das Gummi seiner Trainingsjacke gestopft, um es zu verstecken. Ein Lehrer griff sich den Jungen, zog an der Jacke, das Brot fiel heraus. Zur Strafe schlug er den Jungen so lange, bis er wimmernd auf dem Boden lag. Das vergesse ich nie.

In den Kriegsjahren war alles knapp. Es gab fast nur Brot und Kartoffeln, daraus wurden verschiedene Gerichte gekocht. Richtig schlimm fand ich Brotsuppe. Die schmeckte furchtbar. Und Zuckerrüben. Die wurden kleingeschnitten, gekocht und ausgepresst. Gekochte Zuckerrüben! Ich erinnere mich an den ekelhaften Geruch.

Wir Kinder waren alle unterernährt. Als Schulspeisung gab es Karotteneintopf, der nur aus Karotten und Wasser bestand.

Jürgen Coprian als Vierjähriger

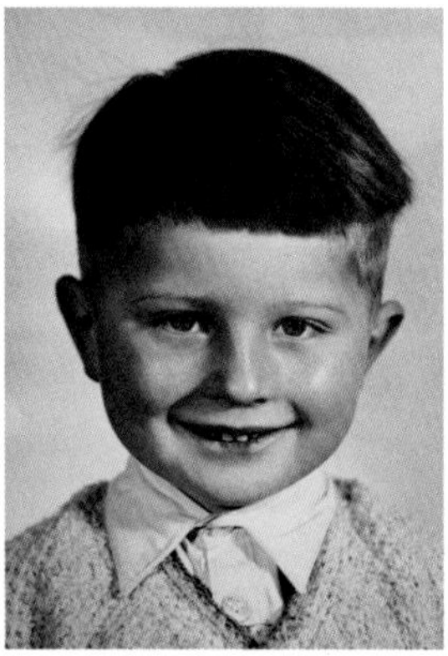

Und dann, ein paar Tage, bevor die Russen 1945 in unser Dorf einmarschierten, gab es plötzlich Schokolade bei unserem Kaufmann. Das war eine Sensation. Er wollte sie noch schnell verkaufen, bevor er sich auf die Flucht Richtung Westen begab. Alle aus unserem Dorf standen Schlange. Schokolade war zu Kriegszeiten natürlich etwas ganz Besonderes. Ich hatte bis dahin erst ein einziges Mal echte Schokolade gegessen.

Die Tanten lagerten die Schokoladentafeln in dieser Keksdose, oben im Regal, wo ich nicht rankam. Jeden Abend wurde die Dose heruntergeholt und ich bekam eine Rippe. Das war für mich eine Kostbarkeit.

Am 21. April 1945 marschierten die Russen in Blankenfelde ein. Wir versteckten uns im Keller. Die Tanten hatten schon Tage vorher alles vorbereitet, Obst und Gemüse eingemacht, ein Schlaflager hergerichtet und für mich ein Kinderbett aufgestellt. Jeden Tag hörten wir die Russen näher rücken, das Grollen der Front, den andauernden Kanonendonner.

Ich fragte meine Tanten: Was ist das? Sie sagten: Das ist die Front. Die Stimmung war gedrückt, die Angst vor den Russen groß.

Irgendwann waren sie da. Mit riesigem Lärm fielen die Soldaten in unser Haus ein. Die Tanten flüchteten durchs Kellerfenster und versteckten sich im Wald. Ich blieb allein im Keller zurück, lag in meinem Kinderbett, zu Tode erstarrt, und gab keinen Pieps von mir. Ich hatte furchtbare Angst. Nach einiger Zeit musste ich auf den Topf, aber ich traute mich nicht aufzustehen.

Ich weiß nicht, wie lange die Russen im Haus wüteten. Irgendwann kamen sie runter in den Keller. Ich denke schon, dass sie mich wahrgenommen haben, aber sie haben mir nichts getan. Ich versteckte mich in meinem Bett, bis die Tanten zurückkamen. Dann besichtigten wir die Schäden. Die Russen hatten die Möbel zerstört und alles mitgenommen, was irgendwie brauchbar war. Auch die Dose mit der Schokolade.

Einige Tage später war ich zu Besuch bei Nachbarskindern. Plötzlich kamen durch die Terrassentür zwei Russen herein. Einer von ihnen, ein Offizier, setzte sich an den Flügel und spielte, der andere sang dazu.

Dann schenkten sie uns Kindern Zwieback – und eine Dose mit Schokolade. Es war tatsächlich meine Dose, dieselbe, die sie wenige Tage vorher aus unserem Haus mitgenommen hatten.

Ende 1946 machte das Rote Kreuz meine Mutter ausfindig. Im Rahmen der Familienzusammenführung sollte mich eine Rotkreuz-Schwester zu ihr in den Westen bringen.

Ich konnte nur einen kleinen Koffer und einen Rucksack mit auf die Reise nehmen. Meine Spielsachen musste ich zurücklassen, sie hatten zu viel Gewicht. Die Keksdose durfte ich mitnehmen. Für mich war sie eine Art Schatztruhe, die ich heiß und innig liebte.

Jürgen Coprian mit seiner Mutter, Weihnachten 1941

Am Nikolaustag 1946 kam ich in Frankfurt an, nach elf Tagen im Zug, zickzack durch Deutschland. Meine Mutter holte mich am Bahnhof ab. Sie arbeitete inzwischen bei einem großen amerikanischen Warenhaus für Armeeangehörige, als Verkäuferin am Zigarettenstand. Das war ein Glücksgriff, denn Zigaretten konnte man wunderbar tauschen. Sie waren damals die Zweitwährung in Deutschland. Eine Stange Zigaretten war 1000 Mark wert.

Anfangs wohnte ich mit meiner Mutter in einer Siedlung in Praunheim. Aber nach drei Jahren war sie der Meinung, ich verkäme auf der Straße, weil ich mit ein paar Jungs Obst geklaut hatte. Sie gab mich in ein Kinderheim.

Ich habe später nie mit meiner Mutter über diese Zeit gesprochen. Verwandte sagten zu mir: Deine Mutter hätte nie Kinder

haben dürfen. Sie hat mich nicht schlecht behandelt, aber sie konnte nichts mit mir anfangen.

Ich wurde von einer Station zur nächsten geschoben. Dadurch waren meine Kindheit und Jugend zerrissen. Unser Verhältnis war auf besondere Weise distanziert, das ist mir heute bewusst. Ich habe Jahre gebraucht, um das zu begreifen. Um den Gedanken zuzulassen.

Die Dose habe ich aufgehoben. Wo auch immer ich in meinem weiteren Leben hinzog, war sie dabei. Heute steht sie im Regal in der Küche, da hat sie ihren festen Platz. Sie ist das Einzige, was aus meiner Kindheit überdauert hat.

Jürgen Coprian, Jahrgang 1938 (Lübeck)

»Wir Babyboomer sind groß geworden mit Sätzen wie: Stell dich nicht so an! Was sollen die Nachbarn denken?«

Ingrid Meyer-Legrand ist Therapeutin, Supervisorin und Coach mit eigener Praxis in Berlin und Brüssel sowie online. Seit vielen Jahren beschäftigt sie sich mit der generationenübergreifenden Weitergabe von Kriegstraumata, hält Vorträge und veranstaltet Seminare zum Thema Kriegsenkel. 2016 veröffentlichte sie das Buch »Die Kraft der Kriegsenkel«, im November 2024 erscheint ihr zweites Buch »Kriegsenkel: Endlich ankommen! Neue Zukunftsperspektiven durch die Versöhnung mit deiner Geschichte«.

Frau Meyer-Legrand, wer ist gemeint, wenn wir über Kriegskinder sprechen?
Das sind die Jahrgänge von 1928 bis 1946, die während des Krieges Kinder oder Heranwachsende waren. Deswegen können wir uns heute einigermaßen entspannt mit ihnen befassen, wir können sagen: Nicht sie waren schuld am Nationalsozialismus, sondern ihre Eltern, die Vorgängergeneration.

Lange durfte über das Leid dieser Kinder nicht gesprochen werden, weil es hieß: Im Land der Täter darf es keine Opfer geben. Das ist 2005 mit dem »Kriegskinderkongress« in Frankfurt aufgebrochen worden. Da haben die Kriegskinder zum ersten Mal über sich und ihr Leid gesprochen.

Was ist das Besondere an dieser Generation?
Kriegskinder haben nicht nur den Krieg im biografischen Gepäck, sondern auch noch die nationalsozialistische Erziehung. Mit Johanna Haarer und ihrem Erziehungsratgeber »Die deutsche Mutter und ihr erstes Kind« fing das Elend an. Diese Erziehung war darauf ausgelegt, dass die Kinder weder Bedürfnisse noch Gefühle äußern durften.

Gefühle galten als bedrohlich. Dahinter steckte die Überzeugung: Der Mensch ist böse, er muss erst einmal unter Kontrolle gebracht, der Natur entrissen werden. Das bedeutete für die Mutter: auf keinen Fall auf das Kind einzugehen und jegliche Gefühle zu regulieren.

Der sachliche Mensch, das war das Ideal. Ein Mensch, der Gefühle hat, galt als noch nicht fertig. Er musste dressiert werden.

Wie hat Johanna Haarer es geschafft, dass die Mütter die Bedürfnisse ihrer Kinder ignorierten?

Wenn die Mutter ihren Säugling schreien hört, ist es ja beinahe ein Reflex, darauf zu reagieren. Also schreibt Johanna Haarer in ihrem Buch:

»Versagt auch der Schnuller, dann, liebe Mutter, werde hart! Fange nur ja nicht an, das Kind aus dem Bett herauszunehmen, es zu tragen, zu wiegen, zu fahren oder es auf dem Schoß zu halten, es gar zu stillen. Das Kind begreift unheimlich rasch, daß es nur zu schreien braucht, um eine mitleidige Seele herbeizurufen (…) – und der kleine, aber unerbittliche Haustyrann ist fertig!«

Damit gab Haarer den Müttern den Auftrag, gegen ihre Gefühle anzugehen. Und die Mütter haben sich daran gehalten. Nicht aus Böswilligkeit, sondern weil es als fortschrittlich galt.

Viele Mütter haben ihre Kinder nur zur Körperpflege und zum Füttern aufgenommen und ansonsten alleingelassen. Wenn sie dann Stunden später nach ihrem Kind gesehen haben, wurde es gelobt: Du warst ja so ein braves Kind, du hast noch nach Stunden so schön ruhig da gelegen! Dabei war das von den Kindern pure Resignation.

Was bedeutet es für einen Säugling, wenn seine Bedürfnisse ignoriert werden?

Wenn ein Kind stundenlang schreit und nicht gehört wird, erschüttert das natürlich sein Verhältnis zur Welt. Irgendwann resigniert es – und verwischt diese Erfahrung, eben weil sie so schmerzhaft ist. Es braucht nicht unbedingt ein Schockerlebnis, es können auch solche vernachlässigenden Erfahrungen sein, die zu einem Trauma führen. Wenn das Kind spürt: Hier werde ich nicht geschützt. Das Bedürfnis nach Sicherheit und Schutz ist elementar. Wenn das durch Vernachlässigung verletzt wird, kann das dramatische Folgen haben. Das Selbstwertgefühl leidet enorm.

Welche Folgen sind das?

Die Kriegskinder haben sich selbst nie kennenlernen können, weil niemand mit ihnen in Resonanz gegangen ist. Dabei ist es überlebenswichtig, dass Kinder mit ihren Eltern in Resonanz stehen. Resonanz heißt: Ich habe ein Gefühl, ich äußere dieses Gefühl und bekomme eine Reaktion darauf: So vergewissere ich mich meiner selbst. Die Eltern spiegeln dem Kind, wer es ist.

Die Kriegskinder haben das von ihren Eltern nicht oder nur selten erfahren. Das können wir den Kriegskinder-Eltern nicht unbedingt vorwerfen. Denn diese Eltern wussten selbst nicht, wer sie sind, sie kannten sich in dem Sinne, wie wir uns heute kennen, gar nicht. Sie haben es nicht gelernt zu fragen: Wie geht es mir gerade? Was brauche ich? Das war ja verpönt.

Dieses Defizit haben diese Eltern an ihre eigenen Kinder weitergegeben und diese später an ihre Kinder, die Kriegsenkel. Meine Praxis ist voll mit Leuten, die sagen: Ich war hoffnungslos allein, vom Säuglingsalter an. Denn auch wir Kriegsenkel wurden als Kinder ja meist noch im strikten Vier-Stunden-Takt genährt und die übrige Zeit irgendwo hingestellt, in die Isolation.

Heute wissen wir, dass diese Art der Erziehung die Entwicklung eines Kindes regelrecht zerstört. Mangelnde Zuwendung und das Erleben von Ohnmacht wirken sich verheerend auf ein Kind aus. Das kann von Todesangst begleitet sein, das ist eine grobe seelische Vernachlässigung.

Ist diese Erziehung eine deutsche Besonderheit gewesen?

Dieses Menschenbild herrschte weltweit, lange vor Johanna Haarer: Der Mensch ist von Natur aus böse und kommt überdies ohne jegliche Fähigkeiten zur Welt. Die Nazis haben dieses Menschenbild dann mit Hilfe der Erziehungsideologie einer Johanna Haarer instrumentalisiert: Hart wie Kruppstahl, zäh wie Leder, flink wie Windhunde, so sollte die deutsche Jugend sein. Die Nazis brauchten Menschen, die gehorchten und Befehle ausführten.

Erst in den Sechzigerjahren wurde dieses Menschenbild abgelöst. Seitdem sind wir davon überzeugt, dass der Mensch »im Grunde gut« ist. Und so nähern wir uns heute auch dem Säugling. Wir wissen inzwischen, dass der Mensch schon mit Kompetenzen auf die Welt kommt. Zum Beispiel mit der Fähigkeit zu kommunizieren, also zu äußern: dieses oder jenes brauche ich. Ein Säugling äußert das sehr eloquent – wenn man denn seine Sprache versteht. Wer sich in den Säugling einfühlt, der versteht, was er braucht.

Als die Kriegskinder klein waren, galt Schlagen als beliebtestes Erziehungsmittel. Warum schlugen Eltern ihre Kinder?

Weil sie es durften und weil sie davon überzeugt waren, dass es in der Erziehung nicht ohne geht. Bis ins Jahr 2001 hatte die Bundesrepublik kein Gesetz über das Recht auf eine gewaltfreie Kindheit. Selbst heute gibt es weltweit nur 16 Länder, die überhaupt so ein Gesetz haben.

Und obwohl die Prügelstrafe in Deutschland inzwischen verboten ist, halten viele Eltern einen kleinen Klaps oder eine Ohrfeige für zulässig. Dann heißt es eben: Na ja, da ist mir die Hand ausgerutscht. Das ist immer noch im Sprachgebrauch.

Warum haben die Mütter oft weggeschaut, wenn ihre Kinder geschlagen wurden?

Schlagen galt als berechtigtes und erwünschtes Erziehungsmittel. Oft hieß es: Du weißt, dass es mir selbst am meisten weh tut, wenn ich dich schlage, aber es muss sein! Die Angst vor dem tyrannischen Kind war riesengroß. Die gibt es ja heute noch.

Natürlich spielten auch die damaligen gesellschaftlichen Verhältnisse eine Rolle. Die Väter kamen oft traumatisiert aus dem Krieg nach Hause zurück. Was haben sie vorgefunden? Eine desolate Familiensituation; unter Umständen hatten sie alles verloren, weil sie ausgebombt worden waren oder fliehen mussten. Sie mussten sich ganz neu erfinden, als Mann und Ehepartner. Denn die Frauen waren in der Zwischenzeit erstarkt. Häufig haben sie ihre Männer als Last empfunden und beklagten sich laut über sie: Was soll ich mit diesem Krüppel anfangen? Ich habe ein weiteres Kind am Hacken. Es war die Zeit der Krise des Mannes.

Natürlich haben die Männer versucht, ihre Macht wiederherzustellen. Sie wollten das Sagen haben, wie vorher. Ihre Ohnmacht haben viele auch durch das Prügeln ihrer Kinder ausagiert. Ihre Kriegserlebnisse, ihre Traumatisierung haben sie nie bearbeiten können, professionelle Hilfe gab es ja damals nicht.

Haben die Kinder das Prügeln ihrer Väter als Unrecht wahrgenommen?

Ja, sicherlich, aber ob sie es damals hinterfragt haben? Das ist halt so, dachten sich viele, das ist normal. Damit schützten sie natürlich auch die Eltern. Und selbst wenn sie später als Erwachsene sagen: Ja, das war schlimm, von traumatischem Erleben sprechen viele dennoch nicht. Obwohl sehr viele ihr Leben lang an den Folgen leiden.

Ist jedes Kriegskind automatisch traumatisiert?

Ein schlimmes Ereignis – Nächte im Luftschutzkeller, Vertreibung oder Flucht – muss nicht zwangsläufig zu einem Trauma führen. Es hilft, wenn wir aufgefangen werden, wenn jemand da ist, der das Geschehene einordnet und uns tröstet, jemand, der sagt: Du hast alles richtig gemacht, und jetzt bist du in Sicherheit.

Aber die Eltern waren in solchen Situationen meist selbst überfordert. Und hatten auch schlicht keine Ahnung, nicht das Wissen, was Traumatisierung überhaupt bedeutet. Später sagten sie dann zu ihren Kindern: Ach, du warst ja noch so klein, du hast ja zum Glück nichts mitgekriegt!

Aber je kleiner ein Kind ist, desto heftiger wird ein schlimmes Ereignis erlebt, desto heftiger kann die Traumatisierung sein. Denn das Kind kann das Geschehene ja noch nicht einordnen, es weiß nicht, dass die Bedrohung irgendwann auch wieder vorbei und es in Sicherheit ist.

Weil die Eltern überfordert waren, übernahmen häufig die Kinder Aufgaben, die eigentlich die Mutter hätte erledigen müssen.

Wir kennen das seit dem Ersten Weltkrieg: dass die Väter nicht aus dem Krieg nach Hause gekommen sind, dass die Kinder allein bei meist völlig überforderten Müttern aufgewachsen sind, die das Überleben organisieren mussten. Die Kinder mussten ihre eigenen Bedürfnisse komplett hintanstellen.

Dann kam es zu einer Rollenumkehr, wir nennen das Parentifizierung: Die Kinder übernehmen Aufgaben, denen sie nicht gewachsen sind, weil es die Aufgaben von Erwachsenen sind.

Manche Kinder fühlten sich im Luftschutzkeller dafür zuständig, die Angst aufzufangen. Sie spürten die angespannte Stimmung und versuchten, die Erwachsenen aufzuheitern.

Andere Kinder haben schon im Kleinkindalter die Aufgabe übernommen, ihre Mutter zu trösten, die auf dem Sofa lag mit Migräne oder Depressionen, weil sie traumatisiert war.

Oder sie kümmerten sich um die kleinen Geschwister und den Haushalt, regelten Konflikte. Diese Rolle hat sie aus der Welt der Kinder gebracht, oft waren sie altklug und nicht auf Augenhöhe mit den anderen Kindern.

Und sie wurden dadurch aus der Geschwisterreihe herausgenommen – eine Sonderrolle, aus der sich viele auch später kaum befreien konnten. In dieser Rolle haben sie viel für die Familie gemanagt und auf diesem Weg Kompetenzen entwickelt, die sie später zu ihrem Beruf gemacht haben. Viele sind dann in soziale und sorgende Berufe gegangen. Andere wiederum haben sich verpflichtet gefühlt, die »Kerze der Erinnerung« hochzuhalten, und haben schreibende Berufe gewählt.

Wenn Kriegskinder heute über ihre Erlebnisse berichten, dann weichen sie oft ins Anekdotische aus. Warum?
Damit sie überhaupt erzählen können. Denn über das eigentliche Trauma können sie ja meist gar nicht sprechen. Weil sie es nicht als traumatisierend wahrgenommen haben, im Sinne von: Das haben doch alle erlebt, das war nichts Besonderes!

Und wer tatsächlich über schlimme Ereignisse sprechen will, der läuft zudem Gefahr, retraumatisiert zu werden. Denn jede Erfahrung, vor allem eine emotional belastende, ist neuronal abgespeichert. Wenn wir darüber erzählen, knüpfen wir sofort daran an. Das ist dann so, als wäre es gestern passiert. Sofort kommen die Bilder von damals hoch. Viele befürchten auch: Wenn ich über die Schreckensbilder rede, öffnet sich eine Schleuse, und diese Schleuse kann nie wieder geschlossen werden. Dann kann ich den Strom des Schmerzes nicht mehr stoppen.

Das Anekdotische hat also eine Art Schutzfunktion. Diese Menschen können meist nicht anders, als in dieser Weise erzählen, oft ohne jede emotionale Regung. Zugleich holen sie so aber ein Stück ihrer Vergangenheit wieder ins aktuelle Leben hinein.

Sie können über ihre Gefühle nicht reden?
Sie hatten keine. Sie hatten keine zu haben. Sie sollten kein Aufhebens von sich machen.

Nehmen sie sich deshalb selbst nicht als Betroffene wahr?
Ich glaube, diese Generation kann nicht über sich sprechen, weil es sie als Subjekt, mit eigenen Gefühlen und Bedürfnissen, gar nicht gibt. Die Kriegskinder haben so gut wie keine Vorstellung von sich selbst. Sie sind kaum geübt darin, nach innen zu schauen und zu sagen, wie es ihnen geht und was sie belastet. Das haben sie schlicht nicht gelernt. Die Vergangenheit wird einfach nur als Schwere wahrgenommen, als Last, das ist das höchste der Gefühle. Das äußert sich dann häufig somatisch, als Migräne oder Depression. Aber die Betroffenen stellen oftmals keinen Zusammenhang her.

Eine Generation, die sich selbst fremd ist: Wie kann die später eigene Kinder großziehen?
Die Kriegsenkel werden mit ähnlich weißen Flecken groß wie ihre Eltern. Auch sie haben sich lange gefragt: Wer bin ich eigentlich?

Auffällig ist, dass auch die Kriegsenkel von ihren Eltern ähnlich gefühllos und ohne große Körperberührung erzogen wurden wie die Generation davor. Die Vitalität ihrer eigenen Kinder hat den Kriegskindern Angst gemacht. So viel Leben! Das halten sie nur schwer aus, sie haben sich davor geschützt, indem sie achtgaben, dass ihre Kinder ihnen nicht zu nahekamen. Es hätte ihre traumatischen Wunden aufreißen können. Kriegsenkel erleben ihre Eltern oftmals als fremd und distanziert und um ihr eigenes Leid kreisend.

Die Kriegskinder haben ein großes Bedürfnis nach Kontrolle.
Routinen sind ihnen sehr wichtig: weil dieser Generation wirklich schon mal die ganze Welt um die Ohren geflogen ist. Vor diesem Hintergrund bieten Routinen natürlich Halt. Deshalb das krampfhafte Festhalten an Struktur und Ordnung, die dann ständig überprüft und kontrolliert werden musste. Das Bedürfnis nach Kontrolle spielte auch in der Erziehung ihrer Kinder eine große Rolle. Jegliches »aus der Rolle fallen« eines Kindes wurde geahndet. Die-

ses: Was sollen die Nachbarn denken? Es herrschte eine große Abgeschottetheit gegenüber anderen Menschen, gegenüber der Welt überhaupt. Da hat der Nationalsozialismus sein Übriges getan. Denn da konnte die unbedachte Äußerung des eigenen Kindes schon zu einer Katastrophe führen.

Hinzu kam, dass die Deutschen nach dem Zweiten Weltkrieg moralisch vor der Welt diskreditiert waren.

Natürlich waren die Deutschen auch als Deutsche angezählt. Sie mussten sich tatsächlich neu erfinden, von Grund auf. Alles, was sie bis dahin geglaubt hatten, hatte sich als falsch erwiesen.

Aber eine Debatte über die Schuld der Deutschen hat es lange Zeit nicht gegeben. Stattdessen haben alle gesagt: Ich war es nicht, und meine Eltern waren es auch nicht. Niemand war es eigentlich. Und trotzdem waberte die Schuld immer durch die Familien.

Viele saßen ja auch auf einem Berg von Leichen. Der sie auch gequält hat. Aber statt Räume zu schaffen, in denen man öffentlich über die Schuld und über Formen der Wiedergutmachung hätte sprechen können, wurde alles in dieses angestrengte Schweigen gepackt. Zugleich wurden die Kinder sowohl privat als auch öffentlich, also in den Familien und in der Schule, für jeden kleinen Fehltritt unverhältnismäßig hart bestraft. Wenn ich nur daran denke, wie unbarmherzig manchmal das Lügen von Kindern geahndet wurde. Vor dem Hintergrund der nationalsozialistischen Verbrechen ist das natürlich ein Hohn.

Zum biografischen Gepäck der Kriegsenkel gehören die unbesprochene Schuld – und die hohen Erwartungen der Eltern.

Die Kriegsenkel hatten den Auftrag ihrer Eltern: Macht etwas aus euch! Wir selbst konnten es nicht. Viele Kriegsenkel haben das umgesetzt. Als 1971 das BAföG eingeführt wurde, konnten auch Kinder aus ärmeren Familien studieren und in die Welt hinausgehen. Da hat ein unglaublicher Aufbruch stattgefunden. Aber mit dem Weggang aus ihrem sozialen Milieu haben sich diese Kinder natürlich auch von ihrer Herkunftsfamilie entfernt. Die Kriegsenkel hatten plötzlich einen ganz anderen Horizont als ihre Eltern. Und sie waren einfach nicht mehr in ihrer Nähe. Es hieß ja oftmals auch: Mach etwas aus dir, aber bleib bei mir! Das war die Quadratur des Kreises für die Kriegsenkel und hat viele von den Eltern entfremdet.

Viele Eltern waren durch die neuen Freiheiten ihrer Kinder überfordert: »Wie kannst du eine feste Anstellung einfach aufgeben zugunsten einer Freiberuflichkeit? Wo wir uns doch abgemüht haben, damit du es gut hast.«

Es herrschte eine große Verständnislosigkeit zwischen den Generationen.
Die Kriegsenkel hörten oft: Dir geht es doch gut, du bist im Frieden aufgewachsen, was willst du? Wie klein ist das, was dich beschwert, im Vergleich zu dem, was wir durchgemacht haben!

Was ist ein aufgeschlagenes Knie verglichen mit dem, was wir auf der Flucht alles verloren haben?

Schnell hieß es dann: Stell dich nicht so an! Mach keine Umstände! Nimm dich nicht so wichtig! So war die Atmosphäre in der Gesellschaft. Viele Kriegsenkel erzählen auch: Ich durfte nie krank sein. Das galt als Schwäche. Wer ein Weichei war, fiel durch den Rost, für den war kein Platz. Die Familien brauchten leistungsstarke Kinder. Das war einerseits immer noch die Nazierziehung, andererseits aber auch die große Anspannung der Wiederaufbaujahre. Viele standen ja vor dem Nichts. Und weil die Eltern zum Teil schwer traumatisiert waren, taten die Kinder alles, um ihnen, vor allem der Mutter, nicht zur Last zu fallen. Später haben sich dann die Kriegsenkel im Rahmen einer großen sozialen Bewegung selbst zum Nabel der Welt gemacht und ihre Gefühle entdeckt.

Die Entdeckung der Gefühle wirkte sich im Privaten aus, aber auch im Politischen.

Sich zum Nabel der Welt zu machen, das bedeutete auch: Diese Kriegsenkel, die als Kinder oft in Rollen geschoben worden waren, die sie völlig überfordert haben, wollten die Gesellschaft insgesamt verändern, das war die ›Politik in der ersten Person‹. Das ist ihnen auch gelungen. Indem sie mit unterschiedlichsten Lebensstilen zu experimentieren begannen, haben sie dafür gesorgt, dass die Bundesrepublik ein anderes Land wurde.

Das war Mitte bis Ende der Siebzigerjahre. Die Entdeckung der Gefühle heißt auch: Die Kriegsenkel sind die Generation Therapie. Sie haben gelernt, Gefühle aufzufächern, genau zu benennen, wie sie sich wann und mit wem gerade fühlen. Es war der Wunsch der Kriegsenkel, endlich angenommen und gesehen zu werden. Seitdem gibt es auf breiter Ebene überhaupt erst die Idee, dass Therapien helfen können.

Wie kann die »Generation Therapie« mit ihren Eltern ins Gespräch kommen?

Beim Fragen nach Kriegserlebnissen muss man vorsichtig sein. Es kann auch zu einer Retraumatisierung führen. Aber es gibt eine Methode, wie man darüber sprechen kann: indem man nach den Stärken fragt. Man kann sagen: Das muss für dich wahnsinnig schlimm gewesen sein! Und danach kann man fragen: Wie bist du da rausgekommen, wie hast du das geschafft? Und schon sind wir bei den Stärken, aus denen wir etwas lernen können. So bekommen wir mittelbar einen Eindruck davon, was damals alles geschehen sein mag, ohne dass das Trauma exponiert werden muss.

Es geht darum, die Stärken herauszuarbeiten, aber auch die Trauer anzuerkennen. Manche Leute kommen zu mir und sagen: Bitte mach aus dem Schwarz ein Weiß! Das kann ich natürlich nicht. Ich ermutige immer dazu, das Leid – und sich selbst – so lange zu betrauern, wie es eben dauert. Häufig wird es in der

Therapie zum ersten Mal betrauert. Weil sich viele bis dahin nicht getraut haben, sich ernst zu nehmen.

Über das Trauma selbst wird gar nicht gesprochen?

In der modernen Traumatherapie wird das Trauma nicht mehr »geöffnet«, das müssen die Leute nicht noch einmal erleiden. Wir arbeiten stattdessen mit Fragen: Wie hast du das bewältigt? Was hat dir geholfen, dieses Ereignis zu überstehen oder zu überleben? Woher hast du die Kraft genommen, wo doch andere daran zugrunde gegangen wären?

Manche sind sich ihrer Stärke gar nicht bewusst. Eine Frau, die zum Beispiel eine Vergewaltigung abwehren konnte, sagte zu mir: Ich habe eigentlich gar nichts gemacht, ich habe mich nur versteckt und irgendwie aufgehört zu atmen. Das war aber das Entscheidende. Und das kann man mit den Worten bestärken: Wie klug musst du gewesen sein, in diesem Moment den Atem anzuhalten! Wie stark musst du gewesen sein, wie diszipliniert! Daran wachsen diese Menschen dann. Sie erlangen ihre Selbstwirksamkeit zurück und werden die Ohnmacht los, hilfloses Opfer gewesen zu sein.

Wir haben die Erfahrung gemacht, dass man die Kriegskinder über einen Gegenstand aus ihrer Kindheit zum Erzählen bringen kann.

Das ist eine Möglichkeit. Alltagsgegenstände können Brücken bauen zwischen der Gegenwart und der Vergangenheit. Gerade die Geflüchteten haben oftmals nur ein, zwei Dinge aus ihrer alten Welt retten können. Diese wenigen Dinge sind deshalb oft stark emotional aufgeladen. In meinem Elternhaus gibt es auch so einen Gegenstand: ein englisches Wörterbuch, das meine Mutter als 13-Jährige auf der Flucht vor der anrückenden Roten Armee aus Stettin mitgenommen hat. Dieses kleine Büchlein hat die Kraft, abendfüllende Geschichten anzuregen, Geschichten aus ihrer Kindheit, Geschichten von der Flucht, die davon erzählen, wie sie mit Hilfe dieses Wörterbuchs ihr holpriges Englisch für Gespräche mit amerikanischen Soldaten aufpolierte. Und es erzählt auch von ihrer damaligen Sehnsucht, eines Tages nach Amerika zu gehen. Mich berührt die Sehnsucht meiner Mutter, die mit diesem kleinen Buch verbunden ist. Es ist ein Schlüssel zu ihr, zu ihrem Leben, zu ihren Träumen.

Wer kann besser mit der Kriegsgeneration ins Gespräch kommen: deren Kinder – oder die Enkel?
Die Enkel der Kriegskinder können ihre Großeltern häufig besser befragen. Wenn die eigenen Kinder fragen, heißt es schnell: Weshalb fragst du so komisch? Willst du sagen, dass ich ein Nazi war? Und schon ist die Frage nach der Schuld im Raum. Diese Frage fürchten die Kriegskinder. Sie müssen ihr Leben vor dem Horizont der Shoah rechtfertigen, das ist natürlich heftig.

Fragen die Kinder vielleicht auch zu überheblich?
Viele schauen auf die eigenen Eltern wie jemand von der Entnazifizierungsbehörde: Was habt ihr gewusst? Wo habt ihr euch schuldig gemacht? Viele vergessen, dass die Eltern während des Nationalsozialismus und des Krieges noch Kinder waren.

Ähnlich war es später mit der DDR-Kindheit. Da fragen wir entsetzt: Wer bitte hat sich denn in der DDR wohlgefühlt? Als ob es nicht auch jenseits autoritärer Strukturen eine schöne Kindheit gegeben haben könnte.

Statt anzuklagen könnte man die Kriegskinder direkt und neugierig fragen: Wie war es für dich beim BDM? Was habt ihr da gemacht? Meine Mutter zum Beispiel ist gern dort hingegangen, um ihrem autoritären Elternhaus zu entfliehen.

Wenn es allerdings um heikle Themen geht, um Vergewaltigung auf der Flucht oder ähnliches, sollte man sich überlegen: Will ich das wirklich wissen als Kind? Was davon ist sinnvoll zu wissen?

Sollten Eltern ihren Kindern so etwas denn überhaupt erzählen?
Wer vergewaltigt worden ist, gibt die Angst oftmals unbewusst weiter, mit Sätzen wie: Nimm dich in Acht vor den Jungs, die wollen immer nur das Eine. Vieles kann man erahnen, und das reicht manchmal, da muss man nicht noch nachfragen. Das könnte zu schmerzhaft sein, da würde ich die Eltern schonen.

Aber man könnte zum Beispiel zur Mutter sagen: Du hast meinen Vater immer so abgewertet – wie kommst du dazu?

Grundsätzlich gilt: Kinder wollen klare Eltern haben, und keine, die noch in ihrer Psyche rumkramen. Kinder wollen solche Geschichten meist nicht hören, sie haben eher das Gefühl: *Meine* Kindheit ist hier wichtig. Als Eltern sollte man auf seine Rolle achten. Kinder wollen eigentlich nur Eltern, die funktionieren. Das heißt: Eltern, die die Bedürfnisse und Interessen ihrer Kinder im Blick haben.

Darf man seine Eltern in Frage stellen?
Natürlich. Das ist ja ein Schritt im Ablösungsprozess von den Eltern. Wenn man sich dann noch fragt: Warum haben meine Eltern so gehandelt?, dann kann man über die Kritik an den Eltern zu einem Verständnis für sie kommen. Nicht zum Verzeihen.

Man sollte seinen Eltern nicht verzeihen?
Dafür bin ich überhaupt nicht. Ich finde das überheblich: Ich verzeihe dir! Wer bin ich, dass ich dir diese Schuld erlassen könnte? Ich würde eher raten: Wir sollten Verständnis für diese Generation entwickeln, im Sinne von: nachvollziehen, warum sie sich verhalten haben, wie sie sich verhalten haben.

Dazu leite ich in meinen Therapien an. Ich sage damit aber auch: Die Verantwortung für das, was geschehen ist, lasse ich weiterhin bei euch, bei den Eltern. Ihr wisst schon, was ihr getan habt.

Trotzdem bleibt häufig eine lebenslange Sehnsucht nach der Anerkennung der Eltern.
Die bleibt. Aber sie kann woanders befriedigt werden. Wenn man zum Beispiel nie Anerkennung vom Vater bekommen hat, dann macht man im Laufe des Lebens ja die Erfahrung, dass man sich andere Menschen suchen kann, die das Bedürfnis nach Liebe und Anerkennung stillen, zum Beispiel Freunde oder der Partner.

Je mehr Anerkennung ich in meinem Umfeld bekomme, desto mehr reduziert sich das Bedürfnis nach der Anerkennung durch die Eltern. Denn die wird man häufig schlicht nicht bekommen. Das lässt sich nicht ändern. Sie können sie oftmals einfach nicht geben. Das wäre so, als wenn man immer wieder in dasselbe Restaurant ginge und ein gutes Essen verlangte, obwohl man weiß, die können einfach nicht kochen.

Oft suchen die Kinder die Schuld für das schlechte Verhältnis bei sich: Wenn ich mir mehr Mühe gegeben hätte, dann hätten meine Eltern mich vielleicht nicht geschlagen. Dann hätten sie mich vielleicht doch geliebt.
Hinter dieser Hoffnung steckt eigentlich: Dann hätte ich diese Erfahrung nicht gemacht. Dann hätte ich diese Misshandlung nicht erlebt. Die Kinder imaginieren sich Kräfte zu: Sie stellen sich vor, sie hätten die Kraft gehabt, die Eltern von der Misshandlung abzuhalten. Das ist der Wunsch nach Selbstwirksamkeit, das sind hilflose Versuche, aus der Ohnmacht rauszukommen. Kein Opfer mehr zu sein. Denn das ist schwer auszuhalten: Opfer einer sinnlosen, schmerzhaften Tat zu sein.

Kinder nehmen ihre Eltern immer in Schutz. Das Bedürfnis nach liebenden Eltern ist wahnsinnig groß, zumal zwischen Kriegsenkeln und -kindern. Da passt es natürlich nicht, dass man geprügelt wurde.

Ist es die Aufgabe der Kinder, die Beziehung zu den traumatisierten Eltern zu verbessern?
Nein. Grundsätzlich möchte ich sagen: Wir schulden unseren Eltern gar nichts. Eltern müssen »liefern«. Eltern müssen nett, müssen liebenswürdig sein. Sie tragen die Verantwortung für die Beziehung. Natürlich verschiebt sich das, wenn sie im Alter dann womöglich pflegebedürftig werden und unsere Hilfe brauchen. Aber auch da muss man sich als Tochter oder Sohn die Frage stellen: Will ich meine Eltern pflegen? Wir leben nicht mehr Anfang des letzten Jahrhunderts. Heute gibt es Pflegeeinrichtungen. Also auch hier gilt: Eltern müssen nett sein – mütterlich und väterlich.

Die Verantwortung für die Eltern-Kind-Beziehung liegt immer bei den Älteren?
Es ist unsere Aufgabe in Bezug auf die nächste Generation, die Beziehung mit unseren eigenen Kindern hinzubekommen und gemeinsam zu reflektieren. Zu fragen: Wie ist es dir unter meiner Regie ergangen? Welche Fehler habe ich gemacht? Und was kann ich heute dafür tun, dass es dir besser geht? Das ist unsere Bringschuld als Eltern. Wir haben unsere Kinder erzogen, nach bestem Wissen und Gewissen, und wir haben wahrscheinlich Fehler gemacht. Und um die sollten wir uns kümmern.

Das ist nicht einfach. Denn wir sind von verunsicherten Eltern großgezogen worden, und so haben auch wir kein sicheres Gefühl in Bezug auf die Erziehung unserer Kinder. Das ist sozusagen unser Erbe.

Wann sollten Kinder den Kontakt zu ihren Eltern abbrechen?
Ich rate zum Abbruch, wenn die schlechte Behandlung von Seiten der Eltern nicht abreißt, wenn es mit den Demütigungen, mit den schmerzhaften Begegnungen nicht aufhört. Dann ist es heilsamer, den Kontakt abzubrechen. Und dann hören häufig auch andere Probleme auf. Wenn man lernt, in Bezug auf die Eltern zu sagen: